논리의 오류

논리의 오류

초판 1쇄 발행 1994년 2월 01일
재판 2쇄 발행 2012년 5월 20일

지은이 에드워드 데이머
옮긴이 김 희 빈
디자인 EG 디자인
인 쇄 예일정판
제 본 대명제책사
발행처 도서출판 **중원문화**
주 소 서울특별시 마포구 창전동 2-33
주문처 02-325-5534 FAX 02-324-6799

논리의 오류

Attacking faulty reasoning

도서출판 중원문화

Attacking faulty reasoning

by

Damer T. Edward

Reprinted 2012 by Jungwon munhwa Publishing Co.

옮긴이의 말

요즈음 대학입학 수학능력시험과 관련하여 논리학에 관계된 서적들이 쏟아져 나오고 있다. 이는 대학에서 논리학을 가르치고 있는 사람으로서 아주 바람직한 일이라고 생각한다. 하지만 실상은 논리학이 아닌 내용을 마치 논리학인 양 독자를 현혹하는 책들도 있고, 논리학을 이해하기 쉽게 소개한답시고 꾸며 낸 이야기나 동화에 논리를 억지로 적용해 놓은 책들도 많이 있다. 이런 책들은 언뜻 재미있는 듯 보이지만 논리를 부정확하게 소개하고 있을 뿐만 아니라 실제로 논리적 사고력과 비판력을 계발하고 활용하는 데 별로 도움을 주지 못한다.

이 책은 에드워드 데이머(T. Edward Damer)가 쓴 *Attacking Faulty Reasoning* (2ed, Wadsworth Publishing Company Belmont, California, a Division of Wadsworth, Inc., 1987)을 번역한 것이다. 이 책은 미국에서 1980년대 후반에 일어난 비판적(또는 반성적) 사고 운동(critical or reflective thinking movement)의 일환으로 쓰여진 책이다. 따라서 논리학을 전문적으로 공부하는 사람들을 위한 책이 아니라 논리적 사고력과 비판력을 키우고자 하는 일반 독자들을 위한 책이라 할 수 있다.

제1장에는 논리적 사고를 하는 데 반드시 알아야 할 기초 상식들이 설명되어 있다. 제2장에서부터 제10장까지는 일상의 대화나 글에서 흔히 범하는 58가지의 오류에 대한 정의, 예, 바로잡기가 제시되어 있다. 이 책의 특징은 훌륭한 논증의 세 가지 기준——승인할 수 있는 전제, 관련 있는 전제, 충분한 근거——에 의거해서 오류를 바로잡는 방법을 제시함으로써, 독자로 하여금 오류들을 찾아내고 분석하는 과정에서 자연스럽게 논리적으로 생각하고 비판하는 능력을 습득하도록 하는 데 있다. 그리고 제1장과 제10장은 내용을 줄여서 실었다.

사실 논리적으로 생각하고 비판하는 능력은 대학입학 수학능력시험을 치르는 학생들뿐만 아니라 사람이라면 누구나 갖춰야 하는 능력이다. 생각하는 사람이라면 누구나 자신의 생각이 옳기를 바라기 때문이다. 하지만 안타깝게도 논리적 사고를 통해 도달하는 옳은 생각(진리)은 오류라는 정글 속에 감춰져 있어서 오류에 대한 비판적 사고 능력이 없으면 아무나 쉽게 손에 넣을 수 없다. 많은 사람이 논리적 사고를 통해 진리와 만남으로써 생각하는 즐거움을 맛보고, 결국은 진리의 안내를 받아 훌륭한 삶을 살기를 바라는 마음에서 이 책을 소개한다. 역자는 독자가 이 책을 쉽게 접하고 이해할 수 있도록 하기 위해서 약간의 삽화를 첨가했고, 우리의 실정과 맞지 않는 예는 다른 예로 대체했다. 덧붙여, 각 장의 오류학습에 도움을 주고자 실은 연습문제의 많은 논증이 삼단논증의 형식을 지닌 논증으로도 해석할 수 있고 조건논증으로도 해석할 수 있어, 독자가 논증을 어떻게 해석하는가에 따라 해답과는 다른 해답을 제시할 수도 있음을 밝혀 둔다.

이 자리를 빌려, 학문의 길을 열어 주시고 언제나 따뜻한 마음으로 보살펴 주시는 전주 우석대학교의 최일운 교수님, 전북대학교의 송현주 교수님, 김영철 교수님, 곽강제 교수님께 감사 드린다. 이 책이 나오기까지 도움을 준 건지산 철학도들과 특히 원고를 읽고 많은 조언을 해준 전주 우석대학교의 김선호 교수님, 전주교육대학교의 이재훈 교수님, 전북대학교의 이문성 교수님께도 감사 드린다.

1994년 1월 김 회 빈

글쓴이의 말

내가 논리학을 가르치면서 가장 안타깝게 여겼던 것 가운데 하나는 오류를 범한 사고가 무엇인지를 이해하거나 깨닫고는 있으면서도 그 지식을 실제로 활용할 줄 아는 학생이 극히 드물다는 사실이다. 증거에 입각해 결론을 입증하는 사고(논리적 사고, 추론)를 할 때 오류를 범하게 되면 건설적인 목적에 기여하지 못할 뿐만 아니라 때로는 반감마저 불러일으킨다는 것을 이해하지 못하는 학생들이 많다. 그래서 오류를 공격하는 몇 가지 방법을 제시하고자 이 책을 썼다. 오류를 바로잡을 줄 알면 오류를 범하지 않는 올바른 사고를 할 수 있게 될 것이라는 점에서, 오류를 바로잡는 것은 건설적인 일이다.

이 책의 특징은 다음과 같다. (1) 일상의 대화나 글에서 흔히 범하는 오류들만을 다루었다. (2) 각종의 오류에 대한 명확하고도 정확한 정의를 제시했다. (3) 오류의 예를 들 때에는 누군가가 실제로 범할 법한 생생한 예를 들기 위해서 노력했다. (4) 오류 공격법에 특별히 주의를 기울임으로써, 갖가지 잘못된 사고방식을 바로잡는 적극적인 전략을 제시했다. (5) 전통적 오류 몇 가지에 대해서는 새로운 명칭을 부여함으로써 쉽게 이해할 수 있도록 했다. (6) 또한 전통적 오류 몇 가지에 대해서는 전통적 정의를 수정함으로써 다른 오류들과 혼동하지 않도록 했다. (7) 각 장의 끝에 제시된 연습문제를 통해서 자신의 실력을 스스로 평가해 보도록 했다. (8) 또한 두번째 유형의 연습문제를 여러 개 제시함으로써 독자가 각 장들의 내용을 올바르게 숙지하도록 했다.

제2판을 내게 된 동기는 부분적으로는 이른바 '비판적 사고 운동'이 불러일으킨 비형식적 논리에 대한 새로운 관심 때문이라고 할 수 있다. 실제로 이 책은 '비판적 사고'라는 과목의 교재로서 아주 적합하다. 또한 이 책은 철학, 논리학, 문장론 등의 과목에서 부교재로 사용될 수도 있다. 그 과목들은 비판적 사고나 정당한 논증에 대해서 특별히 주의를 요하는데, 제1장에서는 그 과목들에 일반적으로 망라되어 있는 주제들 중 가장 중요한 것을 다룬다. 즉 이 책은 논증평가 방법과 논증구성 방법을 간략하면서도 이해하기 쉽게 설명하고 있다. 특히 훌륭한 논증을 구성하는 데 장애가 되는 오류들에 초점을 맞추었다.

이 책은 훌륭한 논증의 기준에 의거하여 오류 개념을 정리했다. 훌륭한 논증의 기준은 승인할 수 있는 전제, 관련 있는 전제, 충분한 근거 세 가지다. 각종의 오류는 이 세 가지 기준 중의 하나를 어긴 것이다. 따라서 오류 개념은 훌륭한 논증의 본성에 의거해서 밝혀진다.

이 책을 출판하는 데는 여러 사람이 많은 도움을 주었다. 에모리 앤 헨리 대학의 나의 두 동료인 랭 교수와 오닐 교수는 원고를 읽고 많은 훌륭한 제안을 해주었다. 제1판의 잘못된 점들을 지적해 준 아메리칸 인터내셔널 대학의 하버멜 교수의 도움도 컸다. 또한 많은 도움이 된 논평과 제안을 해준 다음의 논평자들에게 감사 드리고 싶다. 세리토스 대학의 블룸필드 교수, 사스캐치원 대학의 크루첸 교수, 아이오와 대학의 린 교수, 볼티모어 메릴랜드 대학의 템플턴 씨. 나의 아내 브래드포드는 이 책의 새로운 착상들을 정교하게 다듬는 일을 훌륭히 도와 주었다. 끝으로 나의 학생들과 에모리 앤 헨리 대학 당국에 감사 드린다. 학생들은 교과서들에서 많은 예들을 수집하는 데 도움을 주었고, 대학 당국은 나에게 안식년을 허락해 개정작업을 할 시간을 마련해 주었다.

T. 에드워드 데이머

차례

1. 시작하기 전에

내가 경험한 바로는 진정한 관심을 가지고 철저하게 논리학을 공부하는 사람은 드물다. 그 이유는 퍼스의 말을 빌리면 "모든 사람은 자신이 이미 아주 능숙한 추론 능력을 가진 사람이라고 자부하기" 때문이다. 하지만 스스로 '능숙한' 추론 능력(논리적 사고력)을 가졌다고 자부하는 사람이 다른 사람도 자기처럼 능숙한 추론 능력을 갖고 있다는 것을 거의 인정하지 않는다는 사실은 매우 흥미롭다. 사람들은 대개 여간해서는 다른 사람의 논증을 정당한 것으로 간주하지 않는다. 그래서 사람들은 논리적 사고에 필요한 기초 상식을 공부할 필요가 있는 것은 자기가 아닌 다른 사람들이라고 믿는다.

이 책은 바로 논리적 사고에 필요한 기초 상식에 관한 책이다. 이 책의 첫번째 목적은 일상적인 사고방식에서 가장 흔히 범하는 잘못들에 주의를 주고, 또 그럼으로써 비판적 사고력을 키우게 하는 데 있다. 하지만 단순히 오류를 확인하는 방법만 가지고는 훌륭한 논증을 구성하는 데 충분치 않으므로, 오류들을 확인함으로써 개발된 솜씨로 훌륭한 논증을 구성할 수 있게 되기를 바란다.

이 책의 두번째 목적은 오류와 직접 맞부딪쳤을 때 그 오류를 바로잡는 구체적인 방법을 제시하는 데 있다. 사실 전혀 상대방의 반감을 불러일으키지 않으면서도 오류에 대항하여 반대논증을 제시하는 것은 얼마든지 가능한 일이다. 설사 반대논증이 제시되어 논쟁이 벌어진다 해도 그 논쟁에서 중요한 문제는 누가 최악의 오류를 범했는가가 아니라 무엇이 이치에 맞게 추리될 수 있는가 하는 것이다. 그러므로 오류를 바로잡는 목적은 논증을 올바른 궤도에 올려 놓는 일, 다시 말해서 잘못된 논증을 훌륭한 논증으로 탈바꿈시키는 일이다. 이렇게 해서 잘못된 논증을 주장하는 사람을 올바른 주장이나 행위로 나아갈 수 있도록 돕는 것이다.

잘못된 논증을 훌륭한 논증으로 탈바꿈시키는 일은 그 잘못된 논증 때문에 종종 생겨나는 또 다른 문제를 제거하는 데도 도움이 될 것이다. 흔히 자신의 논증이 오류임을 지적당했을 때에는 어찌할 바를 모르게 되는데, 이는 사실 문제가 되는 오류를 처리하는 효과적인 방법을 알지 못하기 때문인 경우가 많다. 오류를 처리하는 방법과 함께 제시된 제안들을 참고한다면 그 오류를 밝혀 내고 사고의 방향을 보다 건설적인 목적으로 향하게 할 수 있을 것이며, 오류를 지적당했을 때에도 올바로 대처해 나갈 수 있을 것이다.

논증이란 무엇인가

이 책에서 다루고자 하는 것은 논증(추론)이다. 물론 여기서 논증(argument)이라는 말은 격렬한 논쟁이나 의견불일치를 뜻하는 것은 아니다. 우리는 옳다고 믿고 있는 진술(전제, premises)을 바탕으로 다른 진술(결론, conclusion)을 옳다고 승인한다. 그렇다면 논증이란 이미 옳다고 믿는 전제와 그 전제에 의해 입증되는 결론으로 이루어진 진술들의 집단이라고 할 수 있다. 만일 결론(주장이나 논제)만 제시되어 있을 뿐 그 결론을 입증하는 전제가 전혀 제시되어 있지 않다면,

그런 말이나 글은 논증이 아니다. 논증의 목적은 결론의 옳음이나 그름을 증명하는 데 있기 때문이다.

논증을 평가할 때 어려운 일은 진술들 중 어떤 것이 결론——적어도 하나의 다른 진술에 의해 입증되는 진술——인지를 확인하는 일이다. 긴 논증에서는 다른 진술에 의해 입증되는 진술이 두 개 이상 있을 수 있다. 이는 논증의 전제들이 다른 진술에 의해 입증되고 있는 경우다. 그러므로 결론을 찾기 위해서는 입증되고 있는 진술들 중 어느 것이 논제, 즉 그 글이 주장하는 주요 논점인가를 결정하는 일이 필요하다.

말이나 글에서 논증을 추출할 때, 논증의 논리적 구조를 보여 주는 표준 틀은 다음과 같다.

(전제),
그리고 (전제),
그리고 (전제),

그러므로 (결론).

사실 이처럼 명확한 형태의 논증을 접하는 경우는 드물다. 그러나 어떤 논증이든 전제와 결론을 분리해서 정돈하면 이런 방식으로 재구성할 수 있다. 물론 논증에서 전제를 표시하는 말인 '왜냐하면'과, 결론을 표시하는 말인 '그러므로'와 같은 용어들은 논증마다 다를 수 있다. 게다가 전제의 수는 하나일 수도 있지만 또 결론이 승인할 만한 것임을 확립하는 데 필요한 만큼 많을 수도 있다. 또 명백하게 표현되어 있는 것은 아니라 할지라도 전제들 중 일부를 문맥에서 파악해 낼 수 있는 경우도 종종 있다. 따라서 이처럼 생략된 전제는 논증을 표준 틀로 재구성할 때 세심하게 보충해야 한다.

전제가 결론을 충분히 입증하면, 논리적으로 그 결론을 승인해야 한다. 만일 전제가 결론을 충분히 입증하지 못하면, 그 결론을 승인해서는 안 되며, 적어도 판단을 보류해야 한다. 논증의 결론을 승인하지 않고 거부한다고 해서 반드시 그 결론이 그르다고 생각해서는 안 된다. 왜냐하면 결론을 거부한다는 것은, 그 결론을 입증하는 더 훌륭한 논증이 발견되지 않는 한 그 결론이 옳다는 신념이 정당화될 수 없다는 뜻이기 때문이다.

연역논증과 귀납논증

논증에는 연역논증과 귀납논증 두 종류가 있다. 연역논증은 전제로부터 결론을 논리적 필연성이나 확실성을 가지고 이끌어 낼 수 있는 형식을 지닌 논증이다. 달리 말해서 연역논증에서는, 만일 전제들이 모두 옳다면 결론은 반드시 옳다. 예를 들어 보자.

> 우리나라 모든 국회의원의 나이는 최소한 35세다.
> 그리고 김승구 씨는 우리나라 국회의원이다.
>
> ---
>
> 그러므로 김승구 씨의 나이는 35세 이상이다.

연역논증에서 결론의 내용은 전제의 내용 속에 이미 함의되어 있다.

귀납논증은 결론이 옳다는 것을 증명하기 위해서 약간의 증거를 전제로 제시하는 논증이다. 하지만 귀납논증은 전제가 모두 옳다고 하더라도 전제로부터 결론을 논리적 필연성이나 확실성을 가지고 이끌어 낼 수는 없다. 연역논증과는 반대로, 귀납논증에서는 전제들이 모두 옳다고 하더라도 결론이 옳음직할 수는 있어도 반드시 옳지는 않다. 다시 말해서 전제의 옳음이나 승인이 결론의 옳음을 보증해 주지는 못하는 것이다. 예를 들어 보자.

김승구 씨는 국회에서 가장 평판이 좋은 민주당원이다.

그리고 그는 인품이 고매하고 말솜씨가 좋다.

그리고 그는 대부분의 문제에 대해서 정치적으로 온건한 입장을 취한다.

그리고 그는 국회의원 선거에서 항상 쉽게 재선된다.

그리고 그는 토론장에서 필요로 하는 인물이다.

그리고 그는 뛰어난 언론가들과 다른 민주당원들에 의해 대통령 후보감이라고 자주 거명된다.

그러므로 국회의원 김승구 씨는 민주당원들에 의해 다음 번 대통령 후보로 선출될 것이다.

이런 귀납논증의 결론은 불확실하다. 왜냐하면 결론의 내용이 전제의 내용을 넘어서 있기 때문이다. 게다가 어떤 귀납논증은 결론의 옳음과 관련이 있는 정보를 고려에 넣지 않는 경우도 있다. 예를 들어 만일 국회의원 김승구 씨가 대통령에 출마할 의사가 없거나 불확실하다면, 이 사실은 분명히 그 논증의 결론이 옳다는 것에 영향을 줄 수 있다..

우리가 일상적으로 접하는 대부분의 논증은 귀납논증이다. 또 우리의 관심사는 일상적 상황에서 논증평가 방법과 논증구성 방법을 배우는 데 있으므로, 이 책에서 다루는 논증들도 대부분 귀납논증이다. 하지만 귀납논증에서 발견되는 오류들은 대부분 연역논증에서도 발견된다.

훌륭한 논증의 기준

일반적으로 훌륭한 논증이 지켜야 할 기준은 세 가지다. 훌륭한 논증의 전제는 옳거나 승인할 수 있는(acceptable) 것이어야 하며(A), 결론의 옳음에 관련 있는(relevant) 것이어야 하며(R), 결론의 옳음을 위해 충분한 근거(grounds)를 제공해야 한다(G). 이 훌륭한 논증(ARGument)의 세 기준을 만족시키지 못하는 것은 어떤 것이든 결함이 있는 논증이다.

첫째 기준(A) 훌륭한 논증의 전제는 승인할 수 있는 것이어야 한다. 혹시 여기서 왜 '옳은' 전제가 아니라 '승인할 수 있는' 전제라고 말하는가 의아하게 여기는 사람을 위해 덧붙여 말하겠다. 승인할 수 있다는 말은 옳다는 말보다 몇 가지 이유에서 더 낫다. 첫째, 어떤 진술이든 그것이 절대적 진리라고 말하기는 어렵다. 둘째, 설사 어떤 전제가 절대적으로 옳은 것이라 할지라도, 상대방이 그 전제의 옳음을 결정할 수 있는 입장에 있지 않을 경우 상대방은 그 전제를 승인할 수 없을 수도 있다. 예를 들면 상대방이 그 전제가 옳다는 증거를 손에 넣을 수 없거나 증거가 너무 전문적인 것이어서 이해할 수 없다든가 하는 경우다. 셋째, 승인이라는 개념은 논증을 교환하는 과정 자체에 뿌리를 두고 있다. 논증자는 대개 반대자나 의심을 품고 있는 사람에게 자신의 결론을 납득시키려 한다. 대개 논증자는 상대방이 승인할 만한 전제, 다시 말해 이성적인 사람이라면 승인해야 하는 전제를 가지고

출발한다. 그러므로 상대방은 전제를 승인하면(훌륭한 논증의 다른 두 기준이 만족되었다는 가정하에서) 논리적으로 결론도 승인하게 된다. 그렇다면 대부분의 논쟁 상황에서 결론에 대하여 의견일치를 보게 해 주는 열쇠는 전제를 승인하는 일이다.

이런 이유 때문에 훌륭한 논증의 첫번째 기준을 진리 개념보다는 승인 개념을 가지고 이해하는 것이 더 적절한 듯하다. 그러나 전제가 승인할 만한 것인가를 평가하려면, 그보다 더 특수한 지침이 필요하다. 논증을 평가하거나 구성하는 사람이 어떤 전제를 승인할 것인가를 결정하는 데 도움이 되는 표준은 다음과 같다. 전제가 다음과 같은 표준들 중 어느 하나에 적합하다면, 그 전제는 승인할 수 있는 것이다.

1. 상식적 주장, 또는 개인적 지식이나 증거에 의해 입증된 주장. 예컨대 "아스피린은 열을 내리게 한다."
2. 토론에 의해 적절히 옹호된 주장, 또는 최소한 옹호해 보라는 요청을 받거나 계속 탐구한다면 적절히 옹호될 수 있는 주장.
3. 다른 훌륭한 논증의 결론.
4. 직접 목격한 사람의 증언.
5. 그 분야 전문가의 보고.
6. 논리적으로 필연적인 진리. 예컨대 "X는 존재하거나 존재하지 않는다."

이런 승인 표준 대신에 이른바 부인(불승인) 표준을 사용할 수도 있다. 만일 전제가 다음과 같은 표준들 중 어느 하나에 해당한다면, 그 전제는 승인할 수 없는 것이다.

1. 증거와 모순되는 주장, 또는 신뢰할 만한 자료와 상충되는 주

장.

2. 토론의 맥락에 의해, 또는 획득 가능한 다른 자료에 의해 적절히 옹호되지 않는 의심스러운 주장.

3. 입증하려는 결론만큼이나 의심스러운 주장.

4. 명백히 진술되어 있지는 않지만 상당히 의심스러운 가정에 기반을 두고 있는 주장.

5. 동일한 논증 내의 다른 전제들과 모순되는 주장.

6. 자체모순, 언어적 혼동, 기타 이해할 수 없는 주장.

요컨대 논증의 전제 각각이 승인 표준 가운데 적어도 하나에 해당하고 부인 표준 가운데 어느 것에도 해당하지 않다면, 그 논증의 전제는 승인할 만한 것이다.

둘째 기준(R) 훌륭한 논증의 전제는 결론의 옳음에 관련 있는 것이어야 한다. 전제를 승인했을 때 결론의 옳고 그름을 판단하는 데 영향을 준다면, 그 전제는 관련 있는 전제다. 반면, 전제를 승인해도 결론의 옳고 그름에 아무런 영향도 주지 못하고 아무것도 입증하지 못한다면, 그 전제는 관련 없는 전제다. 전제가 결론과 관련 있는가 그렇지 않은가는 대체로 그 전제와 다른 전제의 관계에 의해 결정된다. 어떤 경우에는 전제들 사이에 관련이 있다는 것을 명백하게 드러내기 위하여 추가 전제가 필요할 때도 있다. 예를 들어 TV 같은 곳에서 흔히 보는 장면이지만, 검사는 다른 증거나 증언을 끌어들여서 언뜻 보기에는 관련 없는 듯 보이는 질문이나 증언이 사실 관련 있는 것임을 판사에게 납득시키기도 한다.

전통 논리학의 용어로 말한다면, 결론이 전제로부터 도출된다면 그 전제는 관련 있는 것이다. 연역논증의 경우 그 연역논증이 논리적으로 올바른 또는 타당한 형식을 지녔다면, 결론은 전제로부터 도출된다. 타당한 형식을 지닌 연역논증이란 전제를 승인하면 자연히 결론도 옳은 것이 되는 논증을 말한다. 그러한 경우에 전제가 결론에 관련 있다는 것은 명백하다. 왜냐하면 타당한 형식을 지닌 연역논증의 경우 결론의 내용은 이미 전제의 내용 속에 함의되어 있기 때문이다.

귀납논증의 경우에는 그 귀납논증의 전제가 결론의 옳음을 입증한다면, 결론은 전제로부터 도출된다. 훌륭한 귀납논증이란 전제가 결론의 옳음을 강하게 입증하는 논증이다. 하지만 귀납논증의 전제가 결론의 옳음을 강하게 입증하는지 약하게 입증하는지를 결정하려면, 훌륭한 논증의 세번째 기준을 이해해야 한다.

셋째 기준(G) 훌륭한 논증의 전제는 결론의 옳음을 입증하기 위한 근거를 충분히 제공해야 한다. 전제의 종류, 수, 질이 충분치 못하면, 그런 전제는 승인할 만한 것이고 관련 있는 것이라 할지라도 결론의 옳음을 입증하기에 충분할 만큼 강하지는 못할 수 있다. 이런 논증이 강한 논증이 되려면, 승인할 만하면서도 관련 있는 추가 전제가 필요하다. 결론의 옳음을 강하게 입증하기 위한 근거는 그 논증에 대한 합리적인 도전을 예상하고 그에 효과적으로 응수하는 전제를 담고 있어야 할 것이다.

논증이 이 셋째 기준을 만족시키지 못하는 방식에는 몇 가지가 있다. 우선 전제에 포함된 증거의 기초가 되는 사례의 수가 너무 적거나 대표 사례가 아닌 자료에 의거해 증거를 제시하는 경우가 있다. 또 증거가 단지 일회적인 것, 다시 말해서 논증자나 논증자가 알고 있는 몇 사람의 개인적 경험에만 의존하는 것일 수도 있다. 그뿐 아니라 결론의 옳음에 관련 있는 반대증거가 논증에서 무시되는 경우도 있다. 심지어 결정적인 증거가 논증에서 빠져 있는 경우도 있다.

훌륭한 논증의 세 가지 기준 중 어느 하나라도 어기는 논증은 훌륭한 것일 수 없다. 그렇지만 논증에 결함이 있다는 사실은 그 논증을 수정하여 훌륭한 논증으로 바꿀 수 없다는 것을 의미하지는 않는다. 그렇다면 중요한 것은 결함이 있는 논증을 수정해서 훌륭한 논증으로 만드는 일이다. 이를 위해서는 어디에 어떤 성격의 결함이 있는가를 정확하게 알 필요가 있다. 다시 말해서 오류가 무엇인가를 알아야 한다.

오류란 무엇인가

일상언어에서 오류라는 용어는 논증상의 잘못뿐만 아니라 잘못된 믿음을 가리키는 넓은 뜻으로 사용된다. 하지만 이 책에서는 오류라는 용어를 논증상의 맥락에만 한정하여 사용하겠다. 오류는 대부분 논증상의 잘못이며, 오류논증이란 잘못을 범하고 있는 논증이다. 더 전문적으로 말하면, 오류란 훌륭한 논증의 세 가지 기준 중 어느 하나라도 어기는 논증이다. 다시 말해 앞서 말한 세 기준 중 어느 하나라도 만족시키지 못하는 논증은 오류논증이다. 그렇다면 오류는 결론의 옳음을 확립하고자 하는 논증 속에 있는 전제가 승인할 수 없는 것일 때, 결론에 관련 있는 것이 아닐 때, 근거(전제들의 조합)가 불충분할 때 발생한다. 따라서 특정한 오류의 명칭은 알지 못한다 할지라도, 세 기준(ARG) 중 어느 기준을 어겼는가를 밝히면 그 오류논증의 성격을 규정할 수 있다.

오류라는 용어는 흔히 언어적 혼동이나 주의를 다른 데로 돌리게 하려는 의도를 가리킬 때 사용되기도 한다. 그런 것들은 잘못된 추론을 하게 하며 명료한 사고의 장애물이 된다. 하지만 그런 문제들까지도 세 기준 중 적어도 하나를 어기는 것이라고 해석할 수 있다.

흔히 논증상의 잘못은 잘못이라고 여기지 않는 경우가 많지만 사실 그런 것이 바로 오류다. 오류가 기만적인 이유는 훌륭한 논증의 겉모양을 취하고 있다는 점이다. 또 그렇기 때문에 오류에 빠져들기 쉽다. 그러한 기만은 의도적인 것일 수도 있고 그렇지 않은 것일 수도 있다. 그러나 논증자의 의도야 어떻든 오류는 오류다.

오류라는 개념은 훌륭한 논증이 무엇인가를 이해하고 훌륭한 논증을 구성하기 위한 열쇠인 동시에, 훌륭하지 못한 논증을 간파하고 그것을 훌륭한 논증으로 재구성하기 위한 열쇠이기도 하다. 오류 개념을 알면 일상생활에서 나타나는 뚜렷한 논증상의 잘못들을 발견해 낼 수 있다. 대개의 경우 오류는 주로 논증구성 과정에서 범하게 되는 잘못이라는 관점에서 연구되어 왔다. 그렇지만 논증을 전해 들은 사람도, 잘못된 논증의 결론을 승인한다면 역시 논증상의 잘못을 범하는 것이다.

오류논증의 유형은 대개 아주 흔히 볼 수 있는 것들이기 때문에 각각 특정한 명칭이 붙어 있다. 오류논증의 유형을 명칭으로 확인할 줄 아는 것은 매우 중요하다. 왜냐하면 어떤 논증에 대해서 단순히 "그 논증은 비논리적이야"라든가 "그 논증은 무언가 잘못된 것 같아"라고 말하는 것은 문제를 해결하는 데 도움이 되지 못하기 때문이다. 이것은 마치 건강이 좋지 않다고 느끼는 사람이 의사를 찾아갔을 때 의사에게서 "당신은 환자야!"라는 말을 듣는 상황과 마찬가지다. 환자의 병이든 잘못된 논증이든 효과적으로 치료하기 위해서는, 먼저 문제를 진단해야 한다. 오류논증의 경우에는 그 논증을 오류로 만드는 것이 무엇인가를 정확하게 진단해야 한다.

논증 평가

다른 사람의 논증이 기만적인 것임을 알았을 때 당황하거나 화를 내지 않을 사람은 거의 없겠지만, 그렇다고 해서 논증을 평가조차 하지 않으려고 해서는 안 된다. 훌륭한 논증은 매우 중요하며, 잘못된 논증과 분명히 구별되어야 하기 때문이다.

논증을 평가하려면, 먼저 일상의 대화나 글에서 논증을 추출해서 그 논증을 표준 틀로 바꾸어야 한다. 이것은 먼저 결론을 확인하고, 그런 다음 전제들과 이 전제들을 입증하는 모든 진술들을 찾아야 한다는 것을 뜻한다. 전제와 결론이 확인되면, 다른 불필요한 것들은 무시될 수 있다.

논증을 표준 틀로 재구성할 때, 명백히 제시되어 있지 않은 부분이 있다면 그 생략된 부분을 보충해야 한다. 이른바 호의의 원리에 따르면, 논증자의 논증은 되도록이면 가장 강한 형태로 명확하게 진술되어야 한다. 생략된 부분을 보충하는 일도 마찬가지지만, 이때에는 논증자가 원래 의도한 것만을 보충해야 한다. 명백히 제시되지도 않았고 암암리에 제시되지도 않은 내용을 보충하여 논증을 개선하려 해서는 안 된다. 그러나 호의의 원리는, 논증자의 논증을 더 강하게 해석해야 할 것인지 어떨지 하는 문제가 발생하는 경우에는 의심스러운 점을 논증자에게 유리하게 해석해야 한다는 원리다. 호의의 원리에 따르면, 논증자가 실제로 주장하고 있는 것이 무엇인가 하는 문제 때문에 옥신각신할 필요가 없다. 논증을 원래의 논증보다 약한 형태로 만들어서 공격한다면, 논증자는 더 강한 해석에 따라 애초의 논증을 쉽게 수정해 버릴 수도 있다. 그렇다 하더라도 논증자는 되도록이면 논증을 강한 형태로 발언해야 할 것이다.

논증의 재구성 방법을 더 분명하게 이해하기 위해 예를 들어 보자.

어떤 사람이 다음과 같은 논증을 폈다.

> 내 말 좀 들어 보시오. 나는 이따위 온갖 종교적 잡소리에 진저리가 난다구요. 텔레비전에서는 목사가 설교하고(그리고 헌금을 내라 하고), 또 어떤 전도사들은 내 영혼을 구원해 준다면서 나를 창조한 신의 뜻이 무엇인가를 말해 주려 합니다. 내 생각은 이렇다오. 만일 신이 정말로 존재한다면 누군가가 신의 존재를 증명했을 텐데, 아무도 증명하지 못했잖습니까?

이 논증을 재구성하려면 어떻게 해야 할까? 첫째, 결론을 찾아야 한다. 결론은 '신이 존재하지 않는다' 라는 것이다. 논증 속에 이 결론이 명확하게 진술되어 있지는 않지만 암암리에 들어 있다는 것은 분명하다. 논증을 재구성할 때, 생략된 부분을 보충했다는 것을 표시하기 위해서 이런 결론에는 괄호를 치기로 한다.

그 다음에는 결론을 입증하는 전제를 찾아야 한다. 논증자가 텔레비전 설교자나 기타 종교적 광신자에 대해 불쾌하게 여기고 있다는 사실은 제시된 결론과는 무관하다. 그러므로 이런 무관한 것은 무시될 수 있다. 신이 존재하지 않는다는 결론을 입증하기 위해 제시된 전제는 (1) 만일 신이 존재한다면, 누군가가 신의 존재를 증명했다는 것, (2) 아무도 신의 존재를 증명하지 못했다는 것이다. 재구성된 논증은 다음과 같다.

만일 신이 존재한다면, 누군가가 신의 존재를 증명했을 것이다.
그리고 아무도 신의 존재를 증명하지 못했다.

그러므로 (신은 존재하지 않는다.)

논증자는 첫번째 전제에서 '옳다고 증명된 적이 없는 주장은 그르다'라는 것을 암암리에 가정하고 있다. 이제 이 가정을 보충해서 논증을 재구성하면 다음과 같다.

(옳다고 증명된 적이 없는 주장은 그르다.)
그리고 신이 존재한다는 주장은 옳다고 증명된 적이 없다.

그러므로 (신이 존재한다는 주장은 그르다.)

이렇게 재구성된 논증의 두 전제는 승인할 만한 것이 못 된다. 두번째 전제는 첫번째 전제보다는 낫다고 하겠지만 의심스럽기는 마찬가지다. 왜냐하면 수백 년에 걸쳐서 매우 현학적인 유신론적 논증들이 제시되어 왔으며, 그런 유신론적 논증들이 신의 존재를 증명했다고 믿는 사람들도 많이 있기 때문이다. 반대로 말해도 마찬가지다. 무신론적 논증들도 역시 오랜 세월에 걸쳐 제시되어 왔으며, 무신론적 논증들이 신의 존재를 부정하는 증명을 했다고 믿는 사람들도 많이 있다. 따라서 신이 존재한다는 주장이 증명된 적이 없다는 두번째 전제는 최소한 논쟁의 여지가 있다.

첫번째 전제가 더 큰 문제이다. 첫번째 전제가 승인할 수 없는 것이라는 점을 논증자에게 충분히 납득시켜 줄 반대사례는 수없이 많다. 예를 들어, 얼마 전에 사카린이 암을 일으킨다는 주장이 증명된 적이 없다는 단순한 이유에서, 사카린은 암을 일으키지 않는다고 부당하게 주장된 적이 있었다. 마찬가지로 먼 행성에는 생명체가 살 수 있다는 주장이 증명된 적이 없다는 이유에서, 먼 행성에는 생명체가 살 수 없다고 주장한다면, 그것 역시 부당한 주장이다. 어떤 주장이든 옳다고 증명된 적이 없다는 단순한 이유에서, 그 주장이 그르다고 결론 내릴 수는 없다. 첫번째 전제는 확실히 그르다.

논증자의 논증에서 일단 불필요한 것을 제거하고 논증을 표준 틀로 재구성해 놓기만 해도, 그 논증이 어떤 잘못을 범하고 있는가는 더 이상 설명할 필요가 없을 정도로 명확하게 드러날 수 있다. 하지만 경우에 따라서는 논증자가 자신의 논증을 왜곡했다고 비난할 수도 있다. 이러한 비난을 피하려면, 논증을 가능한 한 주의 깊게 재구성해야 한다. 논증의 결함을 지적하기 전에, 여러분의 재구성 작업이 올바른가를 논증자에게 확인하는 것도 좋은 방법일 것이다.

논증이 표준 틀로 재구성되어 결함이 명료하게 드러나면, 논증자는 그 즉시 자신의 논증을 수정하여 더 나은 논증으로 만들려고 할 것이다. 논증자가 자신의 논증을 수정한다는 것은 바람직한 일이다. 논증의 질을 개선하는 것은 누가 보아도 권장할 일이다. 그 경우 여러분은 수정된 논증이 원래의 논증과 똑같거나 원래의 논증이 더 훌륭한 논증이었다는 기색을 보여서는 안 된다.

오류 바로잡기

잘못된 논증(오류)을 바로잡는 방법은 수없이 많다. 오류를 공격하는 방법들은 이 책 전체에 걸쳐 제시되어 있지만, 세 가지 기본적인 방법에 특별히 주의를 기울일 필요가 있다. 첫번째 방법은 논증을 표준 틀로 재구성하여 논증이 지닌 결함을 명확하게 드러내는 것이다. 이 방법에 대해서는 이미 설명했다.

두번째 방법은 훌륭한 논증의 세 기준을 어겼는가, 특히 전제가 승인할 만한 것인가를 검토해 보는 방법이다. 이것은 반대사례에 의해 전제를 공격하는 방법이다. 예를 들어 만일 어떤 상품이 새것이거나 특이한 것이기 때문에 좋다고 누가 주장한다면, 이 주장은 암암리에 새것이나 특이한 것은 무엇이든 더 좋다는 전제에 의거하고 있다. 이 경우 여러분은 그 주장과 명백하게 반대되는 사례를 제시하여 그 전제를 공격할 수 있다. 모든 주장에는 항상 어느 정도 정당하다고 인정할 만한 예외가 있으므로 반대사례에 의한 방법은 위험스럽기는 하지만, 대체적으로는 매우 효과적이라고 할 수 있다.

세번째 방법은 오류를 바로잡는 전략 중에서 가장 풍부한 상상력을 필요로 한다. 그만큼 또 가장 효과적인 방법이기도 하다. 이것은 불합리한 사례를 이용하는 방법이라고 부르는데 첫번째 방법과 두번째 방법의 특징을 일부 공유하고 있다. 이 방법은 전문 용어나 규칙에 호소하지 않고서 논증 방식이 잘못된 것임을 증명할 수 있다. 따라서 논리학자가 사용하는 특수한 명칭이나 구분에 익숙하지 않은 사람들의 논증을 공격할 때 특히 효과적이다.

불합리한 사례를 이용하는 방법으로 논증자의 논증 속에 들어 있는 결함을 드러내고자 한다면, 여러분은 재구성된 논증자의 논증과 동일한 형식을 지닌 여러분 자신의 논증을 구성해야 한다. 그러나 그와 동시에 그 논증은 명백히 그른 결론으로 이어지도록 구성해야 한다. 훌륭한 논증은 옳은 전제로부터 그른 결론을 이끌어 낼 수 없으므로, 논증자는 여러분의 전제나 논증 구조에 무언가 잘못이 있다는 데 동의할 것이다. 오류의 명칭을 밝혀서 논증이 어떤 오류를 범하고 있는가를 확인하도록 하는 방식보다는, 두 논증을 오류로 만드는 전제나 논증 구조에 관하여 여러분의 말로 설명하는 방식이 더 효과적일 것이다. 만일 잘못된 논증을 펴는 사람이 두 논증의 논증 방식이 동일하다는 것을 알아내고 여러분의 논증에 명백한 결함이 있다는 것을 깨닫는다면, 논증자는 자신의 논증에도 동일한 결함이 있다는 것을 논리적으로 인정할 수밖에 없게 될 것이다.

이 세번째 방법은 거의 모든 오류에 대해서 사용할 수 있는 방법이다. 이 방법을 사용해서 연역추리의 오류를 처리해 보자. 어떤 사람이 다음과 같이 주장했다. "종교를 갖지 않은 모든 인본주의자는 무신론자이고, 모든 공산주의자는 무신론자다. 그러므로 종교를 갖지 않은 모든 인본주의자는 공산주의자다." 이러한 논증의 전제는 승인할 수 있다. 하지만 결론은 그르다. 연역논증에 대한 정의에 따르면, 전제는 옳은데 결론이 그른 논증은 논리적으로 올바르거나 타당한 것일 수 없다.

이 경우 그와 동일한 형식을 지니고 있으면서도 명백히 그르거나 불합리한 결론을 지닌 논증을 제시하고 그것을 앞의 논증과 비교해 보면, 논리학 교육을 특별히 받지 않은 사람들도 충분히 납득할 수 있을 것이다. 그런 예를 들어 보자. "모든 아버지는 부모고, 모든 어머니는 부모다. 그러므로 모든 아버지는 어머니다." 이 논증은 전제들이 옳으며 문제의 논증과 동일한 형식을 지니고 있지만, 결론은 명백히 그르고 불합리하다. 따라서 이 논증에 결함이 있는 것과 마찬가지로 문제의 논증에 결함이 있다는 것은 명백하다. 다음과 같이 표준 틀로 구성하면, 두 논증의 형식이 동일하다는 것은 명백히 알 수 있다.

논증자의 논증

종교를 갖지 않은 모든 인본주의자는 무신론자다(모든 A는 C다).

그리고 모든 공산주의자는 무신론자다(모든 B는 C다).

그러므로 종교를 갖지 않은 모든 인본주의자는 공산주의자다(모든 A는 B다).

불합리한 사례

모든 아버지는 부모다(모든 A는 C다).

그리고 모든 어머니는 부모다(모든 B는 C다).

그러므로 모든 아버지는 어머니다(모든 A는 B다).

두 논증의 논리적 형식은 정확하게 동일하고, 두 논증 가운데 하나는 불합리한 결론에 도달한다. 그러므로 논증자의 논증 역시 오류이며, 그러한 논증의 결론은 승인할 수 없다는 점을 논증자에게 납득시킬 수 있을 것이다.

즉석에서 불합리한 사례의 논증을 만들어 내기란 쉬운 일이 아니다. 그러므로 대부분의 오류에 관한 불합리한 사례를 기억해 두는 편이 현명할 것이다. 각각의 오류에 관한 논의 다음에 나오는 '오류 바로잡기' 항목에는 대개 그 목적에 합당한 불합리한 사례를 제시해 놓았다.

불합리한 사례를 이용하여 논증상의 잘못을 밝히는 방법을 자유자재로 구사하기란 대단히 어려운 일이다. 그러기 위해서는 상당히 많은 연습과 상상력이 요구되며, 매우 흔히 범하는 빗나간 논증 방식들을 익히 알고 있어야 한다. 하지만 상대방이 범한 오류 또는 그 오류가 지닌 복잡한 성격을 전문 용어로 설명하기보다는 불합리한 사례의 방법을 사용하는 것이 대개 더 쉽고 효과적이다.

훌륭한 논증 구성

논증평가 과정은 훌륭한 논증의 기준을 항상 잊지 않도록 해주므로 훌륭한 논증을 구성하는 데 큰 자극이 된다. 마치 법을 어긴 사람을 재판하는 과정에서 검사나 변호사가 법이 요구하는 것이 무엇인가를 명료하게 파악하게 되는 것과 마찬가지로, 논증들이 잘못될 수 있는 수많은 방식에 대해서 민감해지면 훌륭한 논증에 요구되는 것이 무엇인가를 이해할 수 있게 된다. 뿐만 아니라 논증에 대한 비판이나 평가는 자신도 모르는 사이에 반대논증을 구성하게 하기도 한다. 만일 어떤 사람이 제시된 결론을 승인하지 않는다면, 그 사람은 대안이 되는 다른 견해를 옹호할 훌륭한 이유가 있다고 생각하는 것이다. 그러므로 논증평가 과정은 곧 논증구성 과정이다.

훌륭한 논증을 구성하는 첫 단계는 옹호하고자 하는 주장이 어떤 것인가를 분명히 하는 일이다. 상대방이 여러분의 입장에 대해 혼동하지 않도록 해야 한다. 헛갈리는 논증을 해서는 안 된다. 여러분의 입장을 옹호하는 논증이 두 가지 이상일 경우, 그것들을 한데 뒤섞어 하나의 큰 논증으로 만들지 말라. 논증들 중의 하나가 약한 논증이라고 판명되더라도 다른 논증이 지닌 힘에 영향을 주지 않도록 논증들을 분리해야 한다.

결론을 입증하려 할 때에는 가장 강한 증거를 제시하고, 분명하지 않다고 생각되는 전제는 모두 명료화시켜야 한다. 전제들을 중요도에 따라 제시하는 것도 좋은 방법이다. 그러면 상대방은 어떤 것이 가장 강한 증거인가를 알게 될 것이다. 증거 중 어떤 것이 약한 전제 또는 덜 중요한 전제인가를 직접 이야기할 수도 있다. 그렇게 하면 가장 취약한 부분에 가해질 수도 있는 비판자의 공격을 사전에 봉쇄할 수 있다.

상대방의 논증에 대해서 제기할 수 있는 질문을 먼저 여러분 자신의 논증에 대해서 제기하라. 여러분이 반대사례를 재구성하거나 불합리한 사례를 드는 것과 같은 논증공격 방법을 안다면, 여러분 자신의 논증을 시험하는 데도 그와 동일한 방법을 사용해 보아야 한다. 그것은 자신의 논증이 상대방의 공격에 무너지지 않도록 하는 데 반드시 필요한 조치다. 여러분은 승인할 만한 전제만을 사용하는 것(A), 전제가 모두 결론과 관련 있다는 것을 보증하는 것(R), 결론을 입증하기에 충분한 근거를 제시하는 것(G)에 특별한 주의를 기울여야 한다.

여러분의 입장에 반대되는 가장 강한 논증을 미리 예상하고, 예상되는 비판에 대한 대답을 논증 속에 삽입하라. 심지어 여러분의 입장을 약화시키거나 반증할 가능성이 있는 증거까지 제시해도 좋다. 그래서 비판자가 그러한 증거를 제시할 수 없도록 한다면, 그것은 오히려 여러분의 입장을 강화하는 결과를 가져온다. 될수록 주장의 범위를 한정하고, 있음직한 예외를 인정하라. 그렇게 하지 않아서 훌륭한 논증이 결함을 지니는 경우도 많다. 끝으로, 만일 자기비판을 통해 논증 속에 심각한 약점이 있다는 것이 드러나 적절한 수술이 불가능하다고 여겨지면, 그 주장을 기꺼이 포기함으로써 품위를 지켜야 한다.

2. 언어적 혼동의 오류

이 장에서는 논증에 사용된 낱말, 어구, 문장의 오용이나 의미의 혼동 때문에 생겨나는 오류에 대해서 살펴보자. 모든 낱말들은 설사 겉으로는 대단히 세련된 것처럼 보인다 할지라도 언제든지 오해를 불러일으킬 소지가 있다. 또 문맥이 달라지면, 낱말의 의미 또는 문장 전체의 의미까지도 미묘하게 달라질 수 있다. 이런 언어 현상에 주의를 기울이지 않으면, 올바른 사고를 하기가 상당히 어렵다. 그러므로 훌륭한 사고를 하고자 하는 사람이라면 누구나 자신이 사용하는 언어의 부정확함에 주의해야 한다. 사실 이런 일은 의미를 명료화하고 확정하기 위한 첫걸음이다.

이해할 수 없는 전제는 승인할 만한 전제가 될 수 없다. 훌륭한 논증의 첫번째 기준은 전제가 승인할 만한 것이어야 한다. 그러므로 혼동을 일으키는 언어가 사용된 논증은 심각한 결함을 지닌 논증이다. 가장 흔히 범하는 언어적 혼동은 다음과 같은 논증에서 발견된다.

1. 애매어의 오류

논증에서 낱말이나 어구를 두 가지 다른 의미로 사용하면서도 동일한 의미를 지니고 있는 것처럼 꾸며 상대방으로 하여금 보증할 수 없는 결론에 이르도록 하는 논증.

애매어의 오류를 범하는 사람은 핵심 용어가 논증의 모든 진술 속에서 동일한 의미를 지니고 있다는 인상을 주면서도 논증의 중간에 핵심 용어의 의미를 변환시킨다. 이런 의미 변환을 알아차리지 못하는 사람은 결론이 전제들로부터 자연스럽게 도출된다고 여기고, 그 논증이 훌륭한 논증의 세 기준을 모두 만족시킨다고 여기게 된다. 하지만 의미 변환을 알아차리는 사람은 전제들 사이에 연관관계가 있다고 생각하지 않는다. 왜냐하면 전제들 사이에 연관관계가 있으려면 핵심 용어의 의미가 동일해야 하기 때문이다. 만일 전제들 사이에 아무런 연관관계가 없다면, 어떤 사람도 전제들로부터 결론을 논리적으로 추리할 수 없다. 그렇다면 전제들은 승인할 만한 것이 못 된다.

논증에 사용된 낱말이나 어구의 의미가 변환될 경우, 다른 사람이 이해할 수 있도록 그 의미 변환을 상세히 설명해야 한다. 다시 말해서 낱말이나 어구는 논증 전체에서 동일한 의미로 사용되어야 한다. 애매한 언어를 사용하면, 두 낱말이 실제로는 동일한 의미를 지니고 있지 않은데도 불구하고 동일한 의미를 지니고 있는 것처럼 보인다. 하지만 두 낱말은 단지 겉모양만 동일할 뿐이다. 그러나 긴 논증에서는 의미의 변환이 명백하게 드러나지 않는다. 그러므로 긴 논증에서 이런 종류의 기만을 찾아내기란 매우 어렵다. 이를테면 낱말이나 어구는 논증의 어떤 부분에서 다른 부분과는 전혀 다른 의미로 사용될 경우도 있다. 이럴 경우, 단지 겉모양이나 발음이 같다는 이유에서, 그 애매어가 결론을 입증해 주는 것처럼 보일 수 있다. 물론 논증자가 자신의 논증 속에 의미의 변환이 있다는 사실을 깨닫지 못할 수도 있다. 하지만 의도적이든 의도적이 아니든, 깨달았든 깨닫지 못했든 논증자는 오류를 범하게 된다.

동음이의어란 하나의 낱말이 여러 의미를 갖고 있는 것을 말한다. 동음이의어를 교묘하게 구사해서 우스갯소리로 만들면, 상대방은 그 용어의 의미가 변환되었다는 사실을 순간 깨닫지 못할 것이다. 결코 동음이의어를 사용해서 우스갯소리를 하지 말라는 것은 아니다. 실제로 일상생활에서 볼 수 있는 유머 가운데에는 바로 그런 동음이의어를 이용하는 경우가 많다. 하지만 만일 어떤 주장을 진지하게 정당화시키려면, 낱말이 하나의 논증에서 의미 변환하는 것을 허용해서는 안 된다.

끝으로 한마디 덧붙이자면, 논증 평가자에게는 논증자와 마찬가지로 오류를 피할 책임이 있다. 예를 들어 여러분이 다른 사람의 논증 맥락 속에서 어떤 용어의 의미 변환을 깨닫지 못하면, 여러분 역시 애매어의 오류를 범하는 셈이 된다. 왜냐하면 여러분은 자신의 부주의 때문에 오류논증을 훌륭한 논증이라고 간주할 것이기 때문이다.

예 1 "나는 교과서 채택 문제에 대해서 우리가 교장의 말을 들어야 할 이유가 무엇인지 도대체 모르겠어. 우리는 교육 분야에서 얼마간 권위 있는 사람의 말을 들을 필요가 있어. 그런데 우리 학교의 교장은 학생들이나 선생님들이 복종해야 할 만큼 훌륭한 권위를 갖고 있지도 않다구. 아무도 교장의 명령에 복종하지 않잖아." 첫번째 나타나는 권위라는 낱말은 '특정한 탐구 분야에서 유능한 전문가'를 의미한다. 두번째 나타나는 권위라는 낱말은 '명령을 내려 복종하게 하거나 순종하게 하는 능력'을 의미한다. 권위라는 낱말의 의미가 변환되었다. 물론 문제는 교장이 교육 분야에서 권위자라고 인정할 수 있을 만큼 교육 분야의 이론에 밝은 유능한 전문가인가 하는 것이다. 만일 교장이 그런 권위를 갖고 있다면, 교장의 판단을 받아들일 가치가 있을 것이다. 하지만 권위라는 낱말의 의미 변환은 교장이 첫번째 의미에서의 권위자가 아니라고 생각하도록 유도한다.

예 2 "너는 인간의 모든 행동이 결정되어 있다고 말하는데, 그러나 내가 아는 몇몇 사람은 자기가 어떤 행동을 어떻게 할 것인가를 전혀 알지 못하는 것 같아. 그런 사람들은 행동하기 전에 어떤 행동을 할 것인가를 전혀 생각하지 않거든. 따라서 최소한 그런 사람들에게 있어서는 행동이 결정되어 있다고 말하는 것은 옳지 않아." 첫번째 나타나는 결정되어 있다라는 말은 '모든 행동이 선행 조건에 의해 설명될 수 있다'라는 것을 의미한다. 두번째 나타나는 결정되어 있다라는 말은 '심사숙고된 행동 또는 확신을 가지고 수행된 행동'을 의미한다. 이런 부당한 의미 변환에 의해 오도되면, 논증자가 '모든 사람의 행동이 선행 조건에 의해 설명될 수 있다는 주장'에 대한 반대증거를 제공하고 있다고 생각하게 된다.

예 3 "나의 친구가 나에게 조언하기를, 논리학이 논증을 펴는 방법을 가르쳐 주니까 논리학을 수강하라는 거야. 그러나 나는 논리학을 배우지 않은 사람도 논리학을 배운 사람만큼 논증을 편다고 생각해. 그러므로 나는 논리학을 수강할 생각이 없고, 논리학을 전혀 가르칠 필요도 없다고 생각해. 논리학은 일상생활 속에서 일어나는 긴장감을 증폭시킬 뿐이라구." 첫번째 나타나는 논증을 편다라는 말은 '주장을 증거에 의해 주의 깊게 입증하는 과정, 즉 건전한 추론'을 의미한다. 두번째 나타나는 논증을 편다라는 말은 '개인들간의 격렬한 논쟁이나 일종의 언쟁'을 의미한다. 결국 논증을 편다라는 말의 의미가 달라졌다. 하지만 이런 의미 변환은 결론과는 관련 없는 이유를 들어 논리학을 수강하지 말아야 한다고 생각하도록 유도한다.

오류 바로잡기 여러분이 애매어의 오류를 범하고 있는 논증에 부딪혔을 때 대처하는 방법에는 세 가지가 있다. 한 가지 방법은 문제가 되는 낱말이나 어구를 확인한 다음 논쟁 상대방에게 그 용어가 논증 속에서 두 가지 다른 방식으로 쓰이고 있다는 것을 지적하는 것이다. 혹시 논증자가 애매어를 사용하고 있는지에 관한 토론이 벌어지면, 여러분은 논증자에게 그 낱말이나 어구에 대한 정의를 요구할 수 있다. 만일 정의가 다르다면 여러분의 공격은 성공한 것이다.

두번째 방법은 여러분이 논증자가 쓰는 용어의 정확한 의미를 명료하게 표현해 주는 다른 낱말로 논증자의 낱말을 대체해서 보여 주는 방법이다. 그렇게 해서 논증자의 논증이 아무런 의의를 갖지 못한다면, 그 논증은 훌륭한 논증의 겉모양을 상실할 것이다.

애매어의 오류를 범하고 있는 논증이 오류임을 명백하게 드러내는 세번째 방법은 불합리한 사례에 의한 방법이다. 예를 들어 보자.

> 모든 죄인은 감옥에 가야 한다.
> 모든 인간은 죄인이다.
>
> ---
>
> 그러므로 모든 인간은 감옥에 가야 한다.

이 논증은 '죄인'이란 말을 첫번째 전제에서는 사법적 의미로 사용했고, 두번째 전제에서는 종교적 의미로 사용하고 있다. 따라서 이 논증은 명백히 불합리한 결론에 이른다.

2. 다의어의 오류

> 낱말, 어구, 문법 구조가 두 가지 이상의 방식으로 해석될 수 있는데도 불구하고, 어떤 의미로 사용했는가를 분명하게 밝혀 놓지 않는 주장이나 논증이 범하는 오류.

이런 혼동은 대개 논증의 전제들에서 나타난다. 만일 전제를 어떻게 해석해야 할지 모른다면, 그 전제는 승인할 만한 것이 못 된다. 왜냐하면 그런 전제는 의미가 분명치 않거나 이해할 수 없는 주장을 하고 있기 때문이다. 그런 결함을 지닌 논증은 훌륭한 논증의 첫번째 기준을 어기고 있다. 따라서 적절하거나 논리적으로 옳은 결론을 이끌어 낼 수 없다. 왜냐하면 결론의 옳음이나 그름은 전제들을 이해하는 방법에 달려 있기 때문이다.

다의어의 오류를 범하는 방식에는 두 가지가 있다. 첫번째 방식은 논증자가 주장이나 논증에서 두 가지 이상의 의미를 지닌 낱말이나 어구를 사용하는 것이다. 이런 종류의 다의성은 흔히 의미론적 다의성이라고 한다. 우리가 사용하는 낱말들은 대부분 두 가지 이상의 의미를 갖고 있다. 그러므로 두 가지 이상의 의미를 가진 낱말을 사용한다고 해서 오류라고 할 수는 없다. 낱말이나 어구가 지닌 여러 의미들 중 어떤 의미로 사용되었는가가 분명치 않은 맥락에서 오류가 발생하는 것이다. 이런 식으로 의미가 분명치 않으면, 여러분은 어떤 결론에도 이르지 못하거나, 그 낱말을 논증자의 의도와는 다른 방식으로 해석하거나 해서 그르거나 적절치 못한 결론에 도달할 수 있다.

다의어의 오류를 범하는 두번째 방식은 논증자가 둘 이상의 뚜렷이 다른 방식으로 정당하게 해석될 수 있는 주장이나 논증을 제시하는 경우다. 이렇게 두 가지 이상의 다른 방식으로 해석이 가능한 것은 논증자의 주장이나 논증이 지닌 통사론적 구조 때문이다. 이런 통사론적 다의성은 문장을 문법적으로 재구성함으로써 교정될 수 있으므로 의미론적 다의성과는 구별될 수 있다.

한편 의미론적 다의성은 다의적인 낱말이나 어구의 의미를 명료화시킴으로써 교정될 수 있다. 문장을 다의적으로 만드는 가장 전형적인 문법적 잘못에는 다음과 같은 것들이 있다. 불분명한 대명사 사용("현철이는 그가 술 마실 때는 결코 자기의 아버지와 논쟁하지 않아"——'그'가 현철이인지 현철이의 아버지인지 불분명하다). 생략된 문장 구조("현철이는 자기 아내보다 논리학을 더 좋아해"——'논리학'과 '아내'가 비교 대상인지, '현철이가 논리학을 좋아하는 것'과 '현철이의 아내가 논리학을 좋아하는 것'이 비교 대상인지 불분명하다). 불분명한 수식어("저렴한 맥주와 안주"——맥주만 저렴한지, 맥주와 안주가 둘 다 저렴한지 불분명하다). 모든이란 말의 부주의한 사용("현철이가 잡은 물고기의 무게는 모두 15파운드다"——철수가 잡은 물고기 하나 하나가 15파운드씩이라는 뜻인지, 철수가 잡은 물고기 전부의 무게가 15파운드라는 뜻인지 불분명하다). 문법학자들은 종종 이런 다의적 문법구조를 '문의의 다의성'이라 부른다.

예 1 어떤 친구가 이렇게 말했다. "어제 나는 새 집으로 이사했어." 여기서 "새" 집이 그냥 전에 살던 집과 다른 집을 말하는 것인지 최근에 지은 집을 말하는 것인지가 문맥에서 분명치 않다. 따라서 이 말만 듣고, 친구가 지금 살고 있는 집의 구조에 관해서 어떤 결론을 이끌어 내기는 어려울 것이다.

예 2 신문의 머리글은 의미론적으로 다의적인 경우가 많다. 만일 여러분이 다음과 같은 머리글만 읽는다면, 정당한 결론을 이끌어 내기 어려울 것이다. "엘리자베스 테일러는 매력을 잃고 있다." 기사 내용을 읽지 않고서는, 세계에서 가장 아름다운 여성에 관한 최근의 여론조사에서 테일러가 낮은 순위를 받았는다는 뜻인지, 이제는 더 이상 인기를 누리지 못한다는 뜻인지를 알 수 없다. 그러므로 신문 편집자는 다의어의 오류를 범한 것이며, 독자는 기사 내용을 읽기 전에는 어떤 결론도 이끌어 내서는 안 된다.

예 3 두 사람이 자가용을 타고 가면서 다음과 같은 대화를 나누는 장면을 생각해 보자.

영희 어디로 갈 것인지 좀 이야기해 줘.

철수 좋아, 이리 가자. (영희가 이리 방면으로 차를 몰았다.)

영희 어어, 이리로 가란 뜻이 아니야. 너는 내가 이쪽 길을 가리키고 있는 것을 보지 못했니?

이 경우에 물론 철수는 이쪽 길로 가라는 뜻이었으나, 영희는 철수가 가리키고 있는 것을 보지 못했으므로, 철수의 말은 확실히 다의적이었다.

다음과 같은 다의어의 오류를 생각해 보자.

영희 여기서 중요한 건 맑스의 연구야.

철수 맑스가 연구한 거? 아니면 맑스를 연구하는 거?

영희의 발언에서는 '맑스'가 연구의 주체인지 대상인지 불분명하다.

예 4 목공학교에 관한 소책자에서 다음과 같은 글을 읽었다. "우리 학교에 와서 6주 만에 집을 짓는 방법을 배우시오." 6주의 교육기간 동안에 집을 짓는 방법을 배우게 될 것이라는 뜻인지, 아니면 6주의 건설 일정 안에 집을 완전히 건설하는 방법을 배우게 될 것이라는 뜻인지가 분명치 않다. 문장을 재구성해야만 의도된 의미를 명료히 할 수 있을 것이다.

예 5 서로 가까운 곳에 사는 두 동료 교수가 오후 늦게 만나서 집으로 가려고 학교 교정을 떠날 채비를 하고 있었다. 그들의 집은 교정에서 걸어갈 만한 거리에 있었다. 그러나 비가 오고 있었기 때문에, 한 사람이 다른 사람에게 이런 말을 했다. "차를 타고 가는 게 어떨까?" 이런 제안을 받은 사람은 제안자의 자동차를 타고 집에 가자는 뜻으로 받아들일 수 있다. 다른 한편 제안자는 타고 갈 자동차를 구해 보자는 뜻으로 말했을 수 있다. 만일 제안을 받은 사람이 "좋아"라고 대답했다면, 그가 차를 타고 가자는 데 동의하고 있는 것인지 제안자의 차량 제공에 승낙하고 있는 것인지 분명치 않다. 두 사람 모두 교정에 자동차를 주차시켜 두지 않았다면, 그래서 주차장까지 걸어 가서야 그 말이 다의적이었다는 것을 깨닫게 된다면, 두 교수는 텅빈 주차장 가운데에 비를 맞고 멍청하게 서서 서로를 쳐다보고만 있게 될 것이다. 이것은 몇 년 전에 있었던 나의 경험담이다. 만일 내가 나의 제안을 보다 주의 깊게 표현했더라면, 나의 제안이 지닌 문법적 구조 때문에 우리가 도달한 그른 결론과 난처함은 피할 수 있었을 것이다.

오류 바로잡기 애매어의 오류의 경우에서와 마찬가지로, 여러분은 문제가 되는 낱말, 어구, 통사론적 구조를 확인해야 하고, 가능하면 논증자에게 어떤 의미로 사용했는지를 물어야 한다. 어째서 명료화를 요구하는가를 분명히 하라. "까다로운 사람"이라고 비난받지 않을까 걱정하지 말라. 이해하지 못한 것을 이해하기 위해서 묻는 것은 "까다로운" 것이 아니다. 오히려 잘못 이해했을 때 있을 수 있는 서로간의 피해를 예상해 본다면, 더욱 그렇다. 이해하기 전에는 주장이나 논증의 가치를 평가할 수 없다는 것을 논증자에게 이야기해 줘라.

이해할 수 없는 전제로부터 결론을 이끌어 내는 것은 잘못이다. 만일 상대방이 이 점을 끝내 이해하지 못하면, 여러분이 직접 상대방의 논증과 유사한 논증을 제시하라. 다의적인 전제를 제시하고, 그것으로부터 결론을 이끌어 내고, 그런 다음 상대방이 여러분의 논증에 대해서 어떻게 생각하는지 물어 보라.

만일 여러분이 논증자의 말을 이해하지 못했고 논증자에게 어떤 의미로 사용했는지를 물어 볼 수 없다면, 논증자가 의도하는 의미가 무엇인가를 알아내는 열쇠로서 여러분이 알고 있는 지식을 활용하여 논증자의 더 큰 관점을 파악하라. 만일 논증자에게 명료화를 요구할 수 없다면, 그리고 논증자의 더 큰 관점에 대해서 아는 것이 없다면, 여러분은 결코 결론을 이끌어 내려 해서는 안 된다. 결론을 이끌어 내야만 할 경우라면, 여러분은 논증자가 의도하는 의미가 어떤 것인가에 관한 가설을 만들고, 그 가설에 기초를 둔 임시 결론을 이끌어 내야 할 것이다. 이런 임시 결론은 추가 정보를 얻거나 상대방의 관점이 명료해지면 쉽게 수정될 수 있다.

끝으로, 논증자가 다의어의 오류를 범하지 않았는데도 불구하고 다의어의 오류를 범했다고 비난하지 않도록 주의하라. 문맥이 그 언어에 대한 적절한 해석을 분명히 하고 있다면, 논증자는 다의어의 오류를 범하고 있지 않다. 여러분이 문맥에 대한 여러분 자신의 관심 때문에 낱말, 어구, 문장을 부적절한 방식으로 해석한다면, 잘못을 범하고 있는 사람은 바로 여러분이다. 그러한 잘못은 "그릇된 다의어의 오류"라고 불린다. 예를 들어 보자.

희준 이렇게 처리해도 되는 건가?

하영 뭐가?

희준 겨우 사과를 주는 것으로 때우다니!

하영 무슨 뜻이야?

희준 여기 광고가 났어. "김경철 씨의 명예를 훼손한 데 대해 본사는 잘못을 뉘우치고 정중하게 사과를 드립니다." 겨우 사과를 주는 걸로 면죄가 될 일이냐구?

희준이는 그 광고문에 대해서 그러한 해석을 할 권리가 없다. 광고문의 문맥은 완전히 명료하다. 희준이는 농담을 하고 있는 것이 아니라면 '사과'라는 말을 먹는 과일로 해석함으로써 그릇된 다의어의 오류를 범하고 있다.

상대방이 문맥상 의미가 분명하게 드러나 있는 여러분의 진술로부터 부적절한 결론을 이끌어 내어 여러분을 비난하려 하면, 여러분은 그것을 가지고 으르렁거릴 필요가 없다. 상대방에게 악의가 있든 없든 중요한 것은 여러분이 올바르게 대처하는 것뿐이다. 여러분은 진술의 문맥이 그러한 해석을 허용하지 않는다는 것을 밝히고 나서 가능한 한 빨리 상대방에게 그 책임을 물어라.

3. 강조의 오류

> 논증에 사용된 어떤 낱말이나 어구, 특정 부분을 부적절하게 특별히 강조함으로써 상대방으로 하여금 부당한 결론에 이르게 하는 논증. 또는 인용문을 쓴 사람의 의도와는 다른 의미로 인용문을 문맥에서 벗어나게 해석하는 논증.

이 오류는 논증자의 말투나 억양을 살짝 변화시킴으로써 발생할 수도 있으므로, 찾아내기가 매우 어려운 경우도 있다. 어떤 낱말이 강조되었는가 또는 어떤 낱말에 유별나게 강세를 두었는가에 따라 문장의 의미가 달라지는 경우가 많다. 그러한 강조를 할 때, 빈정거리거나 조롱하는 듯한 억양이 종종 사용된다. 만일 그러한 강조 때문에 상대방이 부당한 결론에 이른다면, 낱말들 자체가 그른 진술을 표현하는 건 아닐지라도, 논증자는 상대방을 오도한다.

더 큰 맥락에서 볼 때는 낱말들만이 아니라 진술 전체나 문단들도 잘못 강조될 수 있다. 이 경우에 논증자는 문맥상의 중요한 의미나 주장의 실질적 내용을 소홀히 다룸으로써 강조의 오류를 범하게 된다.

훌륭한 논증의 첫번째 기준에 의하면, 전제는 승인할 만한 것이어야 한다. 어떤 낱말들이나 어구들을 강조하여 또는 강조하는 데 실패하여, 다른 사람을 그른 결론에 이르도록 오도하는 사람은 승인할 수 없는 전제를 사용하고 있는 것이다. 왜냐하면 그러한 전제는 논증의 맥락에서는 풀 수 없는 혼동을 일으키기 때문이다. 따라서 그러한 혼동을 일으키는 전제가 들어 있는 논증은 훌륭한 논증이 될 수 없다.

예 1 아버지가 세 자녀를 앞에 앉혀 두고 이야기하면서 큰딸에게 말했다. "너는 내 말에 귀를 기울이지 않고 있구나." 이 말은 들은 큰딸은 다른 두 형제가 아버지의 말에 귀를 기울이고 있다고 결론 내릴 수 있다. 만일 다른 두 자녀도 아버지의 말에 귀를 귀울이고 있지 않는 상황이라면, 아버지는 옳은 명제를 표현하긴 했지만 큰딸로 하여금 그른 결론에 이르게 하고 있다. 따라서 아버지는 강조의 오류를 범했다고 비난받을 수 있다.

예 2 한 학생이 말했다. "나는 김 선생님을 종종 만났으나 사모님을 만난 적은 한 번도 없어." 이런 말에서 사모님이란 말을 특별히 강조하면, 김 선생님이 자기 부인 이외의 어떤 사람과 많은 시간을 보낸다든가 또는 김 선생님이 자기 부인을 아무 데도 데려간 적이 없다는 사실을 암시할 것이다. 사모님이란 낱말에 대한 강조가 없다면, 학생의 문장 자체는 옳은 명제——즉 그 학생은 김 선생님이 자기 부인과 함께 있는 것을 본 적이 없다——를 표현한다. 하지만 사모님이란 말을 특히 강조하면, 상대방은 학생의 말에 대해서 두 가지 서로 다른 해석 중 하나를 선택하게 된다.

예 3 신문의 머리글과 잡지 기사의 제목은 종종 강조의 오류를 범한다. 사실 머리글이나 제목은 옳은 진술을 표현하기 위한 수단이지만 독자들의 시선을 집중시키려는 의도를 담고 있기 때문에 오류를 범하는 경우가 많다. 하지만 머리글이나 제목은 강조되어 있기 때문에 전혀 다른 주장을 암시할 수 있다. 그러므로 그러한 머리글이나 제목은 그것에 첨부되어 있는 기사(신문 기사나 잡지 기사)를 읽어야만 원래의 취지를 적절히 파악할 수 있는 경우가 많다. 영화 잡지나 연예 잡지의 경우가 흔히 그러하다. 예를 들어 오나시스가 사망한 지 몇 달 후에, 한 잡지의 기사 제목은 이러했다. "케네디 국회의원 소문을 인정하다 : 재키는 다시 케네디가 될 것이다." 이 기사 제목만을 보면,

독자들은 케네디 국회의원이 재키 오나시스와 결혼할 것이라는 결론을 내리게 될 것이다. 이런 해석을 강화시키는 것으로, 그 잡지의 겉표지와 기사가 실린 면에는 케네디 국회의원과 재키가 다정한 모습으로 찍은 사진이 실려 있었다. 하지만 정작 기사 내용은 '케네디가에서는 아직도 그녀를 케네디가의 한 사람이라고 여긴다'라는 것뿐이었다. 지방신문에 다음과 같은 머리글이 실려 있다고 하자. "빌리 그레이엄은 동성연애에 호의를 보였다." 역시 이 머리글만 본 독자는 그레이엄 목사의 성적 관심사나 그가 동성연애자의 권리를 옹호한다는 등의 사실을 추리하게 될 것이다. 하지만 정작 기사 내용은 그레이엄 목사가 어떤 기자회견에서, 참회한 동성연애자가 목사로 임명되어서는 안 될 이유를 모르겠다고 말했다는 것뿐이었다.

예 4 흔히 범하는 형태의 강조의 오류는 어구나 문장이 문맥에서 벗어나는 것이다. "소견이 좁은 사람은 어리석게도 일관성을 두려워한다"라는 에머슨의 진술은 모순을 피하려고 하는 사람을 모독하기 위해 흔히 사용된다. 하지만 이 진술은 에머슨이 쓴 글을 더 큰 맥락에서 보아야 적절히 해석될 수 있다.

"소견이 좁은 사람은 어리석게도 일관성을 두려워한다. 또한 시시한 정치가, 철학자, 성직자는 어리석게도 일관성을 숭배한다. 그렇지만 위대한 사람은 일관성에는 조금도 관심이 없다. 위대한 사람은 자신이 현재 생각하고 있는 것에 관심이 있다. 당신이 지금 생각하고 있는 것을 명확하게 말하라. 그리고 오늘 말한 모든 것과 모순이 되는 생각을 내일 하게 되더라도, 내일 다시 그것을 명확하게 말하라."

현재의 생각이 과거에 주장했던 것과 다를 수 있다는 이유에서, 현재 생각하고 있는 것을 말하기 망설이는 사람이 있다. 이들은 일관성을 존중하는 정도를 넘어 두려워하는 데까지 이른 사람들이다. 일관성은 중요한 미덕이라고 할 수 있겠지만, 그렇다고 해서 일관성의 덫에 빠져 버리면 안 된다. 여기서 에머슨이 과거의 생각에 대한 지나친 숭배에 주의를 주고 있다는 건 분명하다. 달리 말해서 에머슨은 자신의 견해가 바뀌었다는 것을 말하지 않는 성향에 대해서 나무라고 있는 것이다. 에머슨이 논리적 모순을 권장하고 있는 것은 결코 아니다. 그러므로 모순을 피하려는 사람을 공격하기 위해 에머슨의 이 진술을 인용한다면, 강조의 오류를 범하는 것이다.

오류 바로잡기 강조의 오류를 바로잡는 방법은 다의어의 오류를 바로잡는 방법과 거의 같다. 그러므로 상대방의 논증이나 주장 중 어느 부분이 부적절하게 강조되었는가를 지적하고, 명료화시킬 것을 요구하라. 물론 그렇다고 해서 잘못된 결과를 낳는 억양까지 취소하게 할 수는 없겠지만, 적어도 잘못을 범하는 것을 예방할 수는 있다. 강조의 오류를 범했다고 생각되는 진술이 있으면 언제든지 그 진술의 더 큰 맥락을 파악하고 물어라. 또 의심스러운 머리글이나 제목이 붙어 있는 기사는 가능한 한 기사 전체를 읽어라. 그러면 그런 머리글이나 제목에 의해 오도되는 것을 막을 수 있다. 최소한 여러분은 머리글이나 제목에만 근거해서 어떤 것을 추리할 때 매우 조심하게 될 것이다. 일반적으로 말해서, "의심나면 물어라"라는 규칙을 따르는 것이 현명하다. 그릇된 결론에 도달하기보다는 모른다는 사실을 솔직하게 시인하는 편이 더 낫다. 몰라서 묻는다면 한 번 창피를 당하는 것으로 끝나지만, 묻지 않아서 아예 모르는 것은 영원한 창피다.

4. 부당한 대비의 오류

듣는 사람이 말하는 사람의 주장 속의 낱말이나 어구를 부적절하게 강조함으로써 말하는 사람의 주장에서 그 주장과 대비되는 주장을 직접 추리하는 논증.

이 오류는 강조의 오류와 매우 밀접한 관련을 맺고 있다. 하지만 강조의 오류에서는 말하는 사람이 부적절한 강조를 하는 데 비해, 부당한 대비의 오류에서 강조하고 있는 사람은 말하는 사람이 아니라 듣는 사람이다. 부당한 대비의 오류는 또한 다의어의 오류와도 아주 흡사하다. 특히 문맥에 의해 정당화되지 않는 방식으로 말하는 사람의 주장을 해석하는 경우가 그렇다.

이를테면 부당한 대비의 오류에서 듣는 사람은 말하는 사람이 어떤 추리를 하도록 주장의 특정 부분을 강조했다고 주장하고 있는데, 실제로 말하는 사람이 그런 강조를 했다는 증거는 없다. 이때 사실은 듣는 사람이 그런 강조를 하고 있는 것이다. 즉 듣는 사람은 말하는 사람의 주장을 부적절하게 확대 해석한 것이다.

듣는 사람은 "X가 Y에 대해서 옳다"라는 말하는 사람의 주장을 받아들이고, 그런 다음 말하는 사람의 이 주장을 "X가 Y와 대비되는 것에 대해서는 옳지 않다"라는 것으로 확대 해석한다. 예를 들어, 말하는 사람은 "논리학 교수는 아주 멋있다"라고 주장했는데, 듣는 사람이 이 주장을 "다른 분야의 교수들은 멋이 없다"라고 말한 것으로 추리한다면, 듣는 사람은 말하는 사람의 주장을 부적절하게 확대 해석하고

있는 것이다. 이 경우에 승인할 수 없는 전제를 채용한 사람은 듣는 사람이고, 그런 전제를 지닌 논증에는 결함이 있다.

예 1 한 젊은 여자가 불행히도 연애에 실패한 후, "남자란 모두 무감각한 짐승이다"라고 주장했다. 그녀의 이 주장으로부터 그녀가 암암리에 남자와 여자를 대비시키고 있으며 "여자는 무감각한 사람이 아니다"라는 것을 말하고 있다고 추리한다면, 그 추리는 오류다. 그녀는 남자와 여자 사이의 차이를 진술하려는 것이 아니다. 그녀는 단지 실연에 따른 자신의 아픈 마음을 표현하고 있을 뿐이다. 그뿐 아니라 비록 그녀가 남자란 모두 무감각한 짐승이라고 주장하고 있지만, 이 주장으로부터 그녀가 여자의 감수성에 대해서 어떻게 생각하는가에 관해서는 아무것도 추리할 수 없다.

예 2 한 젊은 신부가 기혼 여성과 성관계를 갖고 있음이 발각되어, 추기경이 그 문제를 다루고 있었다. 추기경은 한 주교 관구에서 모든 신부에게 다음과 같은 주의를 주었다. "신부가 기혼 여성과 성관계를 갖는 것은 올바르지 못하다." 이 말을 듣고, "신부가 미혼 여성과 성관계를 갖는 것은 올바르다"라거나 또는 "신부 아닌 사람이 기혼 여성과 성관계를 갖는 것은 올바르다"라고 추기경이 주장하고 있다고 생각하면, 이런 생각은 문맥상 정당화될 수 없으므로 오류다.

예 3 아버지가 집에서 두 딸과 대화를 나누고 있다.

아버지 혜경아, 네가 입고 있는 옷은 혜정이 옷이 아니냐?

혜경 이제 이 옷은 제 거예요. 혜정이 언니가 저에게 주었거든요. 이제 언니에게는 너무 작대요.

아버지 그래 너에게 참 잘 어울리는구나.

혜정 그럼 아버지는 그 옷이 저에게는 어울리지 않았다는 말씀인가요?

집에서 나눈 이런 짧은 대화에서 혜정이는 부당한 대비의 오류를 범하고 있다. 왜냐하면 혜정이는 아버지가 "너에게 참 잘 어울린다"라고 말했을 때, 아버지가 '너'란 말을 강조했다는 부당한 비난을 하고 있기 때문이다. 하지만 아버지는 '너'란 말을 강조하지 않았다. 아버지는 단지 그 옷이 혜경이에게 얼마나 잘 어울리는가를 말하고 있었을 뿐이다. 그 옷이 다른 사람에게 얼마나 잘 어울리는지에 관해서 아버지가 암암리에 말한 것은 전혀 없다.

오류 바로잡기 듣는 사람은 말하는 사람이 주장의 특정 부분을 강조한 탓에 자신이 의심스러운 대비 주장을 할 수밖에 없었다고 주장하지만, 그 주장은 그른 주장이다. 따라서 말하는 사람은 자기 진술의 문맥이나 억양이 그런 해석을 가능케 했다는 것을 증명하라고 듣는 사람에게 주장할 수 있다. 여기서 물론 말하는 사람은 상당히 유리한 위치에 있다. 왜냐하면 대개의 경우 말하는 사람은 그런 대비 주장을 실제로 발언하지 않았다고 주장할 수 있기 때문이다. 그러나 듣는 사람도 말하는 사람이 문제의 주장을 실제로 발언하지 않았다는 것은 이미 알고 있다. 하지만 '말하는 사람이 주장했다는 것'을 부정하는 것과 '화자의 주장 자체'를 부정하는 것은 완전히 별개의 문제다. 말하는 사람은 이 점을 듣는 사람에게 분명히 해야 한다.

5. 비꼬는 논증의 오류

말하는 사람이 낱말들을 기술적으로 선택하거나 문장을 주의 깊게 배열함으로써, 듣는 사람으로 하여금 특별한 결론, 대개는 품위를 손상시키는 결론에 이르도록 하는 논증.

결론은 암암리에 숨어 있지 공공연하게 주장되어 있지는 않다. 그렇기는 하지만 이러한 오류는 상당한 힘을 지니고 있다. 왜냐하면 말하는 사람의 발언 속에 암암리에 숨어 있는 결론을 입증하기 위한 관련 증거가 전혀 제시되어 있지 않으면서도 그러한 결론이 옳다는 인상을 주기 때문이다.

비꼬는 논증은 어떤 주장이나 비난을 정당화시킬 증거가 거의 없거나 전혀 없는 상황에서 상대방을 공격하는 데 흔히 사용된다. 이 논증은 관련증거를 제시하는 대신에 암시력을 이용한다. 어떤 결론을 실제로 제시하지는 않았으므로, 비꼬는 논증을 펴는 사람은 보증되지 않은 결론을 제시하는 오류를 범했다고 할 수는 없다. 실제로, 비꼬는 논증을 펴는 사람은 직접적인 주장을 전혀 하지 않았다고 할 것이고, 자기의 주장으로부터 이끌어 낼 수 있는 어떤 추리에 대해서든 책임지려 하지 않을 것이다.

그렇다면 그러한 논증은 승인할 만한 가치가 없다. 왜냐하면 논증자는 특정한 낱말을 선택하고 배열해서 주장(발언된 주장)함으로써 전혀 다른 주장(암시된 주장)이 만들어지도록 했기 때문이다. 그렇다면 암시된 주장은 발언된 주장과 혼동될 뿐만 아니라 그에 대한 어떤 증거도 제시되지 않았거나 제시될 수 없는 것이기도 하다.

예 1 어떤 발언에다 하나의 낱말이나 어구를 덧붙인다고 해서 그 낱말이나 어구 때문에 발언 자체가 그른 어떤 것을 표현하는 것은 아니다. 하지만 그 발언은 그른 또는 부당한 결론에 이르게 할 수 있다. 대학의 학과장이 어느 회사의 사장으로부터 다음과 같은 질문을 받았다고 하자. "취업 신청 학생이 대학에 다니는 동안 어떤 규율이든 어긴 적이 없었습니까?" 학과장은 그 학생의 생활기록부를 보면서 대답했다. "없습니다." 또는 "없습니다. 우리는 그 학생이 대학의 규칙을 어겼다고 결코 확신할 수 없습니다." 후자의 대답은 비록 옳은 명제를 표현하고 있기는 하지만 불행히도 그 학생이 취직할 기회를 놓치게 되는 부정적인 결과를 초래할 수도 있다. 이번에는 그 학과장이 동일한 질문에 대해서 다음과 같이 대답했다고 하자. "없습니다. 아직까지는요." 마지막 한마디가 덧붙여짐으로써, 학과장의 대답은 비꼬는 부정적 대답으로 바뀐다. 더욱이 회사 사장은 학과장의 대답으로부터 "이 학과장은 그 학생에 대해서 책임지고 싶어하지 않는구나" 하는 결론을 이끌어 낼 수도 있는 것이다.

예 2 지방자치 단체장 선거전에서 한 후보가 다음과 같이 말했다. "후보들 중의 한 사람이 불법 단체로부터 돈을 받았다는 것을 여러분께서 아신다면, 여러분은 누구에게 투표할 것인가를 어렵지 않게 선택하실 수 있을 것입니다. 여러분께서 직접 알아보십시오. 그러면 다른 후보의 선거자금이 어디에서 나왔는가를 알 수 있을 것입니다. 여러분은 사실을 알고 놀라지 않을 수 없을 것입니다." 이 논증자는 다른 경쟁 후보에 대해서 증거가 확실한 주장을 하지 않았다. 그러나 이 말을 들은 유권자들은 아무래도 영향을 받게 된다. 암시력이 효력을 발휘하는 것이다.

예 3 비꼬는 논증의 힘은 때로 논증자의 어조에서 나오기도 한다.

희준 영희와 철수는 여전히 연애중이냐?

하영 철수 말에 따르면, 그래.

여기서 직접 주장되어 있는 것은 영희와 철수가 연애중이라고 철수가 믿고 있다는 사실뿐이다. 하영이의 어조는 "영희는 철수와 이제는 애인관계가 아니라고 생각하고 있다는 것" 또는 "영희가 다른 남자와 데이트중이며 더욱이 철수는 그 사실을 모르고 있다"라는 것을 암시하고 있다.

예 4 비꼬는 논증을 펴는 가장 효과적인 수단 중의 하나는 듣는 사람이 연관시킬 거라는 계산하에서 부정적 의미를 지닌 낱말과 발음이 비슷한 다른 낱말을 이용하는 것이다. 다음의 신문 기사를 보자.

"노심을 노심초사 기다리고만 있던 여당 의원들은 13일 청와대에서 노 대통령의 지시가 떨어지자마자 의원 총회를 열어 추곡 수매에 관한 야당의 공세에 역공을 펴기로 결의했다."

여기서 노심(盧心)이란 말은 물론 노(盧) 대통령의 심정을 가리키는 말이다. 신문 기사는 노심(盧心)과 '노심초사(勞心焦思)'라는 비슷한 발음을 가진 다른 뜻의 낱말을 함께 사용함으로써 여당 의원들을 독자성이 없는 집단으로 부각시키는 효과를 노리고 있다.

오류 바로잡기 논증자는 항상 자신이 직접 발언하지 않은 주장에 대해서는 책임지려 하지 않는 법이다. 또한 논증자에게는 어느 정도 그렇게 자기를 방어할 권리가 있는 것도 사실이다. 이런 사실에도 불구하고 듣는 사람은 논증자의 발언에서 이끌어 낸 결론을 논증자에게 이야기하고, 그것을 정당화시킬 것을 요구하고 싶을 것이다. 어떤 경우든 듣는 사람은 명백한 근거 없이 암시적인 주장을 승인해서는 안 된다. 왜냐하면 명백한 주장과 마찬가지로 암시적인 주장도 정당화되어야 하기 때문이다. 만일 논증자가 문제의 주장을 옹호하려 하지 않는다면, 논증자는 암시적인 주장을 부인하고 있는 셈이며 또한 그 암시적인 주장이 갖는 효과를 상쇄시키고 있음이 분명하다. 끝으로, 여러분은 상대가 비꼬지도 않는데도 비꼬는 발언이라고 해석하지 않도록 특별히 주의해야 한다.

6. 모호한 표현을 오용하는 오류

> 의미가 아주 부정확한 다른 사람의 낱말, 구, 진술에 정확한 의미를 부여함으로써 정당화되지 않은 결론을 이끌어 내는 논증. 또는 모호한 표현에 의거해 자신의 입장을 확립하려는 사람이 범하는 오류.

단순히 모호한 표현을 사용한다고 해서 모호한 표현을 오용하는 오류를 범하는 것은 아니다. 이 오류는 모호한 표현이 오용되었을 때, 즉 명백히 모호한 표현으로부터 매우 특별한 결론이 추리되었을 때 발생한다. 그렇다면 모호한 표현은 그것으로 인해 그르거나 정당화되지 않은 결론이 이끌어질 때 또는 실제로 대화를 위태롭게 할 때 문제가 된다. 모호한 표현은 논증과정에서 다른 특별한 문제를 일으킬 수도 있다. 예를 들어 모호한 용어가 어떤 주장을 입증하기 위해 사용된다면, 그러한 입증은 기껏해야 의심스러운 것이 된다. 더구나 그러한 진술은 모호하기 때문에 반론을 펴기도 곤란하다.

말하는 사람이 특정한 결론을 입증하기 위해 모호한 표현을 사용하는 경우도 있고, 듣는 사람이 말하는 사람의 모호한 용어로부터 특정한 결론을 이끌어 내는 경우도 있다. 어느 경우든 승인할 수 없는 전제가 사용되고 있다. 핵심 용어의 의미가 불분명한 주장은 어떤 결론을 입증하는 전제로 사용될 수 없다. 게다가 그런 경우 대개 듣는 사람은 말하는 사람의 모호한 표현이 의도하는 의미가 무엇인지 구체적으로 설명할 수 있을 만큼 충분히 알고 있는 것도 아니다. 따라서 모호한 표현의 의미를 구체적으로 설명하려 하면 자의적인 것이 되어 버린다. 따라서 그런 자의적인 것으로부터 추리한 것은 어떤 것이든 자의적일 수밖에 없다.

예 1 교수회의 석상에서 총장이 다음과 같이 말했다. "학생들의 등록 숫자가 줄어들고 있어 학교 재정이 위험스러울 정도입니다. 그리고 성적이 나쁜 일부 학생들은 상급 학년으로 올라가는 진급시험에 실패해서 자퇴하는 경우가 있는데, 그런 학생들에 대해서 좀더 많은 관심을 보여야 할 것입니다." 총장의 말이 끝나자, 듣고 있던 한 교수는 분개해서 총장이 진급시킬 만한 실력을 갖추지 못한 학생들을 진급시험에 통과시키라고 강요한다면 자기는 교수직을 사직하고 말겠다고 외쳤다. 이 경우에 이 교수는 "성적이 나쁜 학생들에 대해서 좀더 많은 관심을 보이라"라는 총장의 모호한 요구에 대해서 특별한 해석을 하고 있다. 만일 이전의 경험에 비추어, "좀더 많은 관심을 보이라"라는 총장의 말이 "어떤 학생도 진급시험에 실패해서는 안 된다"라는 말의 완곡한 표현이라고 교수들이 믿을 만한 근거가 있었다면, 그 교수의 해석은 정당화되었을 것이다. 하지만 이 경우는 그러한 경우가 아니다.

예 2 외설물에 관한 대법원 판결문에는 "무엇이 외설인가는 '사회 표준'에 따라 규정되어야 한다"라고 쓰여 있다. 하지만 검사가 외설 서적 배포자들에 대해서 소송을 제기하고, 그들에 반대하는 정당한 근거를 마련하려면, 사회 표준이라는 매우 모호한 기준에 아주 정확한 의미——그 모호한 기준 자체가 갖고 있지 않은 정확한 의미——를 부여해야 할 것이다.

예 3 교과서에 관한 논쟁이 한참일 때, 몇몇 사람이 다음과 같이 주장했다. "교과 내용 대신 다른 것을 가르치는 것은 공립학교가 '도덕 교육'을 해야 한다는 교육법에 위배된다. 불경스럽거나 외설적인 말이 들어 있는 문헌을 가르치는 것은 학생들을 비도덕적으로 행동하도록 가르치는 것이다. 말하자면 그러한 문헌을 가르치는 것은 학생들을 비도덕적인 사람이 되도록 가르치는 셈이다." 이것은 "교과 내용을 가르친다"라는 매우 모호한 어구에 도덕교육이라는 특별한 해석을 부여하고 있는 경우다.

오류 바로잡기 모호한 표현을 오용하는 오류를 바로잡는 방법은 대개 다의어의 오류를 바로잡는 방법과 비슷하다. 다시 말해서 여러분은 의미의 명료화 즉 정의를 요구해야 한다. 그리고 명백히 모호한 진술로부터 특정한 결론을 이끌어 내서는 안 된다. 만일 모호한 표현의 적용 영역이 명확하게 결정되어 있지 않다면, 그 표현이 지닌 더 정확한 의미가 무엇인지 물어라. 특히 대화가 실질적인 것이고 계속해서 논의할 만한 가치가 있는 것이라면 그러한 절차는 더욱 중요하다. 중요한 문제가 아니라면, 부정확함을 그냥 무시해 버리고 넘어갈 수도 있을 것이다.

만일 여러분이 자신이 한 말을 구체적으로 설명하지 않는다면, 여러분의 의도와는 반대로 그것 때문에 이익을 볼 사람이 있다. 예들 들어 어떤 사람이 다음과 같이 말했다고 하자. "당신이 말한 바와 같이, 당신이 나를 정말로 염려한다면, 당신은 내가 부탁한 돈을 빌려 줄 겁니다." 여러분은 넓은 의미로 또는 어떤 제한 조건 없이 그냥 하는 말로 "도와 주고 싶다"라고 말했을 뿐인데, 다른 사람이 이 말에 정확한 의미를 부여한다면, 여러분은 분명히 도와 주고 싶지 않을 것이다. 만일 상대방이 그런 시도를 하면, 그런 사람과는 친하게 지낼 수 없을 것이다. 상대방은 여러분의 말이 의미하는 것을 구체화시키는 데 필요한 충분한 근거를 갖고 있지 않다.

상대방이 모호한 낱말들이 사용된 전제를 가지고 특정한 주장을 입증하려 할 때에는 전제들이 승인할 만한 것인가를 문제 삼아라. 왜냐하면 모호한 용어의 의미가 구체화되지 않는 한, 그런 전제들의 가치를 명확하게 평가할 수 없기 때문이다. 명료하게 이해되지 않는 진술은 다른 주장을 입증하기 위한 증거로 사용될 수 없다.

만일 여러분이 다른 사람으로부터 오해받고 싶지 않다면, 부정확한 말을 사용하지 말라. 여러분이 의도하는 의미를 정확하게 전달하려면, 모호하게 사용된 낱말을 대신할 새로운 낱말을 찾거나, 일상언어에서 모호하게 사용되어 온 낱말은 어떤 낱말이든 그 의미를 구체화시켜라.

7. 차이 없는 구별의 오류

실제로는 의미상의 차이가 없는데도 불구하고 언어를 용의주도하게 사용함으로써, 옹호하고자 하는 어떤 행위나 관점이 비난받고 있는 행위나 관점과는 다른 것이라고 주장하는 논증.

차이 없는 구별의 오류를 범하는 가장 흔한 경우는 논증자가 자신의 입장이 유지될 수 없다는 것을 깨달았거나 또는 자신의 행위가 의심스럽다는 것을 깨닫고 그 난처함을 어떻게든 줄여 보고자 할 때다. 어떤 용어든 용어의 의미를 규정하는 일은 용어 사용자의 자유다. 그러나 새로운 의미가 원래 의미와 동일한 방식으로 기능한다면, 아무런 차이가 없는데도 구별을 시도하고 있는 것이다. 게다가 이 오류는 어떤 형태의 비난에 대한 응답으로 나타난다. 하지만 차이 없는 구별은 실제로는 의미상의 차이가 없기 때문에 비난의 효력을 감소시키지 못한다.

핵심 주장의 의미를 근본적으로 혼동하고 있는 논증은 훌륭한 논증이 될 수 없다. 왜냐하면 그러한 논증의 전제는 승인할 만한 전제가 될 수 없기 때문이다. 혼동을 일으키는 두 주장을 구별하는 일이 어려울 뿐만 아니라 두 주장이 실질적으로 동일하다고 믿을 이유가 있다면, 차이 없는 구별의 오류를 범한다. 따라서 두 주장이 구별될 수 있다고 가정하고 있는 전제는 의심스러운 전제일 것이고, 따라서 승인할 만한 전제가 아니다.

예 1 A라는 사람이 훌륭한 운전자인가에 대해서 이야기하는 상황을 생각해 보자. 대개 '훌륭한 운전자'라고 하면, 교통규칙을 준수하고, 자제심을 가지고 운전하고, 다른 운전자에게 예의바르다. 이 점은 누구나 인정하는 것이다. A라는 사람이 도로에서 일어난 사건들에 쉽게 자제심을 잃고, 끼어들기를 일삼으며, 운전중에 차 내의 다른 사람과 이야기하고, 그럼으로써 중요한 도로 표지판을 보지 못하거나 적절히 대처하지 못한다고 가정해 보자. 이런 사람에게 훌륭한 운전자가 못된다고 비난하면, 다음과 같이 대답할 것이다. "나는 실은 훌륭하지 못한 운전자가 아니야. 나는 도로를 주시하지 않았을 뿐이야." A는 실제로는 차이가 없는데도 구별을 하고자 하는 것이다. 따라서 A의 항변에도 불구하고 A에 대한 비난의 효력이 실제로 감소되는 것은 없다.

예 2 여러분과 한방을 쓰는 친구가 참을 수 없을 정도로 전축을 크게 틀었다고 하자. 여러분이 전축 소리가 너무 크다고 불평하자, 그 친구가 다음과 같이 말했다. "전축 소리가 너무 큰 게 아냐. 너는 낮은 음으로 음악 감상하기를 좋아하고 나는 높은 음으로 음악 감상하기를 좋아할 뿐이지." 여러분의 관점에서 볼 때, 그 친구는 여러분의 불평에 대하여 답변한 것이 아니다. 친구는 여러분의 불평을 다른 말로 되풀이하고 있을 뿐이다.

예 3 "나는 여성 해방운동에 대해서 반대하는 주장을 한 적이 없어. 나는 단지 여성이 집안의 우두머리가 되어야 한다고 진지하게 믿고 있을 뿐이야." 이런 말은 성차별 반대운동에 대하여 실은 반대하면서도, 겉으로는 그런 반대를 숨기려는 시도의 한 실례다. 이런 말은 기껏해야 성차별 문제에 관해 혼동하고 있음을 보여 준다. 어떤 경우든 간에 아무런 구별도 이루어지지 않았다.

오류 바로잡기 사람들은 대부분 자신이 구별하고 있는 것이 실은 아무런 차이가 없다는 것을 깨닫지 못하고 있다. 그러므로 여러분이 첫번째로 해야 할 일은 그들이 쓸데없는 노력을 하고 있다는 것을 지적하는 일이다. 만일 그래도 상대방이 그 점을 인정하지 않으면, 여러분은 다시 상대방이 구별하고 있는 두 가지가 서로 의미상 어떻게 다른가를 설명하도록 요구해야 한다. 여러분이 상대방의 설명을 납득하지 못한다면, 여러분은 의미론에 관해 이야기하고 싶을 것이다. 아마 상대방은 그래도 인정하지 않으려 할 텐데, 그러면 불합리한 사례에 의한 방법을 사용해 보라. 다음과 같은 예를 생각해 보자. "나는 부정행위를 하지 않았어. 나는 단지 기억을 되살리기 위하여 그 사람의 시험 답안지를 쳐다보고 있을 뿐이라구." 불합리한 사례는 전혀 다른 말이 아주 비슷한 방식으로 기능하고 있음을 분명하게 보여 주어야 한다.

연습문제

■ 다음 예들이 '언어적 혼동의 오류' 중 어떤 오류를 범했는지 밝혀라.

1. 갑 어떤 학교의 규정집에는 다음과 같이 쓰여 있다. "언제나 정복 착용 바람."

을 말도 안 돼. 잠잘 때도 양복에 넥타이를 매야 한다는 거야?

2. 갑 그 일은 나에게 맡겨 줘. 나는 그 일을 잘할 수 있어.

을 무슨 말이야? 어째서 내가 그 일을 할 수 없을 거라고 생각하니?

3. 혜정이가 혜경이에게 이렇게 말했다. "네 남편은 밤늦도록 사무실에서 해야 할 일이 많은 것 같구나. 네 남편의 새 여비서도 항상 밤늦도록 일하니?"

4. 나는 지난 학기에 논리학과 철학개론을 수강했다. 이번 학기에는 지난 학기보다 재미있는 수업을 기대한다.

5. 나는 김중삼 씨에 관해서 아무것도 몰라. 내가 그에 관해서 아는 것이라곤 그가 자유주의자라는 것뿐이야. 그래서 나는 그에게 투표하지 않겠어. 왜냐하면 나는 국회에서 군사문제에 대한 비판가의 대열에 또 다른 목소리가 끼어들지 않았으면 좋겠거든.

6. 그는 매우 약한 예술가다.

7. 도박은 우리가 피할 수 없는 어떤 것이므로 합법화되어야 해. 도박은 인간의 경험에서 빼놓을 수 없는 부분이거든. 사람들은 차를 운전할 때나 결혼하기로 맘먹을 때나 언제나 도박을 하지 않는가?

8. 갑 나는 오늘 기분이 좋아.

을 나는 네 기분이 좋지 않았었다는 것을 몰랐어.

9. 이번에 전주에서 새로 공연된 연극은 지방 신문의 연극 비평가들로부터 "시설의 부족과 배우들의 빈약한 연기력을 감안할 때 대단한 성공작"이라고 평가받았다. 그런 다음 그 연극은 " …… 대단한 성공작"이라고 선전

되었다.

10. 권리는 법으로 정해 요구되어야 한다. 투표권은 대한민국 사람의 권리다. 그러므로 투표소에 가서 투표할 것을 요구하는 법이 있어야 한다.

11. 다음은 어느 지방 신문의 머리글이다. "환자 5만에 의사 2." 이런 머리글이 붙어 있는 기사는 그 지방에는 대략 5만 마리의 동물이 있는데 수의사가 2명 뿐이라는 것을 설명하고 있다.

12. 나는 너에게 거짓말을 하지 않았어. 나는 단지 진리에서 조금 벗어났을 뿐이야.

13. 김중삼 국회의원은 민주당이 내놓은 화폐개혁안이 상당히 많이 개선되었다고 보고했다.

14. 갑 최수지는 올해 자선공연을 합니까?

을 물론이죠, 그녀는 우리 클럽의 회원이거든요.

15. 우리의 법률에 따르면, 죄가 증명되기 전까지는 무죄다. 따라서 대통령의 안보 고문인 최낙빈 씨에 대한 조사는 무죄인 사람의 명성을 더럽히려는 언론기관이나 의회의 노력일 뿐이다.

16. 나의 아내는 그녀의 여동생과 함께 사무실에 나오지 않을 거야. 왜냐하면 그녀는 아직 미장원에서 머리 손질이 끝나지 않았거든.

17. 공정한 중재위원회는 분쟁을 해결할 때 어느 한 편을 들어서는 안된다. 학생과 정부 사이의 문제를 중재할 거라고 생각되었던 이른바 중재위원회는 정부에 유리한 판결을 내렸고 학생들을 정학시켰다. 그러므로 어떻게 그 중재위원회가 공정했다고 주장할 수 있는가?

18. 우리는 이 물건을 훔치지 않았습니다. 우리는 단지 그것을 자본가로부터 해방시켰을 뿐입니다.

19. 갑 나는 오늘 밤에 외출할 생각이 없어. 나는 아주 열심히 공부해서 오늘 밤에는 숙제를 끝마쳐야 한다구.

을 어째서 너는 내가 공부를 열심히 하지 않았다고 생각하니?

20. 김인광 지방 의원은 전라북도의 제조공업의 이익을 위해서 충실한 대변자 역할을 해왔습니다. 그가 12년 전에 당선된 이후에 가장 부유한 지방의원 중의 한 사람이 되었다는 사실은 그렇게 놀랄 일은 아닙니다.

예답 1. 모호한 표현을 오용하는 오류 2. 부당한 대비의 오류 3. 비꼬는 논증의 오류 4. 다의어의 오류 5. 모호한 표현을 오용하는 오류 6. 다의어의 오류 7. 애매어의 오류 8. 부당한 대비의 오류 9. 강조의 오류 10. 애매어의 오류 11. 강조의 오류 12. 차이 없는 구별의 오류 13. 다의어의 오류 14. 비꼬는 논증의 오류 15. 애매어의 오류 16. 다의어의 오류 17. 애매어의 오류 18. 차이 없는 구별의 오류 19. 부당한 대비의 오류 20. 비꼬는 논증의 오류

3. 결론의 옳음을 가정하는 오류

결론이 전제 속에 숨어 있는 논증을 접하는 경우는 흔히 있다. 이러한 논증은 결론의 옳음을 가정하는 논증이라고 말할 수 있다. 결론이 증거(전제)에 의해 명확하게 입증되어 있지 않는데도 불구하고, 실제로는 상대방으로 하여금 어떤 방식으로든 그 결론을 승인하도록 '구걸'하는 것이다. 물론 논증의 겉모양은 명백한 증거에 의해 입증되어 있는 것처럼 보인다. 그러나 적어도 그 증거의 일부는 결론이 변장한 것이다. 이러한 논증은 훌륭한 논증의 첫번째 기준——전제나 가정은 승인할 만한 것이어야 한다(A)——에 위배된다. 만일 전제가 결론만큼이나 의심스럽다면, 그런 전제는 부인할 만한 것이고 따라서 승인할 만한 것이 되지 못한다.

결론의 옳음을 가정하는 논증 방식은 여러 가지다. 여기서는 결론의 옳음을 가정하는 오류들 중에서 가장 흔히 범하는 오류 몇 가지만 살펴보자.

8. 순환논증의 오류

결론을 이미 옳은 것(또는 승인할 만한 것)으로 간주해야만 옳은 것(또는 승인할 만한 것)으로 간주될 수 있는 전제를 사용하는 논증.

순환논증은 명백히든 암암리든 논증의 결론 자체를 전제의 일부로 사용한다. 따라서 순환논증은 증명을 제시하는 것이 아니라 결론을 다른 방식으로 주장하고 있을 뿐이다. 이렇게 함으로써 상대방으로 하여금 증명되지 않은 것을 증명된 것으로 승인하도록 유도한다. 순환논증은 전제가 적어도 결론만큼 의심스러운 것이므로 훌륭한 논증의 첫번째 기준——전제는 승인할 만한 것이어야 한다——에 위배된다.

전제들은 결론의 옳음을 입증하는 진술들이다. 그러므로 전제들은 그것들이 입증하는 결론보다 더 확실한 것이어야 한다. 어떤 결론을 이미 옳다고 믿고 있는 사람만이 승인하는 전제들이라면, 그 전제들로는 전혀 결론의 옳음을 입증할 수 없다. 어떤 사람이 "나는 지옥에 가고 싶지 않기 때문에 신이 존재한다"라는 논증을 편다고 하자. 하지만 누군가를 지옥에 보낼 수 있는 신이 존재한다고 이미 믿고 있을 때만 지옥으로 보내질지 그렇지 않을지에 관해서 관심을 가질 수 있을 것이다. 그러므로 그러한 논증은 순환논증이다.

결론이 전제로 나타날 때, 그 전제는 대개 결론과는 다른 말로 진술되므로, 결론이 전제로 사용되었다는 것을 알아차리기란 쉽지 않다. 게다가 순환논증을 펴는 사람은 전제들과 결론을 한데 모아 제시하는 경우가 아주 드물기 때문에 결론이 전제로 사용되었다는 것을 알아차리기 어렵다. 사실 순환논증의 오류를 범하는 실례는 한 편의 글, 책의 일부, 또는 책 전체에 걸쳐 있는 경우도 있다.

전제가 옳다면 결론이 그를 수 없다는 의미에서 보면, 순환논증은 형식적으로는 타당하다. 하지만 순환논증은 결론의 옳음을 결코 확립할 수 없다. 왜냐하면 전제들 중 적어도 하나는 결론만큼이나 의심스럽기 때문이다. 따라서 그 전제는 어떤 방식으로도 결론을 입증할 수 없다. 순환논증은 단지 결론을 입증하는 것처럼 보일 뿐이다. "A는 옳다, 왜냐하면 A가 옳기 때문이다." 순환논증이 지닌 구조는 이것이다.

예 1 "이재길 씨는 유능한 음악평론가라고 볼 수 없다. 왜냐하면 그는 심한 편견을 갖고 있기 때문이다. 그는 모든 형태의 현대음악, 특히 무조(無調)음악에 대한 편견을 갖고 있다. 나는 그가 현대음악을 좋아하지 않는 이유는 그가 너무 획일적이어서 현대음악을 감상할 능력이 없기 때문이라고 생각한다. 그는 건전한 예술적 판단을 할 수 있는 자질을 갖추고 있지 않다." 이 논증이 순환논증이라는 사실은 논증의 기본 구조를 드러내 보면 알 수 있다.

> 이재길 씨는 현대음악에 대한 편견을 갖고 있다.
>
> 그리고 이재길 씨가 현대음악을 좋아하지 않는 이유는 그가 획일적이어서 건전한 예술적 판단을 할 수 있는 자질을 갖추고 있지 않기 때문이다.
>
> ---
>
> 그러므로 이재길 씨는 무능한 음악평론가다.

이재길 씨가 "획일적이어서 건전한 예술적 판단을 할 수 있는 자질

을 갖추고 있지 않다"라는 주장은 이재길 씨가 "무능하다"라는 주장과 의미가 같다. 따라서 이재길 씨의 무능함은 이재길 씨의 편견에 대한 이유로 제시되어 있고, 이재길 씨의 편견은 이재길 씨의 무능함에 대한 이유로 제시되어 있다.

예 2 가장 단순하면서도 가장 쉽게 발견되는 형태의 순환논증은, 실제로는 결론을 다른 말로 다시 진술하고 있는 것에 불과한 단일 전제를 이용한다. 다음과 같은 논증을 생각해 보자. "불경스럽고 외설적인 말이 들어 있는 교과서를 쓰는 것은 비도덕적이다. 왜냐하면 우리의 아이들이 저속하고 무례하고 험악한 말을 듣는 것은 올바르지 않기 때문이다." 만일 여러분이 이 논증은 '비도덕적이다'나 '올바르지 않다'와 같은 모호한 말을 사용하기 때문에 결함이 있다고 생각한다면, 논증을 다른 말로 진술해 보일 수도 있다. 그래도 순환논증이기는 마찬가지지만, 그 논증을 새로 해석한 다음 다시 그 논증을 생각해 보자. "불경스럽고 외설적인 말이 들어 있는 교과서를 쓰는 것은 옹호될 수 없다. 왜냐하면 우리의 아이들이 저속하고 무례하고 험악한 말에 노출되는 것을 찬성할 만한 훌륭한 이유가 없기 때문이다." 바꾸기 이전이나 바꾼 후나 모두 "A이다, 왜냐하면 A이기 때문이다"이다.

예 3 순환논증은 겉으로 드러나지 않는 가정으로 인해 생겨나는 경우가 흔하다. 어느 철학 교수가 결정론——모든 사건에는 원인이 있다는 견해——을 옹호하고 있다고 생각해 보자. 그 철학 교수는 결정론을 증명하는 과정에서 원인이 없는 것처럼 보이는 특정한 사건에 관하여 다음과 같은 의문을 제기한다. "그 사건을 일으킨 원인이 없다면 무엇이 그 사건을 발생시켰을까?" 이 경우, 철학 교수는 증명과정에서 결정론의 입장을 암암리에 가정하고 있는 것이다. 왜냐하면 이런 문맥에서 '발생시켰다'라는 말은 '원인이 있다'라는 말과 의미가 같기 때문이다. 이 논증을 재구성하면 다음과 같다.

> 사건 X에는 원인이 없는 것처럼 보인다.
> 그리고 (만일 어떤 사건이 일어났다면, 무언가가 그 사건을 발생시켰어야 한다).
> 그리고 사건 X는 어떤 것에 의해 발생된 것이라고 생각해야 한다.
> 그리고 (발생시켰다와 원인이 있다라는 말은 동의어이다).
>
> ---
>
> 그러므로 모든 사건에는 원인이 있어야 한다.

이 논증이 순환논증의 오류를 범하고 있다는 것은 이제 분명하다. 두번째 전제와 네번째 전제는 암암리에 가정되어 있는 전제인데, 네번째 전제에 의해 해석되는 두번째 전제는 실제로는 결론이 변장한 것이다. 만일 그 철학 교수가 자신의 결론이 옳다는 것을 입증하려면, 입증하려 하는 결론, 즉 결정론이 옳다는 것을 증거의 일부로 사용해서는 안 된다.

오류 바로잡기 여러분이 순환논증의 오류를 피하려면, 문제의 논증이 지닌 논리적 구조에 대하여 매우 세심하게 주목할 필요가 있다. 어떤 전제든 결론과 동등한 것이어서는 안 된다는 점을 명심하라. 다시 말해서 겉으로 드러난 전제든 드러나지 않는 전제든, 전제가 결론이 옳다는 것을 가정해서는 안 된다. 논증이 길거나 여러 개의 논증이 서로 묶여 있는 경우, 주의를 기울이지 않으면 전제와 결론이 같다는 것을 발견하지 못하는 수가 있다.

결론이 이미 증거(전제)의 일부로서 옳다고 가정되어 있다는 사실을 논증자에게 환기시켜서 순환논증을 직접 공격할 수도 있다. 이 경우에는 의심스러운 주장이 되풀이되었다는 것을 주의 깊게 확인시켜야 한다. 이를 위해 가장 좋은 방법은 논증을 표준 틀로 제시하는 것이다. 전제의 주장과 결론의 주장이 실제로는 동일하다는 것을 명확히 드러낸 후, 논증자가 전제 속에서 이미 결론을 승인하지 않았다면 그 전제는 승인받을 수 없었을 것이라는 사실을 지적하라.

순환논증의 오류는 불합리한 사례를 제시해서 밝힐 수도 있다. 예를 들어 누가 "독서는 재미있다. 왜냐하면 독서는 나에게 많은 즐거움을 가져다 주기 때문이다"라고 말한다면, 이러한 논증에 의거해서는 어떤 주장도 입증할 수 없다. 그 논증은 앞서 제시된 교묘한 예와 동일한 형식——즉 "A이다, 왜냐하면 A이기 때문이다"——을 지니고 있다. 대부분의 경우에, 순환논증을 펴는 사람은 그 결론이 진정 옳기 때문에 결론의 옳음을 가정하는 것이라고 말할 것이다. 그러나 순환논증을 펴는 사람은 논증 속의 어떤 주장이 절대적으로 옳다고 믿더라도 그러한 개인적 신념이나 확신이 그 주장의 옳음을 입증하는 증거가 될 수는 없다는 것을 명심해야 한다.

9. 결론의 옳음을 가정하는 표현의 오류

> 입증해야 할 결론의 내용을 함의하는 용어들을 사용해서 결론을 입증하려 시도하는 논증.

이 오류의 특징은 평가하는 데 쓰이는 용어를 마치 기술하는 데 쓰이는 용어인 것처럼 사용하여 상대방으로 하여금 특정한 결론에 도달하도록 하게 한다는 데 있다.

결론의 옳음을 가정하는 표현은 논쟁중에 있는 문제가 이미 해결되었다고 가정한다. 예를 들어 재판의 목적이 바로 피고가 사기를 쳤는지 그렇지 않은지를 결정하는 일인데도, 원고가 "피고가 사기를 쳤다"라고 증언한다면, 원고는 결론의 옳음을 가정하는 증언을 하고 있는 것이다. 결론의 옳음을 가정하지 않는 방식으로 증언하려면, 어떤 일이 일어났는지를 기술해야 한다. 그런 다음 피고가 사기를 쳤는지에 대한 판결을 기다려야 한다.

전제가 그것이 입증하는 주장과 마찬가지로 의심스러운 것이라면, 그런 전제는 승인할 수 없다. 따라서 결론의 옳음을 가정하는 표현을 사용한 전제는 승인할 만한 것일 수 없다. 그런 전제는 의문시되고 있는 바로 그 결론을 담고 있기 때문이다.

예 1 시의회의 의장이 다음과 같이 발표했다. "오늘 우리는 몇 가지 문제에 대해서 논의했습니다. 그 중의 하나는 지역위원회의 이 어리석은 건의안을 승인할 것인가 거부할 것인가를 결정하는 일이었습니다." 문맥상으로 보면 지역위원회의 건의안에 대해 논의할 필요가 있다는 이야기처럼 보이지만, 의장은 그 건의안이 '어리석은 것'이라는 편견을 갖게 함으로써 논의해야 할 바로 그 문제에 대해 자기가 주장할 결론이 옳다는 것을 가정하고 있다. 의장이 다음과 같이 말했다고 하더라도 오류를 범하기는 마찬가지다. "지역위원회의 건의안에 대해서 논의하기 전에, 이 건의안보다 더 합리적인 다른 건의안에 대해 논의해 봅시다."

예 2 어떤 생각에 대해서 이른바 객관적 분석을 한답시고 결국은 결론의 옳음을 가정하는 감정 실린 표현으로 끝내는 경우가 종종 있는데, 이런 감정 실린 표현은 증거도 없이 상대방으로 하여금 논증자의 결론에 이르도록 한다. 회의에 앞서 "착상 전체가 사회주의의 냄새가 난다"라는 논평으로 결론짓고 있는 경우를 생각해 보라. 또는 어떤 신학자가 다른 신학자의 견해를 "위험스럽게도 광신주의에 가깝다"라고 기술하는 것을 생각해 보라. 어느 경우든 논증자는 상대방으로 하여금 문제의 제안을 거부하도록 유도하고 있다. 그 이유는 그 논증이 바람직하지 못한 어떤 것으로 이끈다는 것인데, 어째서 바람직하지 못한가에 대해서는 아무런 이유도 제시되어 있지 않다.

예 3 임신중절이 도덕적으로 허용될 수 있는 것인가에 대해 토론하고 있다고 하자. 임신중절에 관련된 중요한 문제 중의 하나는 태아를 인간이라고 보아야 할 것인가 아닌가다. 만일 토론자 중의 한 사람이 태아를 아이라고 말한다면, 그 토론자는 임신중절이 도덕적으로 허용될 수 없다는 결론이 옳다고 가정하는 것이다.

오류 바로잡기 결론의 옳음을 가정하는 표현은 대개 논증에 명백하게 드러나 있지 않기 때문에, 직접 공격하기가 어렵다. 이 오류를 범하고 있는 사람에 대항하는 가장 좋은 방법은 토론이 객관적으로 진행될 수 없게 만드는 숨어 있는 가정이 무엇인가를 밝히는 일이다. 자기의 언어가 자기 주장의 진가를 평가하는 데 걸림돌이 될 수도 있다는 것을 논증자가 깨닫지 못한다면, 그 문제에 관한 논쟁은 객관적일 수 없다. 예를 들어 논증자가 배반이나 공갈과 같은 용어를 사용해서 다른 사람의 행동을 묘사하면서도 자기는 단지 있는 그대로 '기술'하고 있을 뿐이라고 진지하게 믿는다면, 문제가 되고 있는 행동은 공정하게 평가받지 못할 것이다.

결론의 옳음을 가정하는 표현에 위축되지 말라. 어떤 주장을 명백한 것, 열 살짜리도 아는 것, 바보도 아는 것 따위의 말로 소개할 때, 이런 말에 넘어가지 말아야 한다. 이런 표현들은 그 문제가 실제로는 더 이상 논의하거나 탐구할 가치가 없다는 것을 시사할 뿐이다. 그런 표현들은 공격에 대하여 방어하는 기능을 할 뿐이다. 여러분이 그런 속임수에 넘어가지 않으려면, 설사 고지식하거나 무식하거나 정신적으로 모자라는 사람이라는 인상을 줄 것을 감수하더라도, "그런데 나에게는 그것이 명백하지 않아"라고 말해야 한다.

10. 복합질문의 오류

> 묻지 않은 다른 질문에 대해서는 이미 확고한 대답이 이루어졌다고 가정해 놓고 질문하는 논증. 또는 여러 개의 질문을 하나의 질문 속에 포함되는 것처럼 취급하는 논증.

복합질문에 대답을 하려면, 의문시되는 가정을 인정하거나 거기에 포함된 둘 이상의 질문들 각각에 대하여 동일한 대답을 제시할 수밖에 없게 된다. 거의 모든 질문에는 어느 정도 가정이 있기 마련이지만, 질문을 받은 사람이 그 가정을 기꺼이 받아들일 만한 이유가 있다면, 그 질문은 복합질문이 아니다. 논증이 질문받은 사람에게 의심스러운 가정을 받아들이도록 강요할 때, 또는 논증이 여러 개의 질문들에 대하여 동일한 대답이 나오리라는 부당한 가정을 할 때, 이런 때의 논증만이 결론의 옳음을 가정하는 오류를 범한다.

복합질문은 당면문제(또는 최소한 당면문제와 관련 있는 문제)에 관하여 어떤 입장을 취하고 있기 때문에 대개 부인할 만한 전제를 사용하고 있다고 볼 수 있다. 그 입장은 불확실한 것이다. 왜냐하면 그것은 적절히 입증되지 않았을 뿐더러 그것이 입증하려고 하는 주장과 마찬가지로 의심스럽기 때문이다.

예 1 이 오류를 범하는 가장 흔한 형태는 두 가지 질문을 하는 것이다. 하나는 겉으로 드러난 질문이고 다른 하나는 겉으로 드러나지 않는 질문이다. 한 젊은이가 동료 대학생에게 이렇게 묻는다. "너는 어

떤 사교 클럽에 가입할 거니?" 또는 적극적인 판매원은 손님이 사겠다고 결심하기도 전에 이렇게 묻는다. "현금으로 사시겠습니까, 아니면 외상으로 사시겠습니까?" 또는 걱정이 많은 어머니는 미혼인 아들에게 이렇게 묻는다. "너는 언제 결혼할 작정이냐?" 각 질문의 경우에, 질문자는 겉으로 드러나지 않는 질문에 대해서는 긍정하는 대답——즉 동료 대학생은 사교 클럽에 가입하기로 결정했고, 손님은 사기로 결심했고, 총각은 결혼하기로 작정했다——을 가정하고 있다. 그러나 이 경우 적절한 증거는 따지지 않는다 해도 각각의 질문에 대한 긍정적인 대답 자체가 확실하지 않은 것이다.

예 2 복합질문의 또 다른 형태는 여러 개의 질문을 하나의 질문처럼 취급하는 것이다. 내가 다음과 같은 질문을 받았다고 하자. "당신과 당신의 부인은 결혼식과 결혼축하연에 참석할 겁니까?" 이 질문은 최소한 세 가지 질문을 포함하고 있다. 내가 결혼식에 참석할 것인지, 내가 결혼축하연에 참석할 것인지, 나와 내 아내가 부부동반할 것인지를 묻고 있다. 나는 세 가지 질문 중 두 가지 질문에 대해서는 그렇다고 대답하고, 세번째 질문에 대해서는 그렇지 않다고 대답하고 싶다. 하지만 그 질문은 오직 하나의 대답만이 가능한 것처럼 묻고 있다. 내가 그 복합질문을 분리할 것을 주장하지 않는다면, 나는 세 가지 질문 각각에 대해서 동일한 대답이 나오리라는 질문자의 불확실한 가정을 인정하는 셈이 된다.

예 3 "왜 이혼한 가정의 어린이는 이혼하지 않은 가정에서 자란 어린이보다 정서적으로 불안정한가?" 이것은 복합질문이다. 왜냐하면 질문자는 불확실한 주장――즉 이혼한 가정의 어린이가 이혼하지 않은 가정에서 자란 어린이보다 정서적으로 불안정하다는 주장――을 가정하고 있기 때문이다. 이런 주장을 하려면 질문 이전에 그 주장이 옳다고 증명해야 한다. 그래야만 그러한 현상에 대해 설명을 요구하는 질문이 제기되지 않는다. 만일 그 질문이 가정하고 있는 주장이 잘못일 수도 있다면, 설명하라는 요구가 빗발칠 것이다. 하지만 제시된 질문에는 그 질문에 가정되어 있는 주장이 잘못일 수 있다는 가능성이 고려되어 있지 않다. 그래서 응답자는 그 가정을 옳다고 받아들인 상태에서 질문에 응답할 수밖에 없다.

오류 바로잡기 복합질문에 대항하는 방법에는 여러 가지가 있다. 첫째, 그러한 질문에 대하여 곧바로 "그렇다"나 "그렇지 않다"라고 대답하지 말라. 둘째, 의심스러운 가정을 지적하고 그것을 직접 처리하라. 셋째, 필요하다면 질문이 적절히 분리될 수 있고, 그래서 각각의 질문에 대한 대답이 따로따로 주어질 수 있다고 주장하라. 표준적인 의회운영 절차에서조차도 질문을 분리할 것을 규정하고 있다. 사실 질문을 분리하는 일은 가장 먼저 해야 할 일이다.

만일 여러분이 복합질문을 했다는 비난을 받는다면, 비난자가 복합적이라는 용어를 올바르게 사용하고 있는가를 확인하라. 어떤 경우 개인적인 문제로 인해 대답하기 곤란한 문제에 대해서는 대답하고 싶어 하지 않을 때가 있는데, 그럴 때 사람들은 복합질문을 했다고 질문자를 비난하는 경우가 있다. 하지만 질문에 불확실한 가정이 포함되어 있지 않다면 그런 질문은 논리학에서 말하는 복합질문이 아니다. 개인적 문제 때문에 응답하기 곤란한 질문을 한다고 해서 오류를 범하는 것은 아니다.

11. 유도질문의 오류

질문하는 방식을 이용하여 의도된 대답을 '유도하는' 논증.

유도질문은 대개 오직 하나의 질문으로 되어 있다. 유도질문은 토론해 보아야 할 문제 또는 최소한 토론의 여지가 있는 문제에 관하여 어떤 입장을 가정하고 있다는 점에서, 입증되지 않은 주장을 담고 있다. 게다가 질문자는 응답자에게 어떤 문제에 관하여 질문자와 동일한 입장을 취하도록 요구하고 있다. 그러면서도 질문자는 응답자가 질문자와 동일한 입장을 취하는 데 필요한 증거를 전혀 제시하지 않고 있다. 그러므로 질문자는 단순히 응답자가 준비된 대답을 제시하도록 유도하거나 구걸하고 있을 뿐이다.

복합질문의 경우에서와 마찬가지로, 유도질문의 전제는 승인할 수 없는 전제라고 해석할 수 있다. 논증자는 자신이 옳다고 믿는 전제에 의거해서 결론을 승인하도록 상대방을 유도한다. 유도질문이 순환적 성격 또는 결론의 옳음을 가정하는 형식을 지녔다는 것은 분명하다. 예를 들어 다음과 같은 유도질문을 보자. "여러분은 저의 선거운동을 지지할 것입니다. 그렇죠?" 이 질문은 다음과 같은 논증으로 구성될 수 있다.

여러분은 나의 선거운동을 지지할 것입니다.

그러므로 여러분은 나의 선거운동을 지지할 것입니다.

이러한 전제는 명백히 승인할 수 없다. 이 전제는 옹호되지 않았고 결론 자체와 마찬가지로 의심스러운 전제다. 게다가 그런 전제만을 유일한 전제로 갖고 있는 논증은 훌륭한 논증일 수 없다.

예 1 어떤 사람이 자기 친구에게, 그 친구가 보기에는 매우 '친구답지 않은' 행동을 해서 두 사람 사이의 오랜 우정이 깨어질 심각한 위기에 처했다고 하자. 그 행동을 한 사람이 이렇게 물었다. "우리의 우정은 이런 사소한 문제 때문에 결코 깨어지지 않을 거야. 그렇지?" 그 행동이 사소한 것인가 아닌가가 바로 문제인데, 질문자는 그것을 사소한 문제라고 가정하고 친구에게 그 가정을 승인하도록 유도하고 있다.

예 2 변호사가 자기의 의뢰인을 다음과 같이 유도한다고 하자. "당신은 현금이 든 서랍에서 빌려 온 돈을 돌려 줄 작정이었습니다. 그렇지요?" 이 경우에 변호사는 당면문제——즉 피고가 돈을 횡령한 것인지 또는 그가 부적절한 방법으로 '빌려 온' 것인지——에 관하여 어떤 입장을 가정함으로써 자기의 의뢰인을 '유도하고' 있다. 그 돈이 단순히 빌려 온 것이므로 그 의뢰인이 무죄라고 변호사가 확신하고 있다 할지라도, 진실에 이르는 적절한 절차는 의뢰인에게 서랍에서 돈을 가져오게 된 경위를 설명하도록 하는 일이다. 이렇게 설명한다면 최종적으로 도달한 결론, 즉 돈을 단순히 빌려 왔을 뿐이라는 결론에 타당한 정보가 될 수 있다. 피고가 이런 식으로 주장하면, 그 주장은 입증될 가능성이 높다. 하지만 의도된 답변을 유도하는 질문은 판사가 허용하지 않을 뿐만 아니라, 오히려 변론을 약화시키는 결과를 빚을 수도 있다.

예 3 중요한 교과과정 문제에 관해 교수회의에서 투표를 하게 되었는데, 그 교수회의가 열리기 바로 직전에 한 교수가 동료 교수에게 다음과 같은 질문을 던졌다. "자네가 내 입장에 반대해서 친구인 내게 등을 돌릴 거라고 생각하지는 않네. 안 그런가?" 여기서 질문자는 입증되지 않은 불확실한 주장을 하고 있다. 다시 말해서, 질문자는 친구에게 자신의 입장에 반대하는 것이 친구를 배반하는 행동과 동일하다는 것을 인정하도록 '유도하고' 있다. 질문자는 자기 자신의 확신에 따라 투표하는 것이 어째서 친구를 배반하는 행동인가를 응답자에게 설명하지 않은 채 대답을 유도하는 질문을 하고 있다. 이러한 상황에 적절히 대처하려면 자신의 입장이 우월하다는 것을 입증하는 몇 가지 이유를 제시하면 된다. 이러한 방식은 예상보다 더 큰 성공을 거두어, 오히려 그 친구의 지지를 얻게 될 수도 있다.

오류 바로잡기 유도질문 전술에 대처하려면, 질문자가 당면문제의 한 부분이 가정 속에 포함되어 있고, 이 가정을 인정하라고 요구하고 있음을 보여 주어야 한다. 그 점이 분명해지면, 그 가정을 인정하기 위해서는 현재 가지고 있는 증거보다 더 확실한 증거가 필요하다는 것을 지적할 수 있다. 최소한 현재 이용할 수 있는 증거를 기초로 해서는 그러한 유도질문에 대답할 수 없다고 주장하라. 물론, 질문자가 가진 입장이 당연히 옳다거나 잘 입증된 것으로 여겨진다면, 여러분의 관점에서 볼 때 그 질문은 어떤 오류도 범하지 않은 것이다.

12. 결론의 옳음을 가정하는 정의의 오류

> 의심스러운 정의를 사용해서 논증상의 어떤 입장이 논박하기 불가능하다는 것을 입증하려 하는 논증.

논증자가 사실적 주장(또는 경험적 주장)이라고 여겨지는 것을 의도적이든 무의식적이든 정의적 진술로 해석하는 경우에는, 그 사실적 주장에 대해 반대증거를 제시하는 것이 어려워진다. 그러면 문제의 사실적 주장은 정의에 의해서 '옳은' 것이 된다.

결론의 옳음을 가정하는 정의는 핵심 용어를 정의하는 방식을 이용하여 경험적 문제를 해결하려 한다(경험적 문제는 관찰이나 실험에 의해 검증되거나 반증될 수 있다). 이러한 기만적인 기법이 사용되었음을 간파하기 위해서는 당면문제에 관한 토론 속의 핵심 용어 앞에 붙은 '참으로, 실제로, 본질적으로, 진정으로' 등과 같은 수식어에 주목해야 한다. 비록 논증자는 자기가 한 방식대로 핵심 용어를 정의해야 한다고 굳게 믿고 있을지라도, 핵심 용어에 대한 바로 그 정의 때문에 논쟁의 여지가 있는 경험적 문제가 해결되는 결과가 생긴다면, 결론의 옳음을 가정하는 오류를 범한 것이다.

경험적 주장으로 변장한 정의적 주장은 승인할 수 없는 전제다. 그 이유는 두 가지가 있다. 첫째, 그러한 주장은 관련증거를 고려하지 않고서 경험적 문제를 해결하려 한다. 둘째, 주장의 성격을 애매하게 하고서 경험적 문제를 해결한다. 하지만 상대방이 그러한 혼동을 깨닫지 못하면, 경험적 주장으로 변장한 정의적 주장은 전제로서 효력을 발휘하게 된다. 경험적 논증의 전제가 승인할 만한 전제가 되려면, 그러한 혼동이 없어야 할 뿐만 아니라 결론을 입증하는 경험적 증거를 제공해야 한다.

예 1 진만이가 다음과 같은 경험적 주장을 한다고 하자. "진정한 사랑이란 결코 이별이나 이혼으로 끝나는 것이 아니다." 만일 누가 진만이에게 진짜 사랑하면서도 이혼할 수밖에 없었던 경우의 예를 제시한다면, 그는 그것이 진정한 사랑의 참된 예가 아니었다고 주장할 것이다. 그것이 진정한 사랑의 예가 아니라고 주장하는 진만이의 '증거'는 단지 이혼으로 끝났다는 사실뿐이다. 그러므로 진만이는 문제를 정의에 의해 해결하고 있는 것이다. 진만이의 판단은 어떤 결혼도 이혼으로 끝난다면 진정한 사랑일 수 없다는 것이다. 그렇다면 그의 주장에 반대되는 어떤 증거도 허용되지 않는다. 만일 진만이가 진정한 사랑이란 이별로 끝나지 않을 사랑이라고 정의하고 싶다면, 이러한 정의는 일상언어의 관점에서 볼 때에는 의심스럽다 할지라도 그것은 그의 특권이라 할 수도 있다. 하지만 진만이의 주장은 겉보기에는 사실적 주장인 것처럼 보이지만 실은 정의적 주장이다. 사실적 주장은 경험적 증거와 관련된 주장이다. 만일 진만이가 그의 주장을 정의적 주장으로 의도했다면, 그는 처음부터 그 점을 분명히 했어야 한다. 주장하는 사람이 자기도 모르게 자기 주장의 성격에 관하여 혼동하고 있는 경우는 흔히 볼 수 있다. 주장자는 오직 반대증거가 나타났을 때에만 경험적 주장을 정의적 주장으로 해석하는 것이다.

예 2 몇 년 전에 한 인기 있는 정치가가 공화당에서 민주당으로 당적을 바꿨을 때, 그를 비판하는 수많은 사람들, 특히 공화당원들은 그가 충실한 공화당원이었더라면 당적을 바꾸지 않았을 것이라고 주장했다.

그가 충실한 공화당원이 아니었다는 일차적 증거로 비판자들이 내세우는 것은 그가 당적을 바꾸었다는 사실이다. 어떤 증거도 비판자들의 주장을 반대하는 증거라고 인정될 수 없으리라는 것은 명백하다. 그러므로 이것은 결론의 옳음을 가정하는 정의의 오류를 범하고 있다. 왜냐하면 '충실한' 공화당원이란 결코 공화당을 떠나지 않을 사람이라고 정의하고 있기 때문이다. 따라서 논쟁거리는 그 정의가 적절한가 하는 것뿐이다. 문제가 될 경험적 주장은 없다.

예 3 몇 년 전에 나는 나의 철학개론 강의를 수강하는 학생들에게 다음과 같이 말했다. "모든 철학적 물음은 대답 가능합니다." 나는 나의 주장을 강조하기 위해서, 다음과 같이 덧붙였다. "만일 내가 철학적 물음들이 본래 풀릴 수 없는 것들이라고 생각했다면, 철학 교수로서 철학적 물음에 대한 탐구를 일생의 과업으로 삼지는 않았을 것입니다. 어떤 철학적 물음이 실제로 해결될 가능성이 없는 것이라면, 그것은 참된 철학적 물음이 아닙니다." 그런데 정신을 바짝 차리고 나의 강의를 듣고 있던 어느 학생이 나의 주장은 결론의 옳음을 가정하는 것이라고 지적했을 때, 나는 내가 철학적 물음이란 대답될 가능성이 있는 것이라고 정의하고 있었음을 시인하지 않을 수 없었다. 그러자 내가 철학적 물음에 관하여 아무런 경험적 주장도 하지 않았다는 사실이 분명해졌다. 나는 단지 '철학적 물음'이란 용어가 어떻게 사용되는가를 설명하고 있었을 뿐이었던 것이다.

오류 바로잡기 결론의 옳음을 가정하는 정의의 오류를 범하고 있다는 의심이 들면, 그 즉시 논증자에게 논증자의 진술이 어떤 종류의 진술인가를 물어야 한다. 만일 논증자가 여러분의 질문을 알아듣지 못한다면, 정의적 주장과 경험적 주장의 차이를 간략하게 설명할 필요가 있다. 논증자의 주장이 정의적 주장이라고 밝혀지면, 그 주장은 결코 반증될 수 없다. 논증자는 일상언어나 관련된 권위 있는 생각에 기초한 다른 정의에 반대하여 자기의 정의를 옹호할 태세를 갖추고 있을 수도 있겠지만, 그럴 필요도 없이 그에 대한 반증 자체가 불가능한 것이다. 하지만 논증자의 주장이 경험적 주장이라고 밝혀지면, 그 주장에 대한 경험적 증명을 제시해야 할 책임은 논증자에게 있고, 논증자는 그 주장에 대한 어떤 반대증거든 기꺼이 검토해야 한다.

13. 옹고집의 오류

> 자신의 주장이나 가정에 반대증거라고 할 만한 어떤 증거도 고려하지 않으려 하거나 고려할 수 없다고 고집하는 논증.

사람들이 증거를 의도적으로 무시하거나 사실과는 무관한 방식으로 논증을 펴는 이유는 대개 당면문제에 관해서 매우 확고한 신념을 갖고 있기 때문이거나, 예측을 하고 결론을 연역하기 위해 일부 원리나 가정을 굳게 믿고 있기 때문이다. 하지만 관련증거에 적절한 주의를 기울이지 않고 경험적 주장이나 가정(경험적 주장이 연역될 수 있는 가정)에 맹목적으로 매달리는 사고방식은 어떤 것이든 진리 발견에 장애가 된다. 그러한 사고방식은, 모든 경험적 주장은 그 본성상 틀릴 가능성이 있다는 경험적 사고의 방법론적 공준에 위배되는 것이다.

옹고집의 오류를 범하는 사람은 반대증거가 자신의 주장과는 관련이 없다고 말한다. 하지만 반대증거가 그의 주장과 관련이 없다면, 그것을 입증하는 증거도 마찬가지로 그러하다고 보는 것이 논리적이다. 여론조사에서 오직 찬성하는 의견이나 기록만을 채택하는 것이 불합리한 것과 마찬가지로, 특정한 경험적 주장을 반증할(약화시킬) 가능성이 있는 증거를 무시하고 오직 그 주장을 입증하는 증거만을 이용하는 것은 불합리하다.

정상적으로 보면, 증거는 특정한 주장을 승인하거나 거부하기 위한 토대다. 하지만 옹고집 논증을 펴는 사람은 이것에서 벗어나 있다. 자신의 주장이 옳다는 강한 신념이 어떤 증거를 승인하고 거부할 것인가를 결정하기 위한 토대로 사용되고 있는 것이다. 하지만 반대증거는 단순하게 기각되는 것이 아니다. 논증자는 그 반대증거가 상대방에게는 아주 신빙성이 있을 수 있다는 점을 고려해야 한다. 이런 이유 때문에 옹고집 논증을 펴는 사람은 항상 그 반대증거를 재해석해서 교묘하게 발뺌하려 한다. 즉, 그 반대증거는 사실 자신의 입장을 반대하는 증거가 아니며, 반대증거라고 여겨지는 것에 대해 또 다른 설명이 필요하다고 주장하는 것이다.

결론의 옳음을 가정하는 다른 오류의 경우와 마찬가지로, 옹고집의 오류도 승인할 수 없는 전제를 사용하고 있다. 논증자는 결론 자체를 근거로 하여 결론을 긍정한다. 전제를 부인하는 표준에 따르면, 입증하려는 결론만큼 의심스러운 전제는 승인할 만한 전제가 될 수 없다. 게다가 그러한 전제를 사용하는 논증은 그 논증의 결론을 승인하는 정당한 근거가 될 수 없다.

예 1 대학 신입생이 대마초의 합법화 가능성에 대해서 그의 어머니와 이야기하고 있다. 아들은 대마초의 사용에 관하여 최근에 정부가 연구한 수많은 자료들을 이야기한다. 그 자료에 따르면, 대마초를 적당히 사용하는 것도 몸에 해롭다는 강력한 증거는 없다는 것이다. 어머니는 다음과 같이 말했다. "네가 말하는 정부 연구자료의 결론이 무엇이든, 다른 연구자료가 어떻든 그건 상관없어. 대마초는 명백히 해로운 것이고, 절대로 합법화되어서는 안 돼." 어머니는 분명히 자신의 입장을 약화시킬 어떤 증거도 인정하지 않고 있다. 사실 어머니가 인정할 수 있는 반대증거가 도대체 있느냐고 아들이 캐묻는다면, 어머니는 이렇게 대답할 것이다. "내 말이 틀렸다고 할 만한 것은 절대 없어."

예 2 "나는 너의 생물학 교과서에 뭐라고 쓰여 있든 전혀 관심이 없어.

나는 내 조상이 원숭이나 하등 생명체 따위가 아니라고 생각해. 성경에는 하나님이 인간을 자신의 형상대로 창조하셨다고 쓰여 있다구. 성경과는 달리, 네 생물학 교과서는 인간이 쓴 것에 불과해. 그러니까 네 교과서에 쓰여 있는 것은 누군가의 의견일 뿐이야." 이런 말을 하는 사람에게는 어떤 증거가 제시된다 해도 '인간'이 만든 것이라고 여길 뿐이므로, 생물학의 진화론을 확신시킬 수 있는 증거는 전혀 없다. 이런 사람과 이 문제에 관해서 더 이상 토론을 하는 것은 정신력의 낭비일 것이다.

예 3 몇 년 전에 나는 민주당의 장점과 공화당의 장점을 비교하는 대화를 친구와 나눈 적이 있었다. 내 친구는 공화당과는 달리 민주당은 밀실 협정, 추문, '비밀 조직' 따위로 일관된 역사를 갖고 있다고 주장했다. 나는 그에 대해 곧바로 닉슨 대통령 재선위원회(공화당원)가 고용한 사람들이 최근 저지른 민주당 본부 침입사건을 이야기했다. 그러자 놀랍게도 그 친구는 이렇게 말하는 것이었다. "그 사건을 일으킨 사람들은 공화당원이 고용한 사람들이 아니었다네. 민주당원들은 닉슨을 이길 수 없었지. 그래서 그들은 사람들을 고용해 자기들 자신의 본부에 침입하게 했고, 그 사건을 통해 닉슨과 공화당원들에게 비난의 화살이 돌아가도록 만든 거야." 그 친구는 공화당의 도덕적 순수성을 너무 확신하고 있었기 때문에, 내가 제시하는 어떤 반대증거도 무시하거나 '합리화' 시켜 버릴 정도였다. 그래서 나는 아무 말도 할 수 없었다.

오류 바로잡기 논쟁 상대방이 정말로 반대증거를 받아들일 마음이 있는지를 밝히기 위하여, 여러분은 상대방에게 당신의 주장을 상당히 약화시키려면 어떤 종류의 증거를 대야 하겠느냐고 직접 물어볼 수 있다. 만일 상대방이 그러한 증거를 말할 수 없거나 말하려 하지 않는다면, 그의 의견을 바꿔 놓을 가능성은 없을 테고, 여러분은 그 문제에 관한 토론을 그만두는 것이 현명할 것이다. 사실 어떤 반대증거도 받아들이지 않으려 하거나 잘못될 가능성조차도 인정하려 하지 않는 사람과 토론하는 것은 아무런 성과도 없는 일이다. 그런 경우에는 토론의 주제를 바꾸는 것이 오히려 생산적이다.

상대방이 반대증거에 귀를 기울이게 하려면, 상대방에게 반대증거에 대해서 응답하거나 평가해 줄 것을 요청하라. 상대방이 여러분의 반대증거에 대해서 들으려 하지 않거나 응답하기를 거부하면, 그가 옹고집이라는 것은 누가 보아도 명백하다. 만일 상대방이 자신의 주장을 합리화시키려 하지 않고 진지하게 그 요청에 응한다면, 옹고집의 오류는 더 이상 문제가 되지 않을 것이고, 문제가 되는 주장에 대한 실질적인 토론이 이루어질 것이다.

연습문제

[1] 다음 예들이 '결론의 옳음을 가정하는 오류' 중 어떤 오류를 범했는지 밝혀라.

1. 김봉옥 씨는 고등학교 졸업반인 그의 조카 한결이에게 다음과 같이 말했다. "한결아, 내년에 어느 대학에 갈 작정이냐?"

2. 갑 범죄자는 새 사람이 될 수 없어.
   을 그렇지 않아. 나는 완전히 새 사람이 된 범죄자를 몇 사람 알고 있어.
   갑 그렇다면 그 사람들은 진짜 범죄자가 아니었음에 틀림없어.

3. 우리는 오늘밤 축구경기를 보러 가지 않을 거지, 그렇지?

4. 갑 성경이 실제로 신의 영감을 받아 쓰여진 책이라는 것을 어떻게 알지?
   을 왜냐하면 디모데서 3장 2절에 "성서는 전부 신의 영감을 받아 쓰여진 것이다"라고 되어 있기 때문이야.

5. 나는 음란물이나 외설물에 관한 대통령 자문위원회의 보고가 어떻든 개의치 않는다. 나는 외설물 구경이 성범죄를 유발하지 않는다고 생각한다. 따라서 대통령 자문위원회의 보고를 지지하는 자들이 헌법에 보장되어 있는 권리 조항을 위태롭게 하도록 놓아두어서는 안 된다.

6. 제정신을 가진 사람이라면, 소위 평등권 조항을 열광적으로 지지하는 자들에게 동조하지는 않을 것입니다.

7. 갑 적자만이 생존하는 거야.
   을 왜 그렇게 생각하지?
   갑 어떤 생물이든 생존하려면 환경에 적응해야 하니까.
   을 왜 적자만이 생존한다고 생각하느냐구?
   갑 생존해 있는 생물은 생존을 위해서 어떻게든 적응했기 때문에, 생존해 있는 거야.

8. 갑 대통령이 경제불황의 원인을 조사할 위원회를 구성해야 하지 않을까?

을 경제불황의 원인이 무엇인지를 말해 줄까? 원인은 오직 하나, 게으름 때문이지. 그게 전부야.

9. 갑 인간은 절망하는 동물이야. 진정한 인간이 되기 위해서는 절망을 경험해 보아야 해.

을 하지만 나는 그런 경험을 해본 적이 없어. 정말이야. 그러니 너의 주장은 틀렸어.

갑 만일 네가 그런 절망감을 의식한 적이 없었다면, 너는 너 자신을 기만하고 있는 거야. 절망하는 동물이라는 것이 인간과 비인간을 구별하는 기준이야.

10. 하영아, 너는 오늘밤 내가 또다시 학부모와 선생님이 만나는 끔찍스러운 모임에 끝까지 앉아 있기를 진정으로 원하니?

2 다음 예들이 지금까지 공부한 오류들 중 어떤 오류를 범했는지 밝혀라.

11. 경수는 어떤 사람도 죽이지 않았을 겁니다. 나는 내 아들을 잘 압니다. 걔는 언제나 예의바르고 생각이 깊었습니다. 우리는 그 아이를 바르게 길렀습니다. 그 아이는 일요일이면 언제나 우리와 함께 교회에 나갔습니다. 어떤 증거가 있다 해도 나는 걔가 살인하지 않았다는 것을 잘 압니다.

12. 아무도 이런 불합리한 문제에 대해서 더 이상 토론하고 싶어하지 않으므로, 나는 토론의 주제를 바꿔야 한다고 생각합니다.

13. 갑 책상 서랍에 넣어 둔 500만 원이 어떻게 도난당했는지 도대체 모르겠어.

을 자네 부인에게 물어 보라구. 그녀는 하루 종일 쇼핑을 했어. 새로 산 물건들을 한 꾸러미 가지고 방금 돌아왔다네. 아마 지금 자기 방에 있을걸.

14. 국회의원 이철영 씨에게 선거구 주민들 중 한 사람이 이렇게 물었다. "당신은 우리의 군사력을 약화시킬 게 뻔한 방위비 삭감안에 찬성할 작정입니까?"

15. 갑 기독교인은 절대로 술을 마시지 않아.

을　꼭 그런 건 아니야. 간혹 술을 마시는 기독교인들도 있다구. 사실 나는 술을 마시는 목사도 봤어.

갑　그렇다면 내 생각으로는, 그들은 참된 기독교인일 수 없어.

16. 혜경아, 내가 부탁한 대로 내가 외출해 있는 동안 그릇을 씻어 놓고 부엌을 청소했니?

17. 교수단은 최근에 위원회에서 제안된 '잡동사니' 교과과정에 관하여 다음 주에 심의한다고 공표했다.

18. 나는 도청하지 않았습니다. 그렇고 말고요. 나는 그저 당신들이 이야기하는 것을 엿듣고 있었을 뿐이었죠.

19. 맥주집의 광고 : "저렴한 맥주와 안주"

20. 한솔　희준이가 나를 계속 괴롭히면, 나는 그 자식의 대갈통을 갈길 거야.

한결　(나중에 희준이에게 말한다) 한솔이가 너의 대갈통을 갈길 거라고 말하더라.

해답 1. 복합질문의 오류 2. 결론의 옳음을 가정하는 정의의 오류 3. 유도질문의 오류 4. 순환논증의 오류 5. 옹고집의 오류 6. 결론의 옳음을 가정하는 표현의 오류 7. 순환논증의 오류 8. 옹고집의 오류 9. 결론의 옳음을 가정하는 정의의 오류 10. 유도질문의 오류 11. 옹고집의 오류 12. 결론의 옳음을 가정하는 표현의 오류 13. 비꼬는 논증의 오류 14. 복합질문의 오류 15. 결론의 옳음을 가정하는 정의의 오류 16. 복합질문의 오류 17. 결론의 옳음을 가정하는 표현의 오류 18. 차이 없는 구별의 오류 19. 다의어의 오류 20. 강조의 오류

4. 보증되지 않은 가정의 오류

이번 장에서는 매우 의심스러운 가정을 채택하고 있기 때문에 오류를 범하는 논증 방식에 대해서 살펴보자. 대개 그런 가정은 명백하게 진술되어 있지 않은 경우가 많지만, 그럼에도 불구하고 논증의 효력에 결정적인 역할을 한다. 그러한 전제는 전제의 승인 표준에 적합하지 않다. 게다가 그러한 가정은 논증의 첫 번째 기준——전제는 승인할 만한 것이어야 한다——에 위배되므로 훌륭한 논증의 전제로 사용될 수 없다.

이 책의 목적은 잘못된 사고의 진화과정을 설명하는 데 있지 않다. 하지만 보증되지 않은 가정들은 어느 정도 옳은 듯이 보일 뿐더러 어떤 맥락에서는 실제로 옳기도 하기 때문에, 상식적인 지혜의 일부가 되어 있는 것이 많이 있다. 하지만 단지 어떤 원칙들의 일부가 옳다고 가정하는 것에 근거를 둔 결론은 전혀 보증되지 못할 것이다. 게다가 그러한 가정에 근거를 둔 논증은, 설사 결론이 옳은 경우가 있을지라도 어떤 것이든 오류라고 간주해야 한다.

보증되지 않은 가정을 논증의 한 부분이 되도록 재구성하면 그러한 가정에 의거하는 논증이 오류라는 것을 밝힐 수 있다. 이런 방식으로 가정을 재구성하는 것만으로도, 논증자에게 그 가정이 의심스럽다는 것을 납득시키기에 충분할 때도 있다. 승인할 수 없는 전제가 논증의 효력에 결정적인 역할을 한다는 것을 알면, 그 논증 역시 의심스럽다는 것을 알게 될 것이다.

14. 연속의 오류

조그만 차이는 언제나 중요치 않다고 가정하여 반대관계에 있는 두 가지 것이 중간의 조그만 차이로 연속되어 있다면 서로 같은 것이나 다름없다고 가정하는 논증.

연속의 오류에 들어 있는 가정은 대단히 흔한 것이므로 그것이 불확실하다는 사실을 사람들에게 설득시키기란 쉽지 않다. 이 가정은 흔히 "그건 정도 차이일 뿐이야"라고 주장하는 데서 나타난다. "정도 차이일 뿐"이라는 생각이 암암리에 주장하고 있는 것은, 조그만 차이는 중요하지 않으며 연속되어 있는 것들을 서로 명확히 구별하기란 거의 불가능하다는 것이다. 이 오류의 이름을 더 시각적으로 표현하면, "성냥개비 하나 더 올려 놓는다고 해서 낙타 등이 부러지지는 않는다"라는 속담에서 나온 '낙타 등의 오류'라고 부를 수 있겠다. 어린이들이 하는 '마지막 성냥개비'라는 놀이를 해본 사람은 누구나 마지막 성냥개비 하나가 장난감 낙타의 등을 부러뜨릴 수 있다는 사실을 알 것이다. 이 놀이는 각 사람이 성냥개비를 한 줌씩 가지고 시작한다. 각 사람은 번갈아 가면서 하나의 성냥개비를 장난감 낙타 등 위에 있는 바구니에 올려 놓는다. 그렇게 계속하다가 마침내 장난감 낙타의 등이 부러지면 그 원인이 된 성냥개비를 놓은 사람이 지는 것이다. 낙타 등이 부러지는 것과 부러지지 않는 것 사이의 차이를 만드는 것은 분명히 성냥개비 하나다. 마찬가지로 연속되어 있지만 반대관계에 있는 두 가지는 구별될 수 있다.

그럼에도 불구하고 반대관계에 있는 두 가지를 명확하게 구별하기가 매우 어려울 때도 있다. 특히 모호한 낱말을 쓸 경우가 그렇다. 예를 들어 어느 시점에서 따뜻한 저녁이 추운 밤으로 바뀌는가? 또는 어느 시점에서 소년이 청년으로 바뀌는가? 연속의 오류를 범하는 사람은 정확한 구별을 하지 못하는 사람이 아니라 그러한 구별이 이루어질 수 없다고 가정하는 사람이다. 따뜻한 저녁과 추운 저녁 사이에도 차이가 있고 소년과 청년 사이에도 차이가 있다. 어떤 경우에는 구별이 자의적일 수도 있겠지만, 구별할 수 있다는 것은 분명한 사실이다. 어쨌든 그러한 구별이 있을 수 없다고 가정하는 사람은 오류를 범하게 된다.

이 오류의 고대적 이름은 '털보의 오류'다. 이 이름은 고대인들이 "얼마나 많은 수의 털이 있어야 털보인가?"라는 물음에 관하여 논쟁을 벌인 데서 유래했다. 수염의 수가 정확히 몇 개라고 확정할 수는 없겠지만——왜냐하면 그것은 자의적이기 때문이다——털보와 털보 아닌 사람 사이에 차이가 있다는 것은 분명하다. 그렇다면 그 둘 사이에 구분선이 있어야 하지 않겠는가?

이 오류는 개념문제를 다룰 때뿐만 아니라 행위문제를 다룰 때도 찾아볼 수 있다. 예를 들어 어느 방향으로 한 걸음 더 나아갈 수 있다면, 여러 걸음 나아갈 수도 있다고 논증하는 사람이 종종 있다. 왜냐하면 한 걸음씩 계속 나아가는데, 어떤 특정한 지점에서 정지해야 할 마땅한 이유가 없는 것처럼 여겨지기 때문이다. 그렇지만 연속의 오류를 피하려면 적절한 정지점을 설정하는 데 필요한 기준을 만들어야 한다.

연속의 오류를 범하는 논증에서는 드러나지 않은 가정이 사용되고 있다. 즉, 조그만 차이는 중요하지 않다는 가정, 또는 중간의 조그만 차이로 연속되어 있다면 반대관계에 있는 두 가지가 크게 다르지 않다는 가정이다. 그러나 그 가정들은 잘못이다. 따라서 그런 가정은 승인할 수 없고 훌륭한 논증의 전제로 사용될 수 없다.

예 1 연속의 오류에 들어 있는 가정을 포함하는 논증은 매우 설득력이 있다. 사실 오류를 주의 깊게 공부한 학생들조차도 다음과 같은 방식으로 논증을 펴는 경우가 종종 있다. "교수님은 최종 점수에다 5점씩 가산해 주셨습니다. 제가 보기에는, 교수님이 5점씩 가산해 주셨다면 조금 더 가산해서 6점씩을 주실 수도 있었을 것입니다. 그러면 저는 철학 과목을 이수했을 것입니다. 5점과 6점 사이에는 거의 차이가 없습니다. 하지만 바로 그 작은 1점이 그 과목을 이수하는 것과 이수하지 못하는 것 사이에 차이를 만드는 것입니다. 교수님께서 5점씩 가산해 주셨기 때문에, 지혜는 60점을 받았고 저는 59점을 받았습니다. 지혜는 철학 과목을 이수했고 저는 이수하지 못했습니다. 그러나 지혜가 실제로 저보다 철학을 더 잘 알고 있습니까?" 60점을 받은 학생이 59점을 받은 학생보다 철학을 더 잘 알지 못할 수도 있다. 그러나 두 극단——예컨대 철학을 아는 것과 알지 못하는 것——을 한덩어리로 만들지 않으려면, 어떤 절단선이 설정되어야 한다.

예 2 수완 좋은 외판원의 말에 넘어가, 매달 조금씩 더 지출하는 것은 그리 큰 차이가 없다고 확신해 버리는 경우가 종종 있다.

구매자 나는 지금 에어컨을 사는 데 그렇게 많은 돈을 지출할 수가 없어요.

외판원 봉급에서 지출하시면 될 게 아닙니까?

구매자 그렇지만 매달 봉급에서 지출되는 돈이 이미 40만 원이나 되는 걸요.

외판원 그러나 손님께서 지금 에어컨을 사신다면, 에어컨이 실제로 필요한 때인 여름 내내 시원하게 지내실 수 있는데요. 매달 5만 원씩만 더 지출하시면 됩니다.

구매자가 이런 추론에 의해 몇 가지 물건만 더 구매하게 된다면, 그 사람은 심각한 재정난에 허덕이게 될 것이다.

예 3 체중을 줄이기 위해서 식이요법을 쓰고 있는 사람이나 담배를 끊으려는 사람이 "빵 한 조각 더 먹거나 담배 한 대 더 피우는 것쯤은 별차이가 없겠지" 하는 논증에 속아 넘어가서는 안 될 것이다.

오류 바로잡기 상대방이 실제로 연속의 오류를 범했는지 의심스러우면, 상대방에게 부자와 같은 모호한 용어를 정의해 보라고 하라. 부자라고 말할 수 있으려면, 재산이 돈으로 환산했을 때 얼마나 되어야 하는가를 구체화시켜 보라고 하라. X원이라고 말한다면 X원에서 1000원을 뺀 돈을 가진 사람도 부자인가를 물어 보라. 상대방은 틀림없이 그렇다고 말할 것이다. 계속해서 1000원 씩을 빼 가면서, 그만큼의 돈을 가진 사람 역시 부자인가를 매번 물어 보라. 그러면 상대방은 매번 그렇다고 대답하다가 마침내 조그만 차이는 중요하지 않다는 자신의 가정이 취약하다는 사실을 깨닫게 될 것이다. 만일 상대방이 그러한 오류 추론을 깨닫지 못한다면, 결국 X원에서 X원을 뺀 돈을 가진 사람도 부자라고 주장해야 할 텐데, 이는 명백히 불합리하다.

그러한 구별이 때로는 매우 어렵다는 것을 부정할 수는 없다. 그렇지만 그러한 구별은 가능하고 때로는 만들어 낼 수도 있다고 주장해야 한다. 예를 들어 어떤 과목을 이수하는 것과 이수하지 못하는 것 사이에는, 그리고 식이요법을 하고 있다고 말하는 것과 그렇지 않다고 말하는 것 사이에는 차이가 있어야 한다. 뜨거움과 차가움은 수없이 많은 중간의 조그만 차이들로 이루어진 연속선 위의 어떤 지점에서 갈라지는 두 극단이지만 그것들은 분명히 구별할 수 있다. '더운 날'과 '추운 날'이 '정도 차이일 뿐'이므로 실제로는 크게 다르지 않다고 말할 사람은 아무도 없을 것이다.

15. 합성의 오류

부분들에 대해서 옳은 것이 전체에 대해서도 옳다고 가정하는 논증.

이 오류는 '전체'가 부분들의 단순한 합이나 조합과 달라지는 경우, 즉 부분들의 합인 전체가 부분들과는 다른 새로운 특성을 갖게 되는 경우에 범하기 쉽다. 그런 경우 최소한 전체는 부분들 각각에 부여된 특성을 갖지 않거나 부분들 각각이 주장하는 것을 주장하지 않는다. 합성의 오류는 전체가 부분들로 이루어신다는 단순한 사실에 의거해서, 부분들 각각에 부여된 특성을 전체에도 부여하는 오류다. 합성의 오류를 범하는 사람은 부분들이 서로 관련맺고 있는 방식이 전체의 특성을 바꾸어 놓을 수도 있다는 사실을 무시하거나 이해하지 못하는 사람이다. 예를 들어 어느 축구단의 선수들 각각이 우수한 선수라고 해서 그 축구단이 우수한 축구단이라고 추리하면 합성의 오류를 범하는 것이다.

이 오류를 성급한 일반화의 오류와 혼동하는 경우가 종종 있다. 성급한 일반화의 오류란 하나나 몇 개의 실례를 근거로 집합 전체를 추리하는 것이다. 예를 들어 대우 자동차에 대한 몇 번의 좋지 않은 경험을 했다고 해서 그 경험을 근거로 대우 자동차는 모두 품질이 좋지 않다고 추리하는 수가 있다. 이 경우는 하나나 몇 개의 실례를 근거로 집합 전체를 추리하고 있다. 하지만 합성의 오류는 그것과는 달리 개

개의 모든 부분들이 어떤 특성을 지니고 있다는 것을 근거로 전체의 특성을 추리할 때 범하는 오류다.

합성의 오류에 포함된 가정, 즉 "부분들 각각에 대해서 옳은 것은 전체에 대해서도 옳다"라는 가정은 옹호될 수 없거나 보증되지 않은 가정이다. 그런 주장이 옳은 경우도 있다. 하지만 일반적 주장으로 승인할 수는 없다. 게다가 그러한 승인할 수 없는 전제를 사용하는 논증은 훌륭한 논증일 수 없다.

예 1 만일 미국의 50개 주 각각이 강력하기 때문에, 미국이 강력한 나라라고 추리한다면, 이것은 분명히 합성의 오류를 범하는 경우다. 사실 각각의 주가 강력하다고 말하는 것은 주들이 일종의 독립심을 갖고 있다는 것을 뜻하는데, 이런 독립심은 오히려 강력한 나라가 될 가능성을 감소시킬 것이다. 이런 경우에 전체는 부분들이 지니는 특성을 갖지 못할 수 있다.

예 2 결혼식의 주례사에서 가장 빈번히 범하는 다음과 같은 오류는 누구나 한 번쯤 들어 본 적이 있을 것이다. "김 군은 훌륭한 젊은이이고, 이 양 역시 훌륭한 젊은이입니다. 그러므로 이 두 사람은 사랑스러운 한 쌍이 될 것입니다." 결혼이라는 전체는 부분들의 합 이상의 것이다. 따라서 부부관계를 맺은 그 두 사람은 사랑스럽거나 훌륭한 것과는 거리가 먼 한 쌍이 될 수도 있다.

예 3 합성의 오류는 알아차리기 어려울 정도로 교묘한 경우도 종종 있다. 나는 다음과 같은 말을 여러 차례 들은 적이 있다. "이 교수와 김 교수는 다음 봄학기에 과학철학 과목을 합동 강의할 예정입니다. 두 교수는 아주 훌륭한 교수이므로, 실제로 훌륭한 강의가 이루어질 것입니다." 만일 두 교수가 일상적 의미로 훌륭한 교수라면, 그 합동 강의는 실패하기 십상이다. '훌륭한' 교수란 대개 강의실의 분위기를 혼자서 잘 통제하는 교수를 말한다. 그러나 합동 강의는 통상 그런 통제가 이루어지지 않는다. 물론 두 교수가 합동 강의를 잘할 수 없는 다른 이유도 있을 수 있다. 두 교수가 모두 훌륭한 교수라는 것을 근거로 그들의 합동 강의가 훌륭할 것이라고 생각하면, 합성의 오류를 범하게 된다.

오류 바로잡기 합성의 오류를 범하는 사람에게 왜 전체가 부분의 합과는 다른가를 보여 주려면, 주의 깊은 준비가 필요하다. 명백하지만 불합리한 사례를 드는 방식을 보자. 하영이가 예쁜 블라우스와 예쁜 스커트를 입고 예쁜 구두를 신고 있다고 해서 그 예쁜 것들이 반드시 아름다운 차림을 이루지는 않을 것이다. 모양이나 색깔이 조화를 이루지 못해서 아주 보기 싫은 차림이 될 수도 있다. 하지만 전체의 특성과 부분들의 특성이 언제나 다르지는 않다는 것도 유념해야 한다. 예를 들어 레몬주스 병에서 따라 낸 레몬주스가 모두 시큼하다면, 그 레몬주스 병 속에 들어 있는 모든 레몬주스가 시큼하다고 결론 내리는 것은 완전히 보증될 수 있다. 이 경우에는 레몬주스를 모두 합한다고 해도 전체 레몬주스의 맛이나 특성이 변하지 않는다.

나아가, 전체에 관해 주장할 때 부분들에 관한 사실이 약간의 증거가 되는 경우도 있음을 유념하라. 그 경우에는 합성의 오류를 '공격하기' 위한 전략으로, 상대방이 부분들의 특성을 근거로 전체의 특성에 관한 결론을 이끌어 낸 이유를 이해한다고 상대방에게 말해도 좋다. 하지만 그와 동시에 여러분은 그러한 가정 때문에 매우 불합리한 결론에 이르게 되는 경우도 있다는 것을 몇 가지 예를 들어 증명할 필요가 있다. 문제는 부분들이 가지는 특성을 전체도 자동적으로 갖는다고 가정하는 데 있는 것이다.

16. 분할의 오류

전체에 대해서 옳은 것이 부분들에 대해서도 옳다고 가정하는 논증.

이 오류의 첫째 형태는 합성의 오류와 정반대 형태다. 부분들의 특성이 전체의 특성도 된다고 가정하는 것이 아니라, 전체의 특성이 부분 각각의 특성도 된다고 가정하는 것이다. 앞서 살펴보았던 바와 같이, 전체는 부분들의 단순한 합이나 조합과 전혀 다른 경우도 있다.

분할의 오류의 둘째 형태는 전체 집합에 관한 일반화를 근거로 그 집합의 원소에 관해서 추리할 때 발생한다. 이 경우에는 전체의 특성이 부분들에 적용될 수 없다. 왜냐하면 전체의 특성은 부분들 대부분이 지닌 특성을 근거로 통계적 일반화를 한 것일 뿐이기 때문이다. 집합이 지닌 특성은 그 집합의 부분들 대부분도 지니고 있지만, 그러한 일반화를 집합의 어떤 원소에 적용해야 할지는 알 수 없다. 그러므로 추가증거도 없이 일반화된 특성이 집합의 어떤 특정 원소를 정확하게 기술한다고 가정하는 것은 오류다.

분할의 오류에서 사용된 가정은 승인할 수 없는 가정이다. 전체에 대해서 옳은 것은 부분들에 대해서도 항상 옳다는 가정이나, 어떤 집합의 요소들에 관해서 일반화된 것은 그 집합의 개개 요소들 모두에 대해서도 옳다는 가정은 명백히 그르다.

예 1 이것은 첫째 형태의 분할의 오류에 관한 예다. 민석이의 얼굴이 잘생겼다는 말은 그 얼굴의 어떤 부분, 예컨대 코나 입만이 얼굴의 다른 부분과는 상관없이 잘생겼다는 뜻이 아니다. 이 경우에 전체가 지닌 특성은 반드시 부분들의 특성이 아니다.

예 2 정상적인 인간은 의식을 가진 존재이지만, 그렇다고 해서 전체가 지닌 그러한 특성으로부터 그 전체를 이루는 개개의 세포나 분자가 의식을 가진 존재라고 추리해서는 안 된다.

예 3 고등학교 졸업반인 학생이 자기는 규모는 작더라도 학생들이 서로 친하게 지낼 수 있는 작은 학과를 선호하기 때문에 큰 대학에 진학하기를 꺼린다고 하자. 이는 분할의 오류를 범하고 있다. 왜냐하면 그 고등학생은 큰 대학에는 오직 큰 학과들만 있다고 추리하고 있기 때문이다. 큰 대학에 보통 큰 학과들이 있다는 사실은 통계적으로는 옳을지라도, 큰 대학의 학과들이 모두 규모가 크다고 추리할 수는 없다. 큰 대학과 큰 학과를 연결시키는 추리는 첫째 형태의 분할의 오류다.

그리고 큰 대학의 학과 규모에 관한 통계적 일반화와 큰 대학의 학과 규모를 연결시키는 추리는 둘째 형태의 분할의 오류다.

오류 바로잡기 첫째 형태의 분할의 오류를 바로잡는 방법은 합성의 오류를 바로잡는 방법과 비슷하다. 전체에 관한 사실이 부분들에 관한 주장에 증거를 제공하는 경우도 있기 때문에, 상대방이 전체의 특성을 근거로 부분들의 특성에 관한 결론을 이끌어 낸 이유를 이해한다고 말하라. 그런 다음 여러분은 그러한 가정이 매우 불합리한 결론에 이르게 하는 경우도 있다는 것을 몇 가지 예를 들어 증명할 필요가 있다. 예를 들어 한국이라는 나라가 산업이 다변화된 나라이고 강원도가 한국의 일부라는 단순한 이유 때문에 강원도는 산업이 다변화되었다고 가정한다면, 얼마나 불합리할 것인가를 지적할 수 있겠다.

다음의 예는 둘째 형태의 분할의 오류에 대한 반대사례를 보여 준다. 조사한 통계에 따른다면, 현대 세탁기는 구입해서 사용하기 시작한 지 3년 동안은 고장나지 않았다. 그렇다고 여러분이 새로 산 특정한 현대 세탁기가 앞으로 3년 동안은 고장나지 않을 거라고 생각하면, 어리석은 생각이다.

17. 그른 대안의 오류

대안을 아주 조금 제시하면서, 제시된 대안들 중의 하나는 틀림없이 옳다고 가정하는 논증.

대안의 수를 줄이면 오직 두 극단의 대안만이 제시될 수 있다. 그래서 이 오류는 때로 '흑백 사고의 오류' 또는 '양극 사고의 오류'라고 부르기도 한다. 하지만 그른 대안의 오류가 꼭 극단적 사고인 것만은 아니다. 이 오류는 해결책으로 제시될 수 있는 대안 모두를 수용하지 않거나 심지어 인정하지도 않음으로써 문제 상황을 과도하게 단순화시키는 오류다.

빈번히 나타나는 그른 대안의 오류는 모순관계(부정관계)와 반대관계(대립관계)를 적절히 구별하지 못하는 데서 발생한다. 모순관계는 두 극단 사이의 어떤 등급도 배제한다. 모순관계에 있는 두 가지, 예컨대 '덥다'와 '덥지 않다' 사이에는 어떤 중간단계도 없다. 한편 반대관계는 두 극단 사이에 수많은 등급을 허용한다. 반대관계에 있는 두 가지, 예컨대 '덥다'와 '춥다' 사이에는 수많은 중간단계가 있다. 문제는 반대관계를 종종 모순관계처럼 취급하는 데 있다. 모순관계에 있는 것(부정관계에 있는 두 가지)의 경우에, 두 극단 중의 하나는 반드시 옳고 다른 하나는 반드시 그르다. 예를 들어 날씨는 덥든가 덥지 않든가다. 반대관계에 있는 것(대립관계에 있는 두 가지)의 경우에는, 두 극단이 둘 다 그를 수 있다. 예를 들어 날씨는 덥지도 춥지도 않을 수 있다. 날씨가 덥지 않으면 추워야 한다고 생각하는 것은 반대관계를 모순관계로 취급하는 것이며, 그럼으로써 그른 대안의 오류를 범한다.

양극 사고는 어떤 문제에 대한 가능한 해결책 모두를 찾으려 애쓰지 않기 때문에 정신적 노력이 훨씬 적게 든다. 어떤 문제에 대한 가능한 모든 해결책의 수를 줄이는, 그것도 두 개의 양 극단만으로 줄이는 사고가 오류라는 것은 누가 보아도 명백하다. 그러므로 "~이 아니면 ~이다"라는 식의 엉터리 전제는 승인할 수 없고 훌륭한 논증의 전제가 될 수 없다.

예 1 반대관계를 모순관계로 취급하는 예는 잘 알려진 예수의 말씀 중에서 발견된다. "나를 따르라. 그러지 않으면 너는 나를 반대하는 사람임에 틀림없다." 또 "그 사람은 유신론자이거나 아니면 무신론자임에 틀림없다"라는 식의 주장도 마찬가지다. 이런 주장은 중립적 대안(예컨대 불가지론)을 허용하지 않고 있다.

예 2 어떤 국회의원 후보가 민주당의 공천을 받지 않았다는 것 때문에 민자당의 공천을 받았다고 생각한다면, 이는 명백히 그른 대안의 오류를 범하고 있다. 그 후보가 공천받을 수 있는 정당은 여러 개가 있고 또 공천받지 않고 무소속으로 출마했을 수도 있다.

예 3 최 교수가 어떤 학생의 행동에 대해서 도덕적으로 올바르든가 아니면 도덕적으로 잘못이라고 주장했다고 하자. 만일 '도덕적으로 올바르다'라는 말이 도덕적 의무를 지켰다는 것을 뜻하고 '도덕적으로 잘못이다'라는 말이 도덕적 금기를 어겼다는 것을 뜻한다면, 그른 대안의 오류를 범하고 있는 것이다. 왜냐하면 다른 대안도 있을 수 있기 때문이다. 이를테면 학생의 행동을 도덕적으로 허용될 수 있는 행동으로 취급할 수도 있다. 그렇다면 '올바르다'와 '잘못이다'라는 용어는 모순관계가 아니라 반대관계로 취급해야 한다.

예 4 절대적 사고 또는 양극사고는 정치적 발언에서 흔히 볼 수 있다. 의료 문제의 예를 보자. "우리는 정부가 의료행위를 완전히 통제하도록 허용하든가, 아니면 의사가 정부의 간섭을 전혀 받지 않도록 해야 한다." 하지만 의료문제에 관한 중간 입장의 대안도 무수히 많을 수 있다.

오류 바로잡기 실제 상황이 "~이 아니면 ~이다"일 수밖에 없는 경우는 거의 드물다. 만일 여러분이 그런 식의 주장을 접한다면, 조금은 의심을 가지고 대하는 편이 현명할 것이다. 물론 그것은 "~이 아니면 ~이다"라는 식의 주장이 모순관계를 표현하고 있는 경우가 아닌 한에서 그렇다는 말이다. 모순관계가 아닌 다른 경우에는 언제나 둘 이상의 대안이 가능하다. 하지만 논증자는 그 다른 대안을 무시해 버리기도 한다. 그릇된 대안의 오류를 바로잡는 수단으로 논증자에게 두 가지 질문을 하라. (1) 제시한 대안들이 가능한 대안의 전부인가? (2) 만일 더 노력한다면 충분히 다른 대안을 생각할 수 있지 않을까? 이렇게 물었을 때에도 논증자가 아무런 추가 대안을 제시하지 않거나 제시하지 않으려 하면, 여러분이 직접 추가 대안을 제시하고, 논증자에게 그 대안이 왜 해결책의 자격이 없는가를 설명하라고 요구하라. 일단 가능한 해결책이 모두 고려되었다면, 가능한 대안들 중 어느 것이 훌륭한 증거에 의해 가장 잘 입증되는가를 결정하는 문제만 남는다.

18. 사실-당위의 오류

어떤 것이 현재 있으므로(사실) 있어야 한다(당위)고 가정하거나 또는 반대로, 어떤 것이 현재 있지 않으므로 있어서는 안 된다고 가정하는 논증.

사실—당위의 오류는 도덕이나 가치에 관한 발언에서 흔히 볼 수 있다. '사물의 존재방식'은 단지 '사물'이 지금 존재하고 있기 때문에 그 상태가 이상적이며 도덕적으로 올바르다고 간주된다. 사물의 존재방식이 올바르다는 것에 대한 어떤 훌륭한 증거도 제시되어 있지 않다. 단지 그것이 사실이라면 당위라고 가정하고 있을 뿐이며, 그것을 변화시킬 가능성을 진지하게 수용하고 있지 않다.

이 오류는 '전통에 호소하는 오류'와 혼동하기 쉽다. 하지만 사실—당위의 오류는, 전통에 호소하는 오류의 경우처럼 과거에 대한 숭배 때문이 아니라, 사실이기 때문에 유지되어야 한다는 논증을 편다. 사실—당위의 오류에서는 사실이라면 올바르다고 할 만한 충분한 이유가 있다고 가정한다.

사실—당위의 오류는 또한 '공통 의견에 호소하는 오류'와 혼동될 수 있다. 공통 의견에 호소하는 오류는 대개 주장의 옳음을 입증하려 할 때 나타난다. 다시 말해서 공통 의견에 호소하는 오류는 어떤 의견이나 판단이 수많은 사람들에 의해 주장된 것이기 때문에 옳은 것이라고 잘못 생각하는 것이다. 하지만 사실—당위의 오류는 특정한 행동이나 일이, 단지 현재 많은 사람들이 하고 있다는 이유만으로 올바르다거나 적절하다고 할 때 나타난다. 그 두 가지는 자칫 혼동되기 쉽지만, 공통 의견에 호소하는 오류는 주장의 옳음을 확립하려는 잘못된 방법이라고 이해할 수 있고, 반면에 사실—당위의 오류는 '실행의 올바름'을 확립하려는 잘못된 방법이라고 이해할 수 있다.

사실—당위의 가정에 포함된 전제는 승인할 수 없는 전제다. 왜냐하면 특정한 일이 현재 실행되고 있다는 사실은 그 일이 옹호될 수 있다는 것을 뜻하지는 않기 때문이다. 어떤 판단이 올바르다는 것을 입증하기 위해서는 다른 독립적인 증거가 필요하다.

예 1 "애야, 대마초를 피우는 건 불법이야. 대마초를 피우는 것이 아무런 잘못도 없다면, 그것은 불법이 아니지 않겠니?" 대마초를 피우는 것이 불법이라는 사실은 그것이 잘못이라는 어떤 이유도 제공하지 못한다. 달리 말해서 불법이기 때문에 불법이어야 한다는 주장은 논리적으로 정당화되지 않는다.

예 2 "공립학교의 교사와 교수는 교원노조에 가입해서는 안 된다. 현재 극히 소수의 교사만이 교원노조에 가입하고 있다. 가르치는 사람은 그런 종류의 일에는 거의 관심이 없다." 현재 극히 소수의 교사만이 교원노조에 가입하고 있다는 사실은 교원노조에 가입하는 행동이 올바르지 못하다는 결론에 대한 충분한 이유가 될 수 없다.

예 3 김 교수 학생들이 우리 대학의 문제결정 과정에 더 많이 참여할 수 있도록 허용해야 합니다.

장 교수 사실, 대학이라는 곳은 그 성격상 꼭 민주적인 것만은 아닙니다. 그러므로 행정 구조에 대해서는 쓸데없이 참견하지 말고, 우리가 관심을 가질 필요가 있는 다른 중요한 사항들에 대해서 논의합시다.

장 교수는 단순히 '현재 상태가 그렇다'는 이유로 더 민주적인 제도를 도입할 가능성조차 수용하지 않고 있다.

오류 바로잡기 논증이 결론을 입증하려면 언제나 훌륭한 증거나 이유가 필요하다. 만일 현재 상태가 그렇다는 것 이외에 아무런 증거나 이유가 제시되지 않았다면, 여러분은 그 점을 지적하고 구체적인 증거나 이유를 제시하라고 해야 한다. 만일 논증자가 그러한 증거를 제시할 수 있다면, 여러분은 제시된 증거를 평가하여 그 결론이 승인할 만한 가치가 있는가를 결정할 수 있다. 예를 들어 여성이 여성이기 때문에 성차별을 받고 있다는 사실은 성차별이 올바르다는 훌륭한 이유가 될 수 없다. 하지만 상대방이 여성이 남성과는 다르게 취급받아야 한다는 견해에 대해서 다른 이유를 갖고 있다면, 그것을 제시해서 적절한 평가를 받아야 한다.

필요하다면, 불합리한 사례에 의한 방법을 사용하라. 여러분은 훌륭한 사례를 쉽사리 찾아낼 수 있을 테지만, 다음의 불합리한 사례를 생각해 보자. "대다수의 사람들이 안전벨트를 착용하지 않고 있으므로, 사람들은 안전벨트를 착용하지 않아야 한다." 이런 논증이 오류라는 것은 사실—당위 주장을 옹호하는 사람조차도 인정하지 않을 수 없다.

19. 소망-실현 사고의 오류

> 옳기를 원하기 때문에 옳다거나 옳게 되리라고 가정하는 논증. 반대로, 옳기를 원하지 않기 때문에 옳지 않다거나 옳지 않게 되리라고 가정하는 논증.

우리는 누구나 어떤 일이 실현되기를 소망하면서 살아간다. 이런 사고방식은 소망을 논증의 전제인 것처럼 사용할 때, 또는 소망하는 어떤 일이 어떻게든 실현되리라고 암암리에 가정할 때, 소망—실현 사고의 오류를 범한다. 이러한 사고방식에는 긍정적 형태와 부정적 형태 두 가지가 있다. 우리는 자신의 소망 때문에 어떤 주장이 옳다고 승인하기도 하고, 자신의 소망 때문에 어떤 주장이 옳지 않다고 거부하기도 한다.

이 오류는 때로 '합리화의 오류'와 구별하기 어렵다. 합리화의 오류는 어떤 주장이 옳기를, 또는 어떤 행위가 용인되기를 바라는 강한 소망에서 그 주장이나 행위를 정당화시키기 위하여 그른 것이지만 그럴듯한 이유를 댈 때 발생한다. 따라서 합리화하는 사람은 엉터리 논증을 통해 어떤 주장을 확립하려 하는 것이다. 반면에 소망—실현 사고를 하는 사람은 그의 강한 소망——실은 옳다고 믿고 싶은 것은 무엇이든 옳으리라는 드러나지 않은 가정——에 직접 의거해서 어떤 주장을 확립하려 한다.

이 암묵적인 가정은 보증되지 않은 가정이다. 왜냐하면 특정한 주장에 대한 우리의 감정이나 정서는 그 주장의 옳음이나 그름과는 관련이 없기 때문이다. 그럼에도 불구하고 우리가 가지고 있는 강한 종교적 신념과 이데올로기적 신념은 대개 그 신념이 옳다고 믿고 싶은 강한 소망에 토대를 둔 듯하다. 우리는 때로 "당신이 신앙을 갖고 있다면 그 신앙은 당신에게는 옳을 것이다"라는 말을 듣는다. 또 "당신이 옳다고 믿고 있다면 그 믿음은 당신에게는 옳을 수 있다"라고 말한다. 이러한 사고는 소망—실현 사고의 분명한 실례다. 그래서 소망—실현 사고의 오류를 '신념의 오류'라고 불러야 한다고 주장하는 사람도 있다.

소망이 주장의 옳음에 영향을 준다고 믿을 이유가 없으므로, 소망—실현 사고에 들어 있는 숨은 가정은 옹호될 수 없다. 더욱이 그러한 승인할 수 없는 가정을 전제로 사용하는 논증은 훌륭한 논증이 될 수 없다.

예 1 "나의 남편은 10년 이상 동안 실종 상태에 있습니다. 그러나 나는 그가 아직도 살아 있다는 것을 압니다. 그는 결코 죽었을 리가 없습니다." 물론 그녀의 남편은 지금까지 살아 있을 수도 있다. 그러나 그녀의 남편이 살아 있으리라는 그녀의 소망은 그 주장의 옳음과는 아무 관련도 없다.

예 2 "이 세상 누구에게나 완벽한 결혼 상대가 있습니다. 누구나 완벽한 결혼을 원합니다. 당신이 완벽한 결혼을 정말로 소망한다면, 당신은 완벽한 결혼을 하게 될 것입니다." 어떤 일이 일어나기를 바라는 우리의 소망은 그 일이 실제로 일어나는 데 어느 정도 영향을 줄 수도 있다. 그러나 그것은 우리가 그 상황과 직접 관련되어 있을 경우뿐이다. 더욱이 그런 경우에도 우리는 그 상황을 완벽하게 통제할 수는 없다. 결혼 같은 복잡한 상황이라면 더욱 그러하다. 그러므로 자신이 바라지 않는 일이 일어나는 것을 막을 수 없는 경우도 얼마든지 있다.

예 3 영국의 한 신학자가 사후 세계에 대해 찬동하는 논증을 진지하게 제시했다. "사후 세계는 있어야 합니다. 왜냐하면 거의 모든 사람이 사후 세계를 원하기 때문입니다. 사후 세계를 원하는 것은 인간의 본성입니다. 만일 사후 세계가 없다면, 왜 누구나 그것을 원하겠습니까? 누구나 식욕, 갈증, 성욕 등이 충족되기를 바라듯이, 사후 세계에 대한 욕구도 누구나 가지고 있습니다." 설사 누구나 사후 세계에 대한 욕구를 가지고 있다 할지라도, 누구나 가지고 있는 욕구가 전혀 충족되지 않는 경우를 생각할 수 있다. 예를 들어 누구나 현재 가지고 있는 돈보다 많은 돈을 갖고 싶어한다. 누구나 원하는 일이라 할지라도 그렇게 원한다고 해서 그 일이 일어나도록 하지는 못한다.

오류 바로잡기 소망—실현 사고의 오류를 바로잡는 한 가지 방법은 문제의 주장과 반대되는 주장에 찬동하는 강한 증거를 제시하고, 상대방에게 그 반대증거를 평가하라고 요청하는 것이다. 소망이 실현되리라고 진지하게 믿고 있는 사람은 그 반대증거가 지닌 힘을 없애고자 애를 쓸 텐데, 그러기 위해서는 소망에만 의지하는 가정을 포기해야 할 것이다.

또 다른 전략은 논증자의 신념과 반대되는 여러분의 신념을 진술하고, 그것이 옳다는 소망을 그 진술의 유일한 '증거'——상대방이 자기의 신념에 대해 제시하는 것과 똑같은 '증거'——로 제시하는 방법이다. 두 결론은 서로 반대관계에 있으므로, 둘 다 잘못이든가 적어도 둘 중의 하나는 잘못이어야 한다. 그 방법이 통했다면, 논증자의 논증이 소망과는 관계 없는 다른 증거에 의해 입증될 필요가 있다는 사실이 드러날 것이다.

끝으로, 불합리한 사례를 드는 방법도 있다. 예를 들면, 소망에 기초한 상대방의 생각이, 임신하기를 원하지 않기 때문에 임신하지 않으리라는 믿음과 형식상으로 조금이라도 다른가를 상대방에게 물어 보라.

20. 원칙 오용의 오류

> 원칙에 예외가 없다고 가정하고 나서 그 원칙을 특정 사례에 잘못 적용하는 논증. 또는 그 반대로, 예외사례를 들어 어떤 원칙을 거부하려 하는 논증.

이 오류를 범하는 사람은 거의 모든 일반 원칙이 일부 특수한 사례들에는 적용되지 않는다는 제한조건을 가지고 있다는 사실을 깨닫지 못한다. 이 오류는 어떤 원칙이 어떤 상황에서든 모든 사례에 적용될 수 있다고 가정할 때, 또는 특수하거나 예외적인 사례만으로 원칙이 반증될 수 있다고 가정할 때 발생한다. 달리 말해서 일반 원칙이 적용되지 않는 상황에 일반 원칙을 적용하는 것이다. 그런 특수한 상황은 일반 원칙의 일반적인 옳음이나 타당성에 영향을 주지 못한다. 따라서 논증자는 원칙의 적용 영역이 제한되어 있다는 것을 고려하지 않고 있는 것이다.

이 오류는 특수한 상황 또는 우연적 상황을 다루는 문제와 관련되어 있기 때문에, 종종 '우연의 오류'라고 부르기도 한다. 이름이야 어떻든, 이 오류는 승인할 수 없는 가정을 전제로 사용하는 논증이다. 일반 원칙에 예외가 없다거나 또는 예외사례가 일반 원칙을 거부할 수 있다는 가정은 원칙의 본질을 정확하게 이해하지 못하고 있음을 보여준다.

예 1 우리는 대부분 "사람들에게는 자기가 원하는 대로 자기 소유물을 사용할 권리가 있다"라는 일반 원칙에 찬동한다. 그러나 예를 들어 음주 상태에서 자신의 자동차를 운전하는 것에 어떤 제한도 부가해서는 안 된다고 말한다면, 이 원칙을 잘못 적용하고 있는 것이다. 음주 운전은 다른 사람을 다치게 할 가능성이 아주 높기 때문에 그 일반 원칙이 적용될 수 없는 특수한 상황이다.

예 2 극장 게시판에 붙어 있는 미성년자 관람불가 영화에 관한 규칙이 "20세 이하의 미성년자는 입장할 수 없음"이라고 되어 있다고 해서 갓난아기를 데리고 온 부부의 입장을 금하는 것은 이 규칙을 잘못 적용하는 것이다. 그 규칙은 분명히 그런 경우에 적용하려는 것이 아니었다.

예 3 이 오류의 다른 형태를 보자. "변호사가 비밀을 누설하지 않기 위해 거짓말하는 것은 정당화된다. 그러므로 거짓말하는 것이 잘못이라는 원칙은 거부되어야 한다." 이 예는 어떤 원칙에 정당한 예외가 되는 특수한 상황이 때로는 더 큰 가치나 우선성을 지닌 또 다른 원칙과 관련되어 있음을 보여 준다.

오류 바로잡기 논증자가 원칙 오용의 오류를 범했을 때, 그것을 지적하는 한 가지 방법은 그 원칙의 목적이 무엇인가를 주의 깊게 분석한 다음, 문제의 경우는 그 원칙의 목적에 맞지 않거나, 그 원칙과는 상충되지만 그것보다 더 중요한 다른 원칙이 적용된다는 것을 밝히는 방법이다. 동시에 문제의 경우가 진정 특수한 상황으로 인한 예외적인 경우인가를 보여 주어야 한다.

다른 공격 방법은 상대방도 동의할 만한 일반 원칙을 제시하고, 그런 다음 상대방도 동의하는 그 원칙의 예외를 찾아내는 방법이다. 만일 여러분이 제시한 "원칙에 예외가 있다는 것"을 논증자가 정당하다고 깨달으면, 논증자는 자기가 오용하고 있는 원칙에도 예외가 가능하다는 것을 기꺼이 인정해야 할 것이다. 예를 들어 논증자는 "부모에게는 자신들이 최선이라고 생각하는 방식으로 자녀를 양육할 책임이 있다"라는 원칙에 동의할 것이다. 그러나 논증자는 "부모에게는 가혹한 체벌을 양육 방식으로 사용할 권리가 없다"라는 원칙에도 역시 동의할 것이다.

21. 온건의 오류

두 극단 사이의 온건한 또는 중간의 견해가 단지 중간 견해라는 이유에서 최선이거나 옳다고 가정하는 논증.

이 오류의 또 다른 이름은 '중도의 오류'다. 사실 이 오류는 우리가 지닌 관습적 지혜의 하나다. 이 오류는 어떤 입장이 단지 중간에 있는 입장이라는 이유에서 언제나 최선이라고 가정한다. 온건한 견해가 최선이거나 가장 정당한 입장일 수 있는 경우는 흔히 볼 수 있다. 그러나 그것이 단지 온건한 입장이기 때문에 최선인 것은 아니다. 어떤 경우에는 문제에 대한 '극단적'이거나 '과격한' 해결책이 가장 최선일 때도 있다. 따라서 특정한 입장이 온건하다는 사실은 그 입장의 가치와는 무관하다.

논쟁을 해결하거나 분쟁을 해소하는 데 타협이 필요한 때도 있지만, 타협적 해결책이 언제나 최선이라고 할 수는 없다. 물론 논쟁이나 분쟁에 연루되어 있는 입장들이 모두 정당성을 갖지 못하는 경우도 있을 수 있다. 그러므로 분쟁을 해결하기 위해서 타협하는 것이 오류가 아니라고 할 수는 있겠지만, 증거와는 상관없이 타협적 해결책이 최선이라고 가정하는 것은 오류다.

온건한 또는 중간의 입장이 최선이라는 암묵적인 가정은 어떤 증거에 의해서도 보증될 수 없으므로 매우 의심스러운 가정이다. 그러므로 그러한 전제는 승인할 수 없는 전제이며, 그런 전제를 사용하는 논증은 훌륭한 논증의 기준에 위배된다.

예 1 닉슨 전 대통령이 사임하기 전에, 몇몇 사람들은 닉슨 대통령을 견책하는 것으로 끝내고 그래서 탄핵에 의한 해임과 무죄 방면이라는 두 극단은 피하자는 주장을 했다. 닉슨 전 대통령을 견책하는 훌륭한 이유도 있을 수 있겠지만, 그 이유들 중의 하나가 단지 견책이 중간 입장이라는 것이어서는 안 된다.

예 2 이스라엘과 아랍 사이의 전쟁에 관해서 다음과 같은 논증이 있었다. "이스라엘의 관점과 아랍의 관점은 둘 다 극단적이다. 그러므로 타협이야말로 분쟁 해결의 최선책임에 틀림없다." 타협이 분쟁을 궁극적으로 해결하는 유일한 방식일 수는 있겠지만, 이것은 타협이 분쟁 해결의 최선책이라고 말하는 것과는 다르다.

예 3 중고 냉장고를 사고 싶었는데, 중고품 상점에서 여러분이 사고 싶은 냉장고를 발견했다. 판매원은 10만 원을 요구했고, 여러분은 6만 원을 제시했다. 두 사람이 제시하는 가격 차이가 너무 크기 때문에 여러분은 '차액을 반으로 나누어' 8만 원을 제시했다. 이러한 타협이 적당한 것일 수도 있겠지만, 그것이 그 문제에 대한 최선의 해결책은 아닐 것이다. 이를테면, 판매원은 그 중고 냉장고를 구입하는 데 이미 8만 원을 투자했기 때문에 약간의 이익을 남기고 싶어할 수도 있다. 그 반면 그 중고 냉장고는 8만 원의 값어치가 못 될 수도 있다. 사실 여러분이 처음 제시한 가격이 가장 적당한 가격이었을 수도 있다.

오류 바로잡기 논증자가 어떤 문제에 관하여 온건한 입장을 제안하면, 논증자에게 그 입장이 온건하다는 것과는 별도로 그 입장 자체의 가치를 정당화시켜 보라고 하라. 어떤 상황에서든, 두 가지 의미의 '최선'이 있을 수 있다는 것을 유념하라. 어려운 상황을 타개하기 위해서 타협이 '최선'의 방법일 수 있다. 예를 들어 타협은 경제적 손실, 유혈 사태, 정신적 고통을 막을 수도 있다. 하지만 타협은 가장 정확하고 정당하며 도덕적으로 책임질 수 있는 문제 해결책이라는 의미에서의 '최선'은 아니다. 하지만 타협이 가장 정당한 해결책이 아니라는 것을 인정하면서도 타협을 받아들여야만 하는 경우도 있을 것이다. 여러분의 논리적 성실성을 유지하고 나중에 일관성이 없는 사람이라느니 배신자라느니 하는 비난을 받지 않으려면, 여러분은 그 '최선'이 두 가지 의미 중 어떤 것인가를 분명히 해두는 편이 현명할 것이다.

온건의 오류에 대한 직접적인 공격이 성공하지 못하면, 여러분은 언제든지 불합리한 사례를 제시할 수 있다. '타협'이 최선의 행동 방식이라면 투표소에서 공화당 후보와 민주당 후보에게 각각 반 표씩 투표해야 하느냐고 상대방에게 물어 보라.

22. 그릇된 유비의 오류

두 가지가 한두 측면에서 비슷하기 때문에 다른 측면에서도 비슷할 것이라고 가정하는 논증.

이 오류를 범하는 사람들은 비교되고 있는 두 가지 사이에 중요한 차이가 있을 수 있다는 것을 깨닫지 못하고 있으며, 따라서 그 비교로부터 의심스러운 결론을 이끌어 낸다. 비교되고 있는 두 가지는 중요하지 않은 측면에서는 비슷하지만 중요한 측면, 즉 논증에서 문제 삼고 있는 것과 관련되는 측면에서는 서로 매우 다른 경우도 있다. 유비는 매우 피상적인 유사성에만 의지하는 경우가 많은데, 그러면 결론을 입증하는 데 실패한다.

"한두 측면에서 비슷한 두 가지가 다른 측면에서도 비슷하다"라는 암묵적인 가정은 매우 의심스러우며, 따라서 승인할 수 없는 전제다. 그러므로 그러한 가정으로부터 어떤 결론을 이끌어 내는 유비논증은 훌륭한 논증이라고 할 수 없다.

아무리 관련 있고 중요한 유사점에 유의해서 유비논증을 편다 하더라도, 유비논증에는 여전히 문제가 있을 수 있다. 유비는 그 본질상 암시적인 것에 불과하므로, 유비를 사용하는 사람들은 자신이 관찰한 유사점들을 모두 제시하는 것은 물론 유사하다는 증거도 제시해야 한다. 유비를 통해서 결론을 이끌어 내려면, 비교되고 있는 두 가지가 문제의 주장과 관련 있는 중요한 측면에서 서로 어떻게 비슷한지를 정확하게 밝히는 증거를 제시해야 한다. 유사성 자체만으로는 증거가 되지 못한다.

예 1 교과서를 보면서 치르는 시험 방식을 옹호하는 어떤 교수가 다음과 같은 논증을 제시했다. "의사가 난해한 질병의 사례를 찾아보려고 의학 서적을 펼쳐 보는 것에 대해 반대할 사람은 아무도 없을 겁니다. 그렇다면 왜 난해한 시험을 치르고 있는 학생들에게 교과서를 이용하도록 허용해서는 안 되는 겁니까?" 조금만 생각해 보면, 비교되고 있는 두 가지 사이에 유사성이 전혀 없다는 것을 분명하게 알 수 있을 것이다. 단 한 가지 비슷한 것처럼 여겨지는 것은 문제를 푸는 데 도움을 받으려고 책을 보는 행위다. 그러나 유사성이 있다고 주장된 것은 그것이 전부다. 두 상황 속에서 그러한 행위의 목적은 전혀 다르다. 하나는 사람의 지식을 시험하기 위해 특별히 고안된 방식이고, 다른 하나는 의사가 환자의 질병을 진단하는 데 도움이 되는 수단이다. 의사는 이미 의사 자격고시라는 시험을 거쳤으므로 기본 지식이 있다. 이런 유비논증이 오류에 빠지지 않으려면, 논증자는 두 가지가 중요한 측면에서 다르지 않다는 것을 밝히기 위한 증거를 제시해야 한다.

예 2 "흡연은 비소를 섭취하는 것과 똑같아. 둘 다 사망과 인과적으로 관련되어 있다고 밝혀졌지. 그러니까 비소를 한 숟가락 먹고 싶지 않다면, 담배를 끊는 게 좋겠지." 비소 섭취와 흡연이 모두 인간의 사망과 인과적으로 관련되어 있는 것이 사실이라고 할지라도, 그 인과적 관련의 성격에는 중요한 차이가 있다. 비소는 한 번의 다량 섭취로 즉시 사망하게 하지만, 다량 흡연은 건강을 약화시키거나 병에 걸려 정상인보다 빨리 사망하게 한다. 그렇다면 비소 섭취의 경우 사망은 즉각적이고 확실한 반면, 흡연의 경우 사망은 통계상 즉각적인 것도 아니고 확실한 것도 아니다. 따라서 유비는 그릇된 것이다.

예 3 "한 음악만을 듣거나 한 음식만을 먹는다면, 금방 싫증나거나 식상할 것이다. 식사나 음악감상을 다양하게 하면, 재미있고 풍부한 경험을 할 수 있다. 그러므로 평생 동안 오직 한 사람하고만 성관계를 갖는 것——즉 결혼——은 짜릿하고 풍부한 경험을 하고 싶은 강렬한 희망을 버리는 것이라고 결론 내릴 수 있다." 이러한 논증이 어느 정도 설득력을 가질 수도 있겠지만, 이것이 강한 논증이 되려면 논증자는 오직 한 사람하고만 성관계를 갖는 것이 한 음악만을 듣거나 한 음식만을 먹는 것과 본질적으로 다르지 않다는 것을 증명해야 한다. 인간관계는 너무나 복잡하고 다양하므로 그러한 주장과 반대되는 주장을 만드는 것도 어려운 일은 아닐 것이다. 그러나 증명의 책임은 한 가지 음악이나 음식의 불리함을 성관계의 문제로까지 확장시키려 하는 사람에게 있다.

오류 바로잡기 유비논증의 힘을 약화시키는 가장 효과적인 방법은 반대 유비논증을 구성하는 것이다. 여러분은 이 반대 유비논증에 의거해서 논증자의 결론과 모순되는 결론을 이끌어 낼 수 있다. 그러면 적어도 논증자의 유비논증이 결정적이지 못하다는 사실이 밝혀질 것이다. 하지만 반대 유비논증을 사용해서 주장하려면, 비교되고 있는 두 가지가 중요한 측면에서 비슷하다는 설득력 있는 증거를 제시할 수 있어야 한다. 반대 유비논증을 만들 자신이 없거나 반대 주장을 펴는 데 관심이 없을 경우, 약한 유비논증에 접했을 때 여러분은 적어도 비교되고 있는 두 가지가 중요하지 않은 측면에서만 서로 비슷하다는 것을 지적할 수 있다. 문제가 되는 주장에 관해서 어떤 것도 추리하려 해서는 안 된다. 물론 여러분은 유비논증을 교묘하게 펴는 사람이 그저 재미있는 유사성을 지적하기만 하면 그것을 가지고 어떤 주장의 증거로 써먹을 수 있다고 생각하도록 허용해서는 안 된다.

23. 새로운 것의 오류

새로운 착상(법률, 정책, 행위)이 단순히 새로운 것이기 때문에 좋다고 가정하는 논증.

단지 새것이기 때문에 좋은 것은 없다. 착상이나 법률, 정책, 행위는 새롭다는 성격과는 상관없이 옹호해야 한다. 새것은 무엇이든 옛 것보다 더 좋다고 가정한다면, 새롭게 제안된 것이면 무엇이든 승인해야 한다는 불합리한 결과를 초래한다. 그럼에도 불구하고 그러한 추론은 흔히 볼 수 있으며, 대개 교묘한 형식을 취하고 나타난다. 예를 들어, "우리 교회의 문제는 새로운 목사가 와야 해결될 것이다"라는 생각이나 "우리나라의 문제는 새로운 정부가 들어서서 새로운 정책을 펴야 해결될 것이다"라는 생각을 누구나 한두 번쯤 해보았을 것이다.

"새로운 것은 무엇이든 옛 것보다 더 좋다"라는 암묵적인 가정은 승인할 수 없는 전제다. 그 가정은 증거와 명백하게 상충되는 주장이다. 게다가 그것은 전제의 승인 표준에 적합하지 못하므로, 훌륭한 논증의 전제로 사용될 수 없다.

예 1 음식점이나 주유소의 입간판에 쓰여 있는 '새로운 경영'이라는 말은 통상 과거보다 음식이 더 좋아졌거나 종업원이 더 친절해졌다는 것을 손님들에게 알리려는 것이다. 하지만 그러한 주장을 믿어야 할 어떤 이유도 제시되어 있지 않다. 만일 여러분이 더 좋아진 음식이나 친절을 기대하고 그 음식점이나 주유소의 손님이 된다면, 그러한 입간판을 내건 사람과 마찬가지로 새로운 것의 오류를 범하게 될 것이다.

예 2 김 학장이 의견이 다른 어느 교수에게 다음과 같이 말했다. "미래를 준비하려면, 우리는 새로운 교과과정을 마련해야 합니다. 나는 당신이 어째서 현행 교과과정을 개편하려는 계획을 망설이는지 도대체 이해할 수 없습니다." 학장은 자기의 새로운 교과과정이 우수하다는 논증은 전혀 하지 않고 단지 새로운 것이라는 말만 했을 뿐이다. 학장은 교과과정이 새로운 것이라면 그것을 채택할 만한 충분한 이유가 있다고 가정하고 있다. 하지만 어떤 교수는 학장이 제시한 교과과정이 단지 새로운 것이라는 근거에서 그것에 찬성표를 던지는 역설적인 일이 있었다.

오류 바로잡기 새로운 것의 오류를 바로잡는 일은 쉽지 않다. 더구나 광고 산업이 '새로운 것'은 '나아진 것' 또는 '더 좋은 것'이라는 생각을 우리에게 심어 주었기 때문에 더욱 그렇다. 사실 더 좋게 만들려는 욕구 때문에 새 상품, 새 법률, 새 착상을 개발하는 데 힘을 쏟고 있기는 하다. 어느 면에서 새것이 대개 더 좋다고 믿는 것은 잘못이 아니다. 하지만 새것이 대개 옛 것보다 더 좋을 것이라는 사실로부터 새것이면 무엇이든 옛 것보다 더 좋다는 결론에 도달해서는 안 된다. 문제는 이 오류를 범하는 사람들에게, 어떤 상품이나 착상이 단지 새것이기 때문에 더 좋다고 가정해서는 안 된다는 점을 납득시키는 일이다. 이를 위한 한 가지 방법은 상대방에게 새로운 상품이나 착상을 제시하고, 그것이 명백히 좋지 않거나 최소한 옛 것보다 더 좋지는 않다는 것을 증명하는 방법이다. 그렇게 되면 "새로운 것이 더 좋다"라는 가정의 정당성에 심각한 문제가 생길 것이고, 상대방은 새로운 것이라는 성격을 고려하지 않고서 논증의 가치를 평가할 수 있을 것이다.

연습문제

1 다음 예들이 '보증되지 않은 가정의 오류' 중 어떤 오류를 범했는지 밝혀라.

1. 매일 아침 일을 시작하기 전에 커피를 한 잔씩 마셔야 하는 사람은 매일 술을 마시지 않으면 안 되는 알코올중독자와 다를 바가 없다.

2. 만일 의사가 환자에게 거짓말하는 것이 정당하고 어린이에게 산타클로스에 관한 이야기를 하는 것이 잘못이 아니라면, 우리는 "거짓말은 잘못이다"라는 원칙을 거부해야 한다.

3. 갑 사양하겠습니다. 저는 카페인이 없는 커피를 싫어하거든요. 카페인이 들어 있지 않은 커피는 커피의 제 맛이 나지 않아요.
   을 하지만 이것은 다른 커피보다 좋은 거예요. 완전히 새로운 방식으로 만들어진 거라구요.

4. 나는 왜 네가 이 소설에 사실성이 없다고 비판하는지 모르겠어. 이 소설 속의 사건들은 모두 일어날 수 있는 일인데.

5. 고기를 먹는 사람은 누구나 암암리에 도살을 용인하고 있는 셈이야. 그렇다면 우리는 살인도 용인해야 할 거라구. 동물이라는 생명체와 인간이라는 생명체를 어떻게 명확히 구분할 수 있겠어?

6. 서울대학교는 우리나라에서 가장 좋은 대학이야. 그러므로 서울대학교에는 틀림없이 우리나라에서 가장 좋은 철학과가 있을 거야. 그러니까 서울대학교에 지원하려무나.

7. 나는 우리나라의 축구팀에 더 많은 돈을 투자해서 세계의 훌륭한 축구 팀들과 어깨를 나란히 할 수 있게 만들든가, 아니면 차라리 팀을 해체해 버려야 한다고 생각한다.

8. 갑 생각할 시간 여유를 주세요. 나는 당신의 청혼을 받아들일 것인지 주의 깊게 생각해 보고 싶어요. 그러니까 나는 그에 관해 합리적인 결단을 내리고 싶다는 거예요.

을 사랑하는 그대여! 사랑하는 사람과 결혼하는 것은 합리적인 결단을 내려야 하는 문제가 아니라오.

9. 신은 틀림없이 존재한다. 그렇지 않다면 인생은 무의미해질 것이다.

10. 생각해 봐라. 담배를 피우면 타르와 니코틴을 흡입하게 된다. 이 사실은 명백하지? 설사 네가 피우는 담배에는 타르와 니코틴이 거의 들어 있지 않다고 하더라도, 문제는 네가 그런 물질을 너의 몸 속으로 흡입하고 있다는 사실이야. 타르와 니코틴이 몸에 해롭다는 건 증명된 바 있어. 흡연은 흡연이라구.

[2] 다음 예들이 지금까지 공부한 오류 중 어떤 오류를 범했는지 밝혀라.

11. 일부 남학생들은 기숙사를 여성에게 하루 24시간 완전히 '개방'하기를 원한다. 다른 학생들은 기숙사에 여성이 출입하는 것을 완전히 금지하는 기숙사 '폐쇄' 방침을 원한다. 최선의 해결책은 기숙사를 정오부터 자정까지 12시간만 여성에게 개방하는 방법이 아닐까?

12. 대학 평의회의 구성원들은 각각 개인적인 사건을 처리하는 데 뛰어난 판단력과 기술을 갖고 있다고 판명되었다. 그러므로 나는 평의회가 우리 학교의 문제를 처리하는 데 뛰어난 판단력과 기술을 발휘해 주리라고 확신한다.

13. 민주당은 의료보험제도를 지지하기 때문에, 나는 민주당 의원인 최민수 씨가 그 제도를 지지하리라고 확신한다.

14. 인간의 신체는 나이를 먹을수록 활동이 적어지게 되고 결국에는 죽기 때문에, 정치 체제 역시 오래될수록 활동이 적어질 것이고 결국은 붕괴하리라고 생각하는 것이 합리적이다.

15. 농부가 아들에게 말했다. "얘야, 네가 갓 태어난 저 송아지를 하루에 한 번씩 들어 올린다면, 네 근육은 장차 다 자란 황소를 들어 올릴 수 있을 정도로 발달할 거다. 송아지의 무게는 매일 조금씩 불어나겠지만 그렇다고 해도 네가 송아지를 들어 올리는 데는 거의 차이가 없지 않겠니? 네가 어느 날 송아지를 들어 올릴 수 있다면, 너는 그 다음날도 틀림없이 그렇게 할 수 있을 거야."

16. 너는 ≪플레이보이≫와 같은 잡지와 기자회견한 사람을 지지하는 투표를 하지는 않겠지. 그렇지?

17. 당신은 그가 민주당원이기 때문에 그에게 투표한 겁니까, 아니면 그가 안기부를 재조직하고 단순화시키겠다고 약속했기 때문에 그에게 투표한 겁니까?

18. 나는 살인자나 강간죄를 범한 사람을 사형시키는 것이 아주 정당하다고 생각해. 그런 죄를 범한 사람을 사형시켜야 할 훌륭한 이유는 수없이 많거든.

19. 갑 아니야…… 나는 너의 종교 클럽에 가입할 생각이 없어. 나는 사실 독실한 종교인이 못 돼.

을 그래? 나는 네가 신을 믿지 않는 줄은 전혀 몰랐어.

20. 젊은 교사가 동료 교사에게 말했다. "내일 학예발표회는 매우 훌륭한 공연이 될 거야. 왜냐하면 이번 학예발표회는 학부모들에게 우리가 하고 있는 일을 보여 줄 수 있는 유일한 기회이고, 우리는 분명히 학부모들을 위해서 좋은 일을 하고 싶어하기 때문이야."

해답 1. 그릇된 유비의 오류 2. 원칙 오용의 오류 3. 새로운 것의 오류 4. 합성의 오류 5. 연속의 오류 6. 분할의 오류 7. 그른 대안의 오류 8. 사실—당위의 오류 9. 소망—실현 사고의 오류 10. 연속의 오류 11. 온건의 오류 12. 합성의 오류 13. 분할의 오류 14. 그릇된 유비의 오류 15. 연속의 오류 16. 유도질문의 오류 17. 그른 대안의 오류 18. 순환논증의 오류 19. 모호한 표현을 오용하는 오류 20. 소망—실현 사고의 오류

5. 불충분한 증거의 오류

이 장에서 살펴볼 오류는 너무 적은 증거를 사용하거나, 편향된 증거를 사용하거나, 증거가 전혀 없거나, 겉모양만 그럴듯한 증거를 사용하는 논증 방식이다. 이런 논증은 다양하기는 하지만 결론의 옳음을 입증하는 데 충분한 근거를 제공하지 못한다. 따라서 훌륭한 논증의 세번째 기준(G)에 위배된다.

24. 성급한 일반화의 오류

> 너무 적은 사례, 예외사례, 편향되거나 대표성이 없는 자료로부터 결론을 이끌어 내는 논증.

성급한 일반화에 사용된 증거는 대개 승인할 수 있고 관련 있는 것이지만, 논증의 결론을 입증하기에는 충분치 못하다. 그렇다면 증거의 충분성에 결함이 있는 것이다. 증거가 직접 결론으로 이어지지 않을 경우 그 증거는 일반화하거나 결론을 내리기 위해서는 불충분하지만, 몇 가지 결론 중 어느 하나를 입증하는 데 사용될 수는 있다. 그러한 상황에서는 어떠한 결론을 이끌어 내는 것도 오류가 된다. 왜냐하면 불충분한 근거에서 결론을 이끌어 내면 훌륭한 논증의 세 가지 기준 중 하나를 위반하게 되기 때문이다.

결론으로 '비약'하는 방식에는 두 가지가 있다. 첫번째 방식은 매우 적은 사례나 제한된 양의 증거로부터 결론을 이끌어 내는 것이다. 관찰한 몇 개의 사례만을 근거로 결론을 이끌어 내거나 일반화를 시도하는 경향은 흔히 볼 수 있다. 심지어 단 하나의 사례로부터 일반화를 시도하는 경우도 종종 있다.

귀납적 결론을 이끌어 내기 위해서 얼마나 많은 수의 사례가 있어야 충분한가를 결정하기란 대단히 어렵다. 대개 사례의 수가 증가할수록 그 사례들이 입증하는 결론은 더욱더 승인할 수 있을 것이다. 하지만 사례의 수가 어느 한계를 넘어서면 그 주장의 옳음이나 그름에 거의 영향을 끼치지 못한다.

성급한 일반화의 오류를 범하는 두번째 방식은 대표성이 없거나 편향되거나 변칙적인 자료로부터 어떤 결론을 이끌어 내는 것이다. 대표성이 없는 자료는 관련 있는 모든 하위집합에서 비례에 맞게 이끌어 낸 것이 아니며, 어떤 방식으로든 변칙적인 것이다.

특정한 문제에 관한 한국 사람의 의견이 어떠한가 하는 주장을 일반화하려면, 연령, 교육 수준, 직업, 성, 지역, 종교 등을 근거로 만들어진 하위집합들로부터 비례에 맞게 이끌어 낸 자료를 고려해야 할 것이다. 이때 신장이나 체중 따위의 하위집합들은 대개는 관련이 없는 것이다.

어떤 변칙적 자료는 질적으로 다른 것일 수도 있다. 현대적 기술로 집계된 통계자료를 매우 다른 방법론적·기술적 상황에서 집계된 통계자료와 서로 비교하고 분석한다면, 매우 의심스러운 결론이 만들어질 것이다. 예를 들어 우리나라에서의 범죄자수에 관한 1986년도의 통계자료와 1940년도의 통계자료를 비교한다면, 그렇게 해서 얻어진 결론은 의심스러울 수밖에 없다.

예 1 "오늘 우리는 캠퍼스에서 모의 선거를 했는데, 민주당 후보가 당선되었어. 2000명 이상의 학생들이 투표한 결과이므로 민주당 후보가 11월 선거에서 틀림없이 당선될 거야. 그만하면 표본은 아주 큰 것 같아. 너도 동의하지?" 대학 집단이라는 표본은, 설사 갤럽 기관이 통상 조사하는 것보다 크기는 더 클지 모르지만, 투표자들의 대표 표본이라고 볼 수는 없다. 표본은 크기만 문제되는 것이 아니라 완전히 무작위적인 것이어야 한다. 표본이 관련 있는 대표 하위집단으로부터 추출된 것이 아니라면, 표본의 크기가 크다고 해서 결론의 옳음을 입증해 주는 것은 아니다.

예 2 "플로리다주의 주민 10만 명 이상을 조사해서 얻은 자료로부터 미국인의 43%가 어떤 형태든 오락활동을 하는 데 적어도 하루 두 시간을 소비한다는 결론을 이끌어 냈다." 미국인의 여가시간 활동에 관하여 그러한 결론을 이끌어 내는 것은 보증될 수 없다. 플로리다주는 은퇴한 사람들과 오락 성향이 높은 사람들이 특히 많이 사는 곳이므로 그곳의 주민만을 근거로 삼은 자료는 대표 표본이 될 수 없다.

예 3 "나는 비타민 C가 감기예방에 효과가 있다고 확신한다. 우리 가족은 모두 매년 겨울 최소한 한 번씩은 감기를 앓았다. 그런데 지난 해부터 우리 가족이 모두 하루에 1000mg씩의 비타민 C를 복용하기 시작한 결과, 9개월 동안 코감기에 걸리는 사람마저 없었다." 이러한 자료는 다른 사람들에게 비타민 C를 규칙적으로 복용하도록 유도할 만큼 흥미로울 수는 있겠으나, 약의 효과를 입증하는 사례라고 보기는 어렵다. 9개월 동안 감기에 걸리지 않은 현상을 동등하게 또는 더 훌륭하게 설명할 수 있는 다른 이유들도 얼마든지 있다. 논증자는 비타민 C의 효과를 입증하는 다른 증거들도 갖고 있을 수 있다. 그런데 그 다른 증거들이 논증의 부분으로 제시되지 않았다. 따라서 제시된 증거를 근거로 삼아 비타민 C가 감기예방에 효과가 있다고 정당하게 결론 내릴 수는 없는 것이다.

예 4 여러분은 단골로 다니지 않던 식료품 가게에서 몇 가지 물건을 사본 경험이 있을 것이다. 그 물건들의 가격이 다른 가게보다 더 싸다는 것을 알게 되면, 여러분은 매달 지출되는 식료품비를 줄이기 위하여 단골 가게를 바꿔야 한다고 생각할 것이다. 하지만 그러한 생각은 보증될 수 없다. 왜냐하면 사용된 표본이 너무 적기 때문이다. 우리가 매달 사는 물건들의 가격 전체를 비교해 본다면, 거의 차이가 없다는 것이 드러날 수 있다.

예 5 "영수는 평탄치 않은 결혼생활을 꾸리다가 결국은 이혼하고 말

았기 때문에 다시 결혼할 의사가 전혀 없다. 사실 그는 나의 결혼 계획을 말리기까지 했다." 영수의 추론은 너무 적은 표본에 근거를 두고 있다. 그는 한 번의 결혼 경험만을 가지고서, 자기와 자기 친구들, 그 밖의 다른 사람들의 경우에도 결혼은 별로 할 만한 가치가 없다고 확신하고 있다. 하지만 결혼에 대한 그의 부정적 경험은 결혼제도 자체 때문이라기보다는 그의 배우자 때문일 가능성이 매우 높다. 따라서 적어도 결혼문제에 대해서는 더 많은 비판적 분석이 필요하다고 할 수 있다.

오류 바로잡기 단 하나의 사례나 불충분한 표본을 근거로 논증을 제시하고서도 훌륭한 논증을 제시했다고 확신하는 사람이 많다. 아마 그렇게 확신하는 이유는 그들의 논증이 대개 개인적으로 중요한 경험과 관련되어 있거나 그러한 경험에서 나온 것이기 때문일 것이다. 하지만 개인적 경험은 훌륭한 논증이 되기에는 너무 불충분하다. 물론 한 가지 사례를 일반화한 것, 또는 '고립된 사실의 오류'라고 부르는 것은 논증할 의도가 없이 그저 실례로만 든 주장일 수도 있다. 그러한 경우라면, 논증자는 그 점을 분명히 해야 한다. 왜냐하면 증거와 실례는 매우 다른 기능을 하기 때문이다. 하지만 이런 구별은 대개 분명하지 않을 때가 많다. 단지 실례에 불과한 것을 증거처럼 사용하고 있는 것이 아닌가 의심스러울 때 다음과 같이 물으면 효과적인 공격 방법이 된다. "흥미로운 실례이긴 합니다만, 당신은 당신의 주장을 입증하는 데 필요한 자료를 조금이라도 갖고 있는 겁니까?"

논증자는 자기가 그저 어떤 주장에 대한 실례를 들고 있을 뿐이라는 사실을 부정할지도 모른다. 그렇다면 논증자의 논증을 재구성할 필요가 있다. 그래서 몇 개의 사례를 근거로 하여 모든 사례에 관한 결론을 이끌어 내는 것은 근거가 충분해야 한다는 기준에 위배된다는 점을 명확히 밝혀야 한다. 그래도 안 된다면, 불합리한 사례를 들 수 있다.

> 미국의 두 전직 대통령은 전에 주지사를 지낸 적이 있다.
> 그리고 두 대통령은 모든 대통령에 대해서 말할 수 있는 충분한 표본이다.
>
> ---
>
> 그러므로 전직 대통령은 모두 전에 주지사를 지낸 적이 있음에 틀림없다.

대표성이 없는 증거에 근거를 두는 성급한 일반화에 대해서도 이와 비슷하게 처리할 수 있다. 의심스러운 자료를 사용한 논증을 접했을 때는 불합리한 결론을 가진 비슷한 논증을 제시할 수 있다.

애완동물 대회에 참가하는 사람들은 모두 애완동물을 갖고 있다.

그리고 애완동물 대회에 참가하는 사람들에 대해서 옳은 것은 모든 사람에 대해서도 옳다.

그러므로 모든 사람은 애완동물을 소유하고 있다.

만일 특정한 자료가 대표성이 없다는 여러분의 공격을 논증자가 인정하지 않는다면, 문제의 주장과 반대되는 주장을 입증하기 위해서 동일한 크기의 대표성이 없는 다른 표본을 생각해 내는 방법이 있다. 동일한 크기의 표본들이 전혀 다른 두 결론을 입증한다면, 표본의 질에 결함이 있다는 것이 분명해질 것이다.

25. 무지에 의거한 논증의 오류

증거나 증명이 없기 때문에, 또는 상대방이 설득력 있는 증거를 제시할 능력이 없거나 제시하려 하지 않기 때문에, 그 주장이 옳거나 그르다고 가정하는 논증.

무지에 의거한 논증은 자기들에게 유리하지만 입증되지는 않은 주장을 옹호하려는 사람들이 많이 사용하는 전술이다. 이런 사람들은 단지 문제의 견해가 반증된 적이 없다는 점만을 말한다. 그러나 이것은 정당한 논증 방식이라고 볼 수 없다. 왜냐하면 어떤 착상이 너무 불합리하거나 사소한 것이어서 아무도 신경쓰지 않을 정도라면 논증자가 부전승하는 경우가 종종 있을 것이기 때문이다.

이 오류에는 두 가지 다른 명칭을 붙일 수도 있다. 우선 '부정적 증명의 오류'라고 부를 수 있다. 왜냐하면 이 오류는 어떤 주장에 찬성하는 증거가 없다는 것을 다른 주장에 찬성하는 긍정적 증거로 사용하기 때문이다. 이것은 어떤 주장에 찬성하는 증명이 없다는 것, 즉 부정적 증명이 다른 주장에 찬성하는 긍정적 증명이 되는 상당히 묘한 상황을 만들어 낸다. 그렇다면 이러한 논증에서 문제의 주장에 찬동하는 '증거'로 제시되는 것은 실제로는 전혀 증거가 아니다. 결론이 지식에 의해서가 아니라 무지에 의해서 입증되는 것이다. P가 증명되지 않았다고 해서, 'P가 아닌 것'이 증명되었다고 추리하는 것은 정당하지 않다. 어떤 주장에 찬성하는 증명이 없다는 사실은 다른 주장에 찬성하는 증명이 되지 못한다.

또 다른 명칭은 '증명의 책임을 떠넘기는 오류'다. 왜냐하면 이 오류는 어떤 주장이든 그 주장에 찬성하는 증명의 책임은 일반적으로 주장을 제시하는 사람에게 있다는 표준적인 방법론적 원리에 위배되기 때문이다. 이 오류를 범하는 사람은 증명의 책임을 다른 사람, 대개 그 주장을 확신하지 못하거나 회의적인 사람에게 떠넘기려 한다. 원래의 주장을 입증하려는 책임을 지려 하지 않으면서 비판자가 그 주장을 반증했다거나 그와 모순되는 주장을 입증했다고 말하는 것으로 책임을 전가하는 것이다.

하지만 이런 사고방식이 승인될 수도 있는 일부 상황이 있다. 예를 들어 재판과정에서 피고는 죄가 증명되지 않는 한 무죄라고 간주된다. 하지만 이런 맥락에서 쓰이는 무죄라는 말은 실제로는 죄가 증명되지 않았다는 것을 의미하는 매우 전문적인 용어라는 점에 주목해야 한다. 더욱이 죄가 없다는 판결이 내려진다면, 그 판결은 피고가 기소된 행동을 범하지 않았음을 뜻하는 것이 아니다. 그것은 단지 기소 내용을 증명하기에 증거가 충분치 않다는 것만을 뜻할 뿐이다. 재판과정에서는 실제적인 이유 때문에 어떤 결정이 필요하다. 그러므로 피고가 유죄라는 설득력 있는 증거가 제시되지 않는 한, 피고는 법적인 목적 때문에 무죄인 것으로 간주될 뿐이다. 하지만 이런 경우조차도 방법론적 표준이 존중된다는 것을 유념해야 한다. 증명의 책임은 여전히 긍정적 주장을 펴는 사람, 즉 피고가 유죄라고 말하는 원고에게 있다.

이 오류는 형식적으로는 훌륭한 논증과 비슷하기 때문에 훌륭한 논증의 겉모습은 갖추고 있는 셈이다. 만일 온갖 증명 방법을 동원해서 문제의 주장을 증명하거나 반증하려고 진지하게 노력했는데도 실패했다면, 반대 주장이 정당하다고 추리할 수도 있다. 예를 들어 집안을 샅샅이 조사했는데도 집안에 개미가 있다는 주장을 입증하는 아무런 증거도 찾지 못했다면, 집안에 개미가 있다는 주장을 증명하려는 노력은 실패한 것이다. 그렇다면 집안에 개미가 없다(반대 주장)고 결론 내리는 것은 논리적으로나 상식적으로 정당하다. 이것은 무지에 의거한 논증처럼 보이지만, 그것과는 결정적인 차이가 있다. 개미의 예에서, 반대 추리는 원래 주장과 관련된 증거를 실제로 평가한 것에 근거를 두고 있다. 따라서 이 추리는 단지 원래의 주장에 찬성하는 증명이 전혀 제시되지 않았다는 사실에만 근거를 두고 반대 주장의 옳음을 추리하는 것과는 다르다.

증거가 없다는 '증거'에 호소하는 논증은 훌륭한 논증의 세번째 기준을 만족시키지 못한다. 그런 논증은 증거가 전혀 없기 때문에 문제되는 주장에 충분한 증거를 제공하지 못하는 것이다.

반대 주장이 증명된 적이 없다는 근거에서 어떤 주장을 긍정하거나 부정하지 않도록 매우 조심해야 한다. 어떤 사람이 문제의 주장을 긍정하거나 부정한다면, 그에게 증명의 책임이 있다. 문제를 철저하게 탐구하지 않았을 때의 최선책은 문제의 주장에 대한 반대 주장을 펴기보다는 문제의 주장을 믿을 이유가 없다고 말하는 것이다. 또는 이러저러하게 어떤 것을 주장하지 않고 '마치' 그 주장이 옳은 것처럼 행동할 수도 있다. 예를 들어 유령이 존재하지 않는다는 것을 증명하기란 어려운 일이다. 그러나 어떠한 증거를 근거로 하든 유령이 존재한다고 믿지 않는다면, 그 주장을 긍정하지도 부정하지도 않으면서 '마치' 유령이 존재하지 않는 것처럼 행동할 수 있다. 이것은 행동에 따르는 모든 신념이나 가정을 일일이 옹호하지 않으면서 세상을 살아가는 방식이다.

예 1 "그는 분명히 총기사용 통제에 관한 새로운 법안에 반대하는 발언을 하지 않았다. 그러므로 그가 그 법안에 찬성한다는 것은 명백하다." 이러한 주장을 입증하기 위해 제시된 유일한 '증거'는 그가 총기

사용 통제 법안에 대하여 발언하지 않았다는 사실뿐이다. 재미있는 것은 논증자가 그와 동일한 증거를 가지고 반대 주장을 옹호할 수도 있다는 점이다. "그는 분명히 총기사용 통제에 관한 새로운 법안에 찬성하는 발언을 하지 않았다. 그러므로 그가 그 법안에 반대한다는 것은 명백하다." 긍정적 결론에서나 부정적 결론에서나 똑같은 힘을 발휘하는 증거는 어떤 것이든 충분한 근거일 수 없다.

예 2 "그의 땅에는 '침입금지' 라는 표지판이 전혀 없었다. 그러므로 나는 그의 땅을 가로질러 걸어가도 괜찮다고 생각했다." 어떤 행동을 하지 말라고 지시하는 표지판이 없다는 사실은 그 행동을 해도 괜찮다는 것을 의미하지는 않는다.

예 3 갑 당신은 서울대학교의 교수로 채용되었습니까?

을 아뇨. 나는 두 달 전에 응모 원서를 보냈는데, 그 대학으로부터 아무런 회답도 받지 못했습니다.

응모자는 서울대학교로부터 거절당했다고 생각하고 있다. 하지만 거절당했다고 생각하는 유일한 '증거' 는 그가 채용되었다고 생각할 증거가 없다는 것뿐이다. 교수를 채용하는 과정은 으레 매우 길고 복잡한 법이다. 그러므로 그 대학으로부터 아무런 회답도 받지 못했다는 것을 근거로 삼아 채용되지 않았다고 결론 내리는 것은 적절치 못하다.

예 4 "여직원들 봉급 문제를 갖고 왜 그리 말들이 많아? 우리 회사 여직원들은 모두 봉급에 만족하고 있다구. 여직원들 중 아무도 불평하거나 봉급 인상을 요구한 적이 없었잖아." 논증자는 단지 어느 집단의 사람들이 자기들의 처지에 관하여 아무런 불평도 표현하지 않고 있으므로 만족하고 있는 것이라고 가정하고 있다. 달리 말해서 어떤 처지에 만족하고 있는 것에 반대하는 증거가 없다는 사실을, 그 처지에 만족하고 있다는 것을 찬성하는 증거라고 간주하고 있는 것이다. 이러한 추리는 '부정적 증명의 오류' 와는 다른 형식을 지니고 있으므로 흔히

'침묵의 오류'라고 부른다. 그러나 어떤 사람들이나 단체가 '침묵'하고 불평하지 않는다는 사실로부터, 불평할 것이 없다고 추리할 수는 없다. 공개적으로 불평할 수 없는 여러 가지 타당한 이유가 있을 수 있는 것이다.

오류 바로잡기 어떤 주장에 반대하는 증명이 없다는 사실을 그 주장에 찬성하는 증명이라고 간주한다면, 별별 터무니없는 주장들도 증명할 수 있을 것이다. 상대방이 매우 의심스러운 주장을 하고서 그 주장에 반대하는 증거가 없다는 것으로 그것을 입증하려 한다면, 여러분도 역시 상대방의 주장과 마찬가지로 의심스러운 주장을 제시하고, 그 주장을 같은 방법으로 입증해서 그것이 오류임을 밝힐 수 있다.

만일 상대방이 문제의 사고방식이 오류가 아니라고 주장한다면, 어떻게 그것이 논리적으로 모순되는 결론에 도달하는가를 보여 줄 수도 있다. "심령학은 그르다고 증명된 적이 없기 때문에 틀림없이 옳다"라고 주장하는 사람이 있다고 하자. 이에 대해서는, "심령학은 옳다고 증명된 적이 없기 때문에 틀림없이 그르다"라고 주장할 수 있다. 이러한 추론에 따르면, 심령학이 증명되었다는 결론과 반증되었다는 결론을 모두 내릴 수 있게 된다.

끝으로, "X가 옳다고 믿을 이유가 없다"라는 주장과 "X가 그르다"라는 주장을 주의 깊게 구별할 수 있어야 한다. 첫번째 주장은 두번째 주장을 함의하지 않는다. 양자는 각기 다른 주장이다. 첫번째 주장은 어째서 지금 X를 긍정하거나 부정하지 못하는가를 설명할 뿐이며, 두번째 주장은 증명해야 할 책임을 져야 하는 부정적 주장이다. 다시 말해서 증거에 의한 입증이 요구되는 주장이다.

26. 반사실적 가설의 오류

과거에 다른 상황이었더라면 발생했을 수도 있는 일이나 미래에 일어날 수 있는 일을 빈약한 입증하에 주장하는 논증. 또는 가설적 주장을 마치 사실의 진술인 것처럼 취급하는 논증.

실재하지 않는 사건에 관한 주장은 경험적 증거를 가질 수 없다. 그러므로 실재하지 않는 사건에 관한 주장에서 이른바 '증거'라고 제시되는 것은 무엇이든 상상의 산물로 간주해야 한다. 실현되지 않은 가설적 사건의 결과가 무엇이었을지 또는 무엇일지는 알 수 없지만, 그 사건에 관한 잘 입증된 가설에 찬성하는 타당한 이유나 증거는 있을 수 있다. 이러한 가설은 과거를 이해하거나 미래에 대한 계획을 세우고 바람직하지 못한 결과를 피하는 데 도움이 된다. 하지만 그런 가설은 추측에 의해 만들어진 것이므로 매우 불확실하다는 것을 명심해야 한다. 그런 가설은 기껏해야 '그럴듯한 이야기'일 뿐이다. 그렇다면 상상에 의해 가설을 구성하는 데서 오류가 있는지 없는지 의문이 생길 수 있다. 내 판단으로는, 실현되지 않은 가설적 사건에 관한 주장은 타당한 증거에 의해 입증되지 않았거나 그 추측의 성격이 승인할 수 없는 것이라면 오류다. 그렇다면 반사실적 가설은 약한 가설일 경우 또는 사실의 진술로 취급될 경우에 오류를 범한다.

가설이 과거 '사건'을 언급하는 경우 이 오류는 흔히 '월요일 아침의 축구평'이라 부르기도 한다. 극성스러운 축구광은 지난 주말의 게임에서 어떤 선수가 다른 플레이를 했더라면 경기 상황이 달라졌을 것이라고 주장한다. 그러나 일어난 일이 일어나지 않았거나 일어나지 않은 일이 일어났더라면 어떻게 되었을 것인지를, 확실히 알 수 있는 방법은 전혀 없다. 반사실적 주장에 관한 증거는 전혀 얻을 방법이 없는 것이다. 바로 이 때문에, 반사실적 가설은 훌륭한 논증의 세 기준 중 하나에 위배된다. 그런 가설은 충분한 증거 없이 결론을 이끌어 내기 때문이다.

예 1 아무런 증거도 제시되어 있지 않은 다음과 같은 반사실적 가설들에 대해 생각해 보자. "만일 당신이 달팽이 요리를 한 번만 맛보았다면, 달팽이 요리를 좋아했을 것이다." "만일 내가 고등학교 때 빈둥거리지 않았다면, 대학에 진학했을 것이다." "만일 내가 지난 밤에 그에게 가지 않았다면, 그를 살해하지 않았을 것이다." "만일 내가 백핸드를 조금만 더 연습했더라면, 그 테니스 경기에서 이길 수 있었을 것이다." 이러한 주장들은 통상 충분한 증거가 제시되어 있지 않으므로, 승인할 만한 가치가 없다. 그러한 가설들을 승인하는 데 필요한 훌륭한 증거가 있을 수도 있겠지만, 위의 예들에는 그런 이유들이 제시되어 있지 않다.

예 2 집에서 나와 기숙사 생활을 하고자 하는 대학생이 부모를 설득하려 하고 있다. "기숙사에서 생활할 수 있다면, 공부를 훨씬 많이 할 수 있을 테니까 성적도 좋아질 것이고, 잠도 많이 잘 수 있을 거라구요." 이 학생에게는 분명히 그런 주장을 입증할 만한 근거가 있을 것이다. 하지만 이 학생은 자기가 그런 근거를 말하지 않아도 듣는 사람이 자기의 주장을 받아들여 주기를 기대하고 있다.

예 3 어떤 역사학 교수마저도 이 오류를 범했다고 한다. "만일 히틀러가 러시아를 침공하지 않고 두 '전선'을 개방했더라면, 나치는 제2차 세계대전에서 승리했을 것이다." "만일 민주당이 1860년의 투표에서 승리했더라면, 남북전쟁은 일어나지 않았을 것이다." 이런 주장들은 고도의 상상력을 발휘한 주장이어서, 어떻게 그에 대한 적절한 증거를 찾아낼 수 있을지 상상하기 어렵다.

오류 바로잡기 상상력을 발휘해서 만든 가설은 미래에 대한 계획을 세우고 과거를 이해하는 데 극히 중요한 역할을 한다. 그러므로 나는 모든 가설을 공격하거나 상상력을 발휘하지 말라고 권하고 싶은 생각은 조금도 없다. 하지만 여러분이 의심스러운 반사실적 주장에 접했을 경우, 그 주장이 추측으로 만들어졌다는 사실을 상대방이 승인하거나 인정하도록 하는 방법을 찾아야 할 것이다. 상대방은 추측적 주장임을 인정하면서 반대논증이 있을 수 있다는 것도 인정할 수 있게 되며, 그 주장을 더욱 열심히 입증하려 하게 된다. 물론 추측적 주장임을 명백하게 인정한다고 해서, 그 주장을 입증하는 훌륭한 근거를 제시해야 할 책임이 사라지는 것은 아니다.

입증되지 않은 가설적 주장을 바로잡는 한 가지 효과적인 방법은 상대방에게 증거 없는 주장에 대해서는 대답할 수 없다고 말하는 것이다. 이를테면 이렇게 말할 수 있다. "그래요, 그럴 수도 있겠지요. 하지만 나는 그 주장에 찬성하는 당신의 증거를 알지 못하므로 뭐라고 말할 수 없습니다." 아마 상대방은 증거를 제시해야 한다는 의무감을 느끼고 당신에게 증거를 제시하려 할 것이다. 그런 다음에는 적어도 건설적인 방향으로 토론이 이루어질 수 있다.

27. 부적절한 격언을 사용하는 오류

주장에 대한 관련 증거를 제시하는 대신에 격언이나 속담을 제시하는 논증.

이 오류는 흔히 논증이나 의견을 제시하는 대신에 격언이나 속담을 제시하는 형식을 취하므로 격언이나 속담에 의해 표현되는 명제가 신뢰할 수 없는 것이면 오류를 범하게 된다. 격언이나 속담들은 서로 모순되고 상충되는 것들이 매우 많다. 따라서 어떤 통찰이나 방침을 입증하기 위해 격언이나 속담을 사용하는 것은 매우 의심스러운 일이 아닐 수 없다. 예를 들어 다음과 같은 격언들은 서로 모순되는 내용을 담고 있다. (1) "백지장도 맞들면 낫다"와 "사공이 많으면 배가 산으로 오른다." (2) "하룻강아지 범 무서운 줄 모른다"와 "용기 있는 자가 미인을 차지한다." (3) "빛 좋은 개살구"와 "보기 좋은 떡이 먹기도 좋다." (4) "콩 심은 데 콩 난다"와 "개천에서 용 났다." (5) "새 술은 새 부대에 담아라"와 "구관이 명관이다." (6) "뜻이 있는 곳에 길이 있다"와 "될 성싶은 나무는 떡잎부터 안다."

격언이나 속담은 실제로는 결코 논증이 아니다. 그것들은 단지 세간의 지혜를 표현한 데 불과하다. 더구나 격언에 들어 있는 '지혜'들이 서로 모순을 일으키는 경우도 흔하다. 따라서 다른 증거 없이 격언만으로 어떤 주장이나 행위과정을 입증하는 신뢰할 만한 증거로 삼을 수는 없다. 격언에 의거해서 논증하려는 시도는 분명히 훌륭한 논증의

세번째 기준——주장의 근거가 충분해야 한다——에 위배된다. 격언이나 속담은 근거로서 충분치 못하다.

예 1 어느 결혼 상담소의 조언자가 한 아가씨에게 이렇게 조언했다. "당신은 다른 남자와 성관계를 계속 유지하면서 이 남자와 결혼할 수는 없습니다." 조언자는 그 아가씨가 확신하도록 하기 위해 "토끼 둘 잡으려다간 하나도 못 잡습니다"라고 말했다. 이 격언은 문자 그대로는 이 아가씨의 경우에 적용될 수 없다. 다른 방향으로 뛰는 두 마리 토끼를 '동시에' 잡는 일은 논리적으로 양립 불가능하다. 하지만 결혼하는 일과 남편 아닌 남자와 성관계를 유지하는 일은 논리적으로 양립 불가능하지 않다.

예 2 학생들은 중요한 시험을 보기 전날 밤에 다음과 같은 격언을 이야기하곤 한다. "지금 알지 못하면 영원히 모른다." 이러한 의심스러운 주장에 대해서는 어떤 증거도 제시되어 있지 않다. 실제로 이 주장이 그르다는 것을 입증하는 증거도 적지 않게 있다. 시험과 관련해서 말한다면, 시험 보기 바로 전 시간을 잘 활용하면 상당히 많은 것을 알게 되리라고 말하는 편이 더 안전할 듯하다.

예 3 격언은 때로 훌륭한 이유나 적절한 대답 대신에 사용되는 수도 있다. 어느 부모가 아이에게 숙제를 다 해놓으라고 분명히 지시하고 외출했다. 부모가 돌아와 보니 아이는 숙제를 반밖에 하지 않았다. 그래서 아이에게 왜 숙제를 다 마치지 않았느냐고 물었더니, 아이는 이렇게 대답하는 것이었다. "로마는 하루 아침에 건설되지 않았잖아요." 로마만한 크기의 도시를 하루 아침에 건설할 수 없다는 것은 사실이다. 그러나 보통 아이의 숙제라면 두세 시간이면 충분히 할 수 있다. 따라서 이 경우에 우리가 잘 알고 있는 이 속담은 정당한 물음에 대한 부적절하거나 무의미한 대답이다.

오류 바로잡기 비유와 마찬가지로 격언은 기껏해야 암시적인 것에 불과하므로, 격언만으로 이루어진 논증을 진짜 논증으로 취급해서는 안 된다. 만일 그 격언이 왜 중요한 통찰을 표현하고 있는가를 철저하게 밝히는 논증이 격언과 함께 제시될 경우, 격언 자체가 그 논증에 기여하는 것은 아무것도 없다. 격언 자체는 그 논증의 결론을 교묘하게 표현하는 방식에 불과하기 때문이다. 격언이 담고 있는 그럴듯한 세간의 지혜에 위축될 필요는 전혀 없다. 격언이나 속담은 그것처럼 교묘하게 표현되지 못한 다른 의견들과 마찬가지로, 승인될 수 있으려면 명백한 증거나 훌륭한 이유가 제시되어야 한다. 논증자가 격언에 의거해서 논증을 펴면, 그 격언을 직접 공격하라. 가능하면 그 격언과 모순되는 격언을 제시하는 것이 좋다. 그러면 논증자는 자신이 제시한 격언이 여러분이 제시한 격언보다 더 낫다는 이유를 밝혀야 할 것이다.

28. 명칭을 근거로 추리하는 오류

가치 판단이나 사실 확인을 위해 사물에 붙인 낱말이나 어구, 즉 명칭을 근거로 삼아 그 명칭이 붙어 있는 대상에 관하여 결론을 이끌어 낼 수 있다고 가정하는 논증.

이 오류는 광고주들이 일반 소비자가 범해 줬으면 하고 바라는 오류다. 따라서 광고주는 그러한 잘못된 추리를 더욱 부추기는 방식으로 광고한다. '고탄성 골프공'이라는 이름의 골프공 제조업자는 주말 골퍼들이 단지 그 명칭만을 근거로 그 공을 사용하면 자기의 타구가 멀리 날아가리라고 추리해 주기를 바란다. 할인 매장들은 소비자가 단지 '할인' 매장이라는 명칭만을 근거로 유명 상품을 싼 가격에 살 수 있으리라고 추리해 주기를 바란다. 자동차 광택제를 만드는 제조업자는 제품에 '손쉬운 광택제'라는 명칭을 붙여 놓고서, 소비자가 단지 이 명칭만을 근거로 그 광택제가 사용하기 쉬운 것이라고 생각해 주기를 바란다. '세계 최고의 커피'라는 제품명을 보았을 때, 누가 커피를 끓고 싶겠는가! 가치 판단이나 사실 기술을 위한 명칭이 우리의 기호를 자극할 수도 있고 특정한 주장을 검토해 보고 싶은 마음을 불러일으킬 수도 있다. 하지만 조사해 보지도 않고서, 그 명칭이 붙어 있는 대상이 어떠하리라고 생각하는 것은 어리석은 일이다.

이런 잘못된 논증에는 문제의 주장을 입증하는 증거가 전혀 제시되어 있지 않다. 논증자는 상대방이 단지 명칭만을 근거로 그 명칭이 표현하는 주장과 동일한 주장을 추리해 주기를 바란다. 훌륭한 논증이 되려면 주장에 대한 충분한 근거가 제시되어야 하므로 그러한 추리에 의해 이루어지는 논증은 훌륭한 논증일 수 없다.

예 1 자동차 여행을 해본 사람이라면 누구나 오랜 시간 동안 운전한 후, 지치고 배고픈 참에 '맛있는 음식과 깨끗한 휴게실'이라는 간판을 보았을 때, 마음이 느긋해지는 것을 경험해 본 적이 있을 것이다. 하지만 차를 세워서 얻은 것이라고는 간판만 보고 무언가를 추리하면 안 된다는 사실을 다시 한 번 체험하게 되었다는 것뿐인 경우도 있다.
예 2 "서울대학교는 훌륭한 대학교임에 틀림없다. 왜냐하면 그 대학 요람에 최고의 교수진을 갖춘 훌륭한 인문과학 대학이 있다고 쓰여 있기 때문이다." 서울대학교는 실제로 훌륭한 대학일 수 있겠지만, 오로지 요람에 쓰여 있는 것만을 근거로 그것을 정당하게 추리할 수는 없다.
예 3 "민주당이 국민의 뜻을 대변하지 않는다니 무슨 말입니까? 민주당이라는 이름 자체가 누구나 자기 의견을 발언할 수 있다는 것을 의미합니다." 윤리학과라는 명칭만을 근거로 윤리학과가 윤리적이라고 추리할 수 없는 것과 마찬가지로, 민주당이라는 명칭만을 근거로 민주당이 민주적이라는 것을 추리할 수는 없다.

오류 바로잡기 앞에서 명칭이나 간판만을 근거로 무언가를 추리하는 것은 어리석은 일이라고 말했다. 하지만 "여기는 지리산국립공원 입구입니다"와 같은 가치 중립적인 간판에 대해서는 의심을 품을 필요가 없다. 실제로 여기가 지리산국립공원 입구인지 아닌지 의심할 이유는 없을 것이다. 하지만 만일 어떤 간판이 어떤 방식으로든 가치 판단적인 내용을 담고 있다면, 그런 부분에 대해서는 의심할 만하다. 예를 들어 주유소 간판에 '이 주유소에는 깨끗한 휴게실이 있습니다'라고 쓰여 있는 것을 본다면, 주유소에 휴게실이 있다는 것을 의심할 근거는 없지만, 그렇다고 해서 간판의 내용만을 근거로 주유소에 있는 휴게실이 깨끗하다고 추리할 근거도 없다. 요컨대 모든 간판을 의심할 필요는 없겠지만 광고주의 꼬임이나 편견, 무지에 희생되지는 말라는 것이다. 달리 말해서 가치 판단과 관련된 표현을 대했을 경우, 명칭 이외의 근거를 확보할 때까지 판단을 보류하라는 것이다.

29. 정확성을 가장하는 오류

> 짐작하거나 대략 뽑은 자료를 정확한 자료인 것처럼 취급해, 일종의 수학적 정확성을 가장하는 논증.

논증자가 논점을 설득하기 위한 수단으로 통계적 정확성에 의지하는 경우는 흔히 볼 수 있다. 그러나 이 정확성이 단지 짐작에 불과하거나 대략 뽑은 자료를 정확한 자료인 것처럼 취급할 경우, 또는 주장의 정확도를 측정할 수 없을 경우에는 오류를 범한다. 흔히 주장에 사용된 자료가 정확할수록 듣는 사람이 그 주장을 옳다고 간주할 가능성이 높아지는데, 이는 올바르다고 봐도 되겠다. 예를 들어 여러분이 좋아하는 텔레비전 프로인데 방송국이 "시청자가 많지 않아서 방송을 중단했다"라고 발표한다면, 여러분은 아마 그런 주장에 대해 의심을 품을 것이다. 하지만 방송국이 "지난 4주 동안 그 프로의 시청률은 가장 높은 때가 3.9%였다"라고 발표한다면, 여러분은 그 프로의 방송 중단이 적절했다고 받아들일 것이다. 통계적 정확성이 그런 효과를 가져오는 것이다. 이 때문에 때로는 약한 주장을 강화시키기 위해서 통계적 정확성을 조작하기도 한다.

사람들은 흔히 일상적인 주장에도 잘못된 정확성을 도입하고 싶은 유혹을 느낀다. 예를 들어 부모가 다음과 같이 말하는 경우는 드물지 않다. "요즘 아이들은 75%가 부모 말에 주의를 기울이지 않는다." 이런 주장은 대개 어림짐작일 것이며, 정확한 주장인지 알 방법이 거의 없다. 이런 식으로 정확성을 가장해서 표현하는 목적은 주장을 더 강조하거나 극적으로 만들기 위해서다. 그럼에도 불구하고 이렇게 보증되지 않은 정확성을 사용하면, 이유야 어떻든 정확성을 가장하는 오류를 범하게 된다. 하지만 이 정확성이 실제로 문제될 만한 내용이 없다면, 무시해도 좋을 것이다.

그렇다면 정확성을 가장하는 논증은 충분한 근거를 갖춰야 한다는 훌륭한 논증의 기준을 만족시키지 못한다. 문제의 주장에 나타나 있는 정확성을 입증하는 자료가 없으면, 그 논증은 오류라고 간주해야 한다.

예 1 "모든 산불의 1/3은 고의로 저질러진 방화다"라는 주장을 생각해 보자. 산불의 원인은 대부분 알 수 없으므로, 이런 결론을 이끌어낼 수 있는 신뢰할 만한 자료를 입수할 길은 없다고 보아야 한다. 예컨대 담배로 인해 산불이 일어났다는 것이 알려졌다고 할지라도, 그 담배가 산불을 일으키기 위해서 고의적으로 사용되었는지, 아니면 담배를 부주의하게 가연물질에 버린 결과 산불이 일어났는지 실제로는 알 수 없다.

예 2 초경험적 명상을 해야 한다는 주요 이유들 가운데 하나는 "대부분의 사람들은 자기가 갖고 있는 창의력의 10%밖에 활용하지 못한다"라는 것이다. 과학적인 것처럼 보이는 이러한 주장은 분명히 초경험적 명상을 통해서 나머지 90%의 창의력을 개발할 수 있으리라는 인상을 준다. 하지만 인간이 지닌 창의력의 10%를 이루고 있는 것이 무엇인지 알기 위해서는 창의력의 100%를 이루고 있는 것이 무엇인지 알아야 할 것이다. 그러므로 그처럼 모호한 가능성에 관한 정보는 획득할 수 없는 것이거나 적어도 계산할 수 없는 것이라고 생각하는 편이 합리적이다. 같은 내용이라도 예컨대 "인간은 한 번도 활용한 적이 없는

많은 창의력을 소유하고 있다"라고 주장하면 이것은 옹호할 수 있고 오류가 없는 주장이 된다. 그럼에도 불구하고 많은 사람들은 그런 주장보다는 수학적 정확성을 가장하여 진술된 주장을 훨씬 더 신뢰한다.

예 3 다음 글은 한 구독자가 잡지사에 보낸 편지에서 발췌한 글이다.

"1750년경까지 인간이 축적한 지식량은 예수가 태어났을 당시의 지식량보다 두 배 많아졌다. 그것은 1900년경에 다시 두 배, 1950년경에 다시 두 배, 1960년경에 다시 두 배, 1968년경에 다시 두 배가 되었다. 인류는 엄청나게 빠른 속도로 지식을 축적해 가고 있다. 이것은 어느 누구도 지식의 발전을 따라잡기가 더욱더 어려워지고 있다는 것을 의미하며, 지적으로 절대적인 사람이 될 수 없다는 것을 의미한다."

이러한 주장에는 이용 가능한 수단으로는 구할 수 없는 자료가 들어 있다.

오류 바로잡기 이 오류에 대처하는 첫걸음은 우선 그러한 전술에 위축되지 않는 것이다. 어떤 주장이 단지 정확한 수학 언어로 표현되어 있다는 이유에서 그 주장을 필요 이상으로 신뢰한다든가 더 정확하다고 생각한다면, 여러분도 역시 정확성을 가장하는 오류를 범한다는 것을 명심하라. 아니면, 여러분은 상대방의 주장이 의심스럽다는 것을 완곡하게나마 드러내려는 생각에서 어설프게 정확한 여러분의 주장과 지나치게 정확한 상대방의 주장을 비교해 보려 할지도 모른다. 하지만 그런 식으로 두 주장을 비교해 보는 방법은 너무 완곡해서 상대방이 여러분의 의도를 전혀 깨닫지 못할 수도 있으며, 오히려 논점이 흐트러질 수도 있다. 더 좋은 방법은 직접 공격하는 것이다. 예를 들어 "인간이 자신의 창의력을 단지 10%밖에 활용하지 못한다"라는 주장에 대해 몇 가지 질문을 직접 던져 볼 수 있다. "당신은 10%라는 정확한 수치를 어떻게 알았습니까?" "인간이 지닌 창의력의 10%를 이루고 있는 것이 무엇인지 알기 위해서는, 창의력의 100%를 이루고 있는 것이 무엇인지 알아야 하지 않겠습니까?" "당신이 말하는 10%라는 것은 정확한 수치를 뜻하는 겁니까, 아니면 창의력을 거의 활용하지 못한다는 뜻으로 그렇게 말한 겁니까?" 이런 식으로 직접 공격하면 상대방은 적어도 여러분의 공격에 진지하게 대할 수밖에 없을 것이다.

30. 관련증거를 무시하는 오류

> 자신의 입장에 명백하게 불리한 증거를 무시하거나 경시하는 논증.

누구든 어떤 관점이나 결론을 특히 강하게 주장하고자 할 때, 문제를 일으킬 가능성이 있는 증거를 무시해 버리고 싶을 것이다. 이 오류의 교묘한 방식은 반대증거를 실제보다 덜 관련 있거나 실제보다 덜 중요한 것이라고 간주하는 것이다. 사실 너무 강하게 확신하고 있어서 그 주장에 대한 반대증거를 올바로 평가하지 않고 있다는 사실조차 느끼지 못할 수도 있다. 이런 유형의 추론은, 문제를 빈틈 없이 조사하고 증거에 의해 가장 잘 입증된 입장을 승인해야 한다는 탐구 방법의 표준 원리에 위배된다.

증거를 평가할 때 의도적으로 한쪽에 치우치거나 한쪽을 편드는 일이 용납될 수 있는 경우는 두 가지가 있다. 하나는 재판 절차에서의 대심제도다. 원고의 논증과 피고의 논증은 의도적으로 반대증거를 무시하면서 제시된다. 하지만 특정한 소송에서 공정한 판결을 내려야 하는 배심원이나 재판관이 증거를 무시하는 일은 용납될 수 없다. 또 다른 경우는 불행하게도 고등학교와 대학교 수준의 토론 클럽과 토론 대회인 듯하다. 이 경우에는 논쟁의 일차적 목표는 토론되고 있는 문제에 대한 최선의 답에 도달하려는 것이 아니고, 양편 논쟁자들의 상대적 토론 능력을 평가하려는 데 있다. 하지만 재판이나 토론에서 이기는 일은 진리에 관심을 가진 사람의 일차적 관심사가 아니다. 사실 여러분은 자기 입장의 취약함을 지적하는 증거가 나타나는 것을 오히려 환영해야 한다. 만일 그 반대증거가 여러분의 입장에 전혀 해를 끼치지 않는다고 밝혀진다면, 여러분은 자신의 입장이 옳다는 것을 한번 더 확신할 수 있다. 다른 한편 만일 그 반대증거가 여러분의 입장에 심각한 해를 끼친다면, 여러분은 기뻐해야 한다. 왜냐하면 그 반대증거는 여러분을 의심스러운 결론에서 벗어나게 해서 진리에 더 가까이 가도록 인도할 것이기 때문이다.

관련증거나 다른 고려 사항들을 무시하는 논증은 훌륭한 논증이 갖춰야 하는 세 기준 중 하나를 만족시키지 못한다. 그러한 '눈가림' 논증은 이용할 수 있는 모든 증거를 근거로 삼지 않기 때문에 결론을 의심스럽게 만든다. 관련증거를 무시하는 논증은 결론을 승인할 수 있는 것처럼 보이도록 하는 증거만을 근거로 삼는다. 유리한 점과 불리한 점에만 관심을 둘 뿐 주장의 옳음과 직접 관련이 있는 사항들은 고려하지 않는다. 이 때문에 관련증거를 무시하는 논증은 근거가 불충분하다고 평가해야 한다.

예 1 "사형에 처할 만한 죄를 저지른 사람들은 즉각 사형에 처하는 것이 좋습니다. 왜냐하면 사형제도는 사회에서 바람직하지 못한 것을 즉각 제거하고, 그럼으로써 시민들을 공포감에서 벗어나게 할 것이며, 징역제도를 유지하는 데 드는 수많은 경비를 줄여 줄 것이고, 범죄의 발생을 상당히 억제해 줄 것이기 때문입니다. 제가 보기에는 명백한 문제입니다." 사형제도에 관한 논쟁을 잘 알고 있는 사람이라면 누구나 이 논증이 그 논쟁과 관련된 수많은 고려사항을 무시하고 있다는 사실을 간파할 수 있다. 최소한 사형을 '즉각' 집행함으로써 발생할 수 있는 불의는 고려하지 않고 있다. 상소 절차는 정의 실현에 도움이 되는 것이므로 법제도에서 꼭 필요한 표준이 되는 부분이다.

예 2 "오토바이는 위험해. 또 소리는 시끄럽지, 한 번에 두 사람밖에 못 타지, 추운 날이나 비오는 날에는 탈 수 없지, 불편한 헬멧을 써야 하지, 모터에서 나오는 기름 때문에 옷을 온통 버려 놓을 수도 있단 말이야. 사람들이 왜 오토바이를 사고 싶어하는지 도무지 이해할 수가 없어." 논증자는 오토바이를 소유함으로써 얻게 되는 바람직한 점들을 무시하고 있다. 예를 들어 오토바이는 운송수단 중 비교적 값이 싸고, 자동차보다 다루기 쉬우며, 주차 장소를 쉽게 찾을 수 있고, 많은 사람이 차보다는 오토바이 타는 것을 더 즐긴다는 점 등이다.

예 3 "나는 왜 텔레비전을 보지 않고 영화를 보러 가는지 이해할 수 없어. 무엇보다도 집에 앉아서 편안히 볼 수 있고, 영화 관람비를 지불하지 않아도 되고, 외출복을 입지 않아도 되고, 과자와 음료수 따위에 터무니없이 많은 돈을 지불하지 않아도 되잖아. 또한 혼잡한 교통 때문에 시달리지 않아도 되고, 기름값에다 주차비를 지불하지 않아도 되는데 말이야." 이런 논증은 많은 사람들을 설득하여 집에 앉아 텔레비전을 보도록 만들 수는 있겠지만, 영화를 보러 가고 싶어하는 사람들이 중요하게 여기는 수많은 요인을 무시하고 있다. 통상 텔레비전의 영화는 영화관에서 개봉된 지 몇 년 후에야 방영되며, 외출복을 차려입고 저녁 시간에 외출하는 것을 즐기는 사람들도 많이 있고, 영화관에서 상영된 영화가 꼭 텔레비전에서 방영되리라는 보장도 없다. 영화관에서 영화를 보는 것보다 텔레비전을 보는 것이 더 낫다고 주장하려면, 최소한 위에 언급된 요인들을 고려해야 한다.

오류 바로잡기 어떤 사람이 여러분에게 결론과 반대되는 증거를 모두 갖추지 못한 논증을 제시하더라도 놀라지 말라. 논증자는 그러한 증거를 고려한 다음 그 증거가 문제의 주장에 해를 끼치지 않는다는 생각에서 제시할 가치가 없다고 가정했을 가능성이 많기 때문이다. 하지만 자기에게 유리한 의견에 해를 끼치는 증거를 무시하는 것이 일반적인 성향이라고 볼 때, 그러한 가정은 보증되지 않은 것일 수 있다. 따라서 적어도 관련된 모든 요인이 진지하게 평가되었는지를 논증자에게 묻는 것이 합당할 것이다.

눈가림 전술에 넘어가지 않도록 주의하라. 이런 전술의 교묘한 형태는, 자기 나름대로 증거를 평가하기 전에 먼저 상대방의 입장을 인정해 준 다음 자기 입장에 대한 약한 반박을 미리 해소해 버리는 것이다. 이렇게 하면 마치 객관적인 듯 보이게 되며, 때로는 오류에 걸린 희생자를 무력화시킬 수도 있게 된다.

논쟁에서 지고 싶어하는 사람은 아무도 없을 것이다. 그 주된 이유는 누구나 자신의 주장이 옳다고 생각하기 때문이다. 하지만 내 입장에 해가 되는 증거를 의도적으로 무시하는 '속임수'를 써서 논쟁에서 이기고 싶지는 않을 것이다. 그것은 마치 테니스 경기에서 선 안에 들어온 공을 밖으로 나갔다고 말하는 것과 같은 '속임수'를 써서 이기는 것과 마찬가지다. 나는 실제로는 상대방보다 더 실력이 낫다고 생각할 수도 있겠지만, 속임수가 그것을 증명해 줄 수는 없다. 왜냐하면 테니스 경기에서 훌륭한 선수는 경기를 이기는 사람이기 때문이다. 추론의 경우에, 훌륭한 판단은 증거 전체를 고려할 때 가장 잘 입증된 판단이다. 내가 중요한 증거를 무시하고서 나의 입장을 '증명'한다면, 나는 마음 편히 나의 입장이 옳다고 주장할 수 없다. 상대방이 중요한 증거를 무시했다고 해서, 상대방을 사기꾼이라고 비난하는 것은 온당치 못한 행동이다. 그렇지만 상대방으로 하여금 그런 증거에 주의를 기울이도록 요구하는 것은 온당하다. 만일 논증자가 그런 증거를 고려하지 않겠다고 거절하면, 여러분은 논증자가 실제로는 진리나 표준적 탐구 절차에 관심이 없는 사람이라고 결론 내릴 수밖에 없다.

31. 특별 변론의 오류

원칙, 규칙, 기준을 다른 사람에게는 적용하면서도 자신에게나 특정한 개인적 이해관계가 걸린 상황에는 적용하지 않거나 적용하기를 거부하는 논증.

특별 변론을 펴는 사람은 자신을 특수한 예외라고 생각하면서도 어째서 예외인가를 입증하는 증거는 제시하지 않는다. 정상적인 규칙이나 원칙에서 예외는 반드시 정당화되어야 한다. 만일 이중적 기준이 적용된다면, 비슷한 것을 다르게 취급하는 근거가 제시되어야 한다.

특별 변론의 거의 모든 사례는 규칙, 원칙, 법칙이 비슷한 상황에 처해 있는 모든 사람에게 똑같이 적용된다고 가정하는 데서 생겨난다. 특별 변론자는 대개 관련된 원칙을 인정하는 사람들이기 때문에 특별 변론은 깜빡 잊었다거나, 잘못 알았다거나, 고의적일 경우 생겨난다. 하지만 특별 변론자는 대부분 해당 원칙의 예외가 되고 싶어한다.

그러나 특별 변론자의 논증에는 자신이 예외가 되는 데 필요한 승인할 만한 증거가 없다. 따라서 그 논증은 결론의 옳음을 확립하려면 근거가 질적으로, 양적으로 충분해야 한다는 훌륭한 논증의 기준에 위배된다. 따라서 충분한 증거를 제시하지 않고 있는 특별 변론의 논증은 어떤 것이든 훌륭한 논증이라고 할 수 없다.

예 1 언어를 교묘하게 구사해서 자신을 특별한 경우로 만드는 사람들이 있다. "나(그리고 나의 친구들)는 패기 있지만 너는 거만하다. 나는 진취적이지만 너는 무모하다. 나는 검소하지만 너는 인색하다. 나는 솔직하지만 너는 무례하다. 나는 융통성이 있지만 너는 일관성이 없다. 나는 영리하지만 너는 약삭빠르다. 나는 철저하지만 너는 까다롭다. 나는 탐구심이 강하지만 너는 귀찮게 캐묻는다. 나는 감수성이 예민하지만 너는 발작적이다. 나는 확고부동하지만 너는 고집불통이다. 나는 친절하지만 너는 경박하다. 나는 자유로운 영혼의 소유자이지만 너는 제멋대로인 망나니다." 그러나 똑같은 행동을 두고, 다른 사람의 행동은 부정적으로 평가하고 자신의 행동은 긍정적으로 평가하면 안 된다. 이런 평가는 일관적이지 못하다.

예 2 하영이와 희정이는 같은 방을 쓰는데, 방 사용 문제 때문에 다투게 되었다. 하영이는 음악을 듣고 싶어했고, 희정이는 낮잠을 자고 싶어했다. 누구의 관심이 우선인가? 같은 방을 쓰는 일과 관련된 원칙에 따르면 누구의 관심이 우선이라고 말할 수 없다. 만일 희정이가 자기의 관심이 하영이의 관심보다 더 우선이라고 말한다면, 희정이는 특별 변론을 하고 있다고 할 수 있다. 두 사람 중의 한 사람이 특별한 취급을 받아야 할 명백한 이유는 없다. 더욱이 희정이는 자신의 그런 특권을 하영이가 인정할 수 있도록 하기 위해 충분한 증거를 갖춘 논증을 구성할 수 있을 듯하지도 않다. 이런 경우에 특별 변론은 잘못된 논증방식일 뿐만 아니라 별 효과도 없을 것이다. 그 문제를 해결하는 더 좋은 방법은 타협일 수도 있다.

예 3 성남이는 직장에서 온종일 일을 하고 너무 지쳐서 요리, 빨래, 아이 돌보기와 같은 잡일을 할 수 없다고 주장했다. 아내 역시 직장에서 온종일 일하고 지쳐 있는데도 불구하고, 그가 집안 일은 아내 책임이라고 주장한다면, 그는 특별 변론을 펴고 있는 것이다. 성남이는 직장에서 온종일 일했기 때문에 지쳐서 집안 일을 못 하겠다는 변론을 펴고 있는데, 이 변론을 자기 아내에게는 적용하지 않고 있다. 성남이는 어떤 원칙을 자신에게는 적용하면서도 자기 아내에게는 적용하지 않는다. 게다가 그런 예외에 대해 아무런 증거도 제시하지 않았다.

오류 바로잡기 이 오류를 바로잡는 가장 효과적인 방법은 논증자가 이중적 기준을 적용하고 있거나, 자신의 편의만을 생각하거나 일관성이 없다고 비난하는 것이다. 이러한 비난들은 논리의 범위를 떠나 상식적으로도 말할 수 있으며, 논증자가 싫어하는 부정적 내용을 강하게 함축하고 있다.

특수한 경우라고 할 수 있는 상황이 있을 수도 있겠지만 그런 상황은 극히 드물다. 그러므로 주의 깊게 생각하는 사람이라면 우선적으로 취급해 달라는 요구에 대해서는 언제나 일단 의심해 보아야 한다. 논증자에게 왜 그가 다른 사람과 다르게 취급되어야 하는지, 또는 왜 그에게는 관련된 원칙이 적용되지 않는지 이유를 밝히라고 요구하라. 물론 논증자는 항상 이유를 갖고 있을 것이다. 따라서 문제는 그 이유가 그의 주장을 승인하도록 할 만큼 가치 있는 것인가다.

고집스런 논증자를 위해 불합리한 사례를 들어 보자.

> 소득세 납부에 관한 법은 모든 경우에 똑같이 적용되어야 한다.
>
> 그리고 나의 경우는 다른 사람의 경우와 같지 않기 때문에, 다시 말해서 다른 일에 그 돈이 필요하기 때문에, 나는 예외다.
>
> ---
>
> 그러므로 소득세법은 나에게는 적용되지 않아야 한다.

두번째 전제는 가장 막무가내인 특별 변론자에게조차도 불합리한 것처럼 여겨질 것이다. 특별 변론자는 그가 요구하는 특별 취급이 위의 두번째 전제와 어떻게 다른지를 밝혀야 할 것이다.

연습문제

1 다음 예들이 '불충분한 증거의 오류' 중 어떤 오류를 범했는지 밝혀라.

1. 학생이 교수에게 이렇게 말했다. "오늘까지 학기말 리포트를 제출해야 한다고 알고 있습니다만, 2주 연장해 주셨으면 합니다. 아시다시피, 저는 다른 과목들 때문에 할 일이 엄청나게 많은 데다가 아직 그 리포트를 시작하지도 못했거든요."

2. 학교 식당에서 식사를 해보았다면, 당신은 공공기관의 음식이 형편없다는 것을 알게 될 것입니다.

3. 이 라면이 영양가가 없다니 무슨 말이야? 포장지를 보라구. '맛 좋고 영양이 풍부한 신제품'이라고 쓰여 있잖아!

4. 딸　하지만 엄마, 내 바캉스 여행을 허락해 주셔도 될 만한 몇 가지 이유를 말씀 드렸잖아요. 왜 보내 주지 않는 거예요?
어머니　사랑하는 딸아, "모든 일은 어머니가 다 알아서 한다"라는 말을 명심하거라.

5. 나는 수업을 받아야 할 이유를 도대체 모르겠다. 수업은 시간 낭비다. 나는 다른 할 일이 너무 많다. 나는 강의 시간을 아껴서 더 많은 독서와 시험 준비를 할 수 있다. 게다가 수업을 받으려면, 세수를 해야 하고, 옷을 갈아입어야 하고, 추운데 학교까지 걸어가야 한다. 또 강의실에 들어가면, 한 시간 동안 불편한 의자에 앉아 교수의 웃기지도 않는 농담을 듣고 웃어야 한다.

6. 만일 내가 대학에 낙방하지 않았더라면, 나는 지금 실직 상태에 있는 것이 아니라 직업을 갖고 있을 텐데.

7. 19세기 영국의 철학자인 존 스튜어트 밀은 아주 어린 나이에 대학 교육까지 받을 정도로 지극히 이해력이 뛰어난 어린이였다. 만일 그때 밀의 지능을 검사했더라면, 최소한 IQ 185는 넘었을 것이다.

8. 우리 회사 노동자들은 현재의 처지에 만족하고 있음에 틀림없어. 몇 년 동안 항의나 시위가 한 번도 없었고, 회사에 대해 반대하는 큰 목소리를 한 번도 낸 적이 없거든.

9. 사람들은 어째서 에베레스트산을 등반하고 싶어할까? 가파르고, 미끄러지기 쉽고, 불모지인 데다 엄청나게 춥다. 그 산을 등반하려면 목숨을 걸어야 한다. 더구나 정상에 도달한 후에는 단지 되돌아 내려오는 일밖에 할 일이 없다. 내가 보기에는 그 모든 게 무의미한 일인 듯하다.

10. 이 달에 세 명의 성범죄자가 경찰에 의해 체포되었는데, 이들은 전에도 동일한 죄를 저지른 적이 있는 전과자들이다. 한 번 성범죄자는 언제나 성범죄자인 모양이다.

2 다음 예들이 지금까지 공부한 오류 중 어떤 오류를 범했는지 밝혀라.

11. 미안합니다, 이승현 씨. 우리 은행에서는 당신의 대부신청서를 승인할 수 없습니다. 당신이 매달 분할 납부를 해본 기록이 전혀 없으므로, 우리는 당신의 신용이 좋지 않다고 가정할 수밖에 없습니다.

12. 만일 내가 파티에 그와 함께 갔었다면, 그가 어리석은 행동을 하지 못하도록 막을 수 있었을 텐데.

13. 서울 시민 중에서 많은 사람들을 표본으로 뽑아 조사한 최근의 자료에 의하면, 운동 삼아 사냥하는 사람은 한국인 중 2%도 안 된다.

14. 헌법은 언론의 자유를 보장하고 있습니다. 그러므로 당신은 내가 어디에서든 내 마음대로 말하는 것을 막을 수 없습니다. 당신 같은 도서관 직원이 어떤 근거에서 나의 기본 권리인 언론의 자유를 부정할 수 있다는 겁니까?

15. 어째서 담배를 끊어야 하는지 도대체 그 이유를 모르겠다. 담배는 나의 긴장을 풀어 주는 데 도움이 된다. 나는 담배 맛을 좋아한다. 게다가 담배를 줄이면 식욕이 왕성해지기 때문에, 담배는 체중이 불어나는 것을 막아 준다.

16. 영철이는 결혼 상대자인 은영이에게 이렇게 말했다. "결혼해서 우리 집에서 함께 사는 게 어때서 그래? 나도 당신처럼 결혼이란 동등한 협력이

라고 생각한다구. 하지만 당신이 우리 집으로 와서 산다고 해서 우리가 동등하지 않다고 생각하지는 않아. 그렇다고 해서 내가 당신 집으로 가서 처가살이를 할 수는 없잖아. 우리가 결혼을 했는데도 당신이 우리 집에 와서 살고 싶어하지 않는다면 나는 기분이 언짢을 거야. 당신은 설마 그렇게 할 정도로 예의를 모르지는 않겠지?"

17. 한 국회의원 후보가 상대 후보에 대해서 말했다. "그 후보는 국민 앞에 재산형성 내력과 함께 재산을 완전히 공개해야 합니다. 그가 만일 재산을 공개하지 않는다면, 그것은 그가 뭔가 숨기고 있다는 것을 인정하는 셈입니다."

18. 시속 100km로 규정되어 있는 고속도로 제한 속도를 지키는 사람은 아무도 없다. 대부분의 사람들이 최소한 시속 110km로 운전한다. 따라서 제한 속도를 최소한 시속 10km만큼 더 높여야 한다.

19. 당신은 저축액 전부를 정부채권에 투자할 수도 있고 증권시장에 투자할 수도 있습니다. 그러니 정부채권에 반을 투자하고 증권시장에 반을 투자해서 극단을 피하는 것이 최선일 것입니다.

20. 갑 만일 그놈이 내 자식이라면, 나는 당신처럼 그냥 그놈이 하는 변명 따위를 듣고 앉아 있기보다는 그놈을 두들겨 팼을 거예요.
을 당신의 교육방법이 더 낫다고 생각하는 이유가 뭐죠?
갑 나는 "매를 아끼면 아이를 버린다"라고 생각하거든요.

예답 1. 특별 변론의 오류 2. 성급한 일반화의 오류 3. 명칭을 근거로 추리하는 오류 4. 부적절한 격언을 사용하는 오류 5. 관련증거를 무시하는 오류 6. 반사실적 가설의 오류 7. 정확성을 가장하는 오류 8. 무지에 의거한 논증의 오류 9. 관련증거를 무시하는 오류 10. 성급한 일반화의 오류 11. 무지에 의거한 논증의 오류 12. 반사실적 가설의 오류 13. 성급한 일반화의 오류 14. 원칙 오용의 오류 15. 관련증거를 무시하는 오류 16. 특별 변론의 오류 17. 무지에 의거한 논증의 오류 18. 사실—당위의 오류 19. 온건의 오류 20. 부적절한 격언을 사용하는 오류

6. 인과의 오류

이 장에서는 사건들 사이의 인과(원인과 결과) 관계를 그릇되게 주장하는 논증에 대해서 살펴보자. 이 장에서 다루는 오류들은 전제로부터 인과적 설명을 추리하지만, 전제가 그 인과적 설명을 충분히 입증해 주지 못한다. 따라서 이 장에서 다루는 인과의 오류들은 훌륭한 논증의 세번째 기준(G)에 위배된다.

원인 개념을 이해하는 일은 오랫동안 중요하고도 난해한 철학적 문제였다. 이러한 난해함은 수많은 추론상의 문제들에 내재되어 있다. 나는 일부 다른 책들에서처럼 이런 문제들을 모두 그른 원인이라는 제목으로 묶어서 말하기보다는, 논리적 혼동이 인과관계에 관한 논증 속에 나타나는 여러 방식을 가능한 한 세심하게 구분하려 했다.

32. 필요조건과 충분조건을 혼동하는 오류

어느 사건의 필요조건이 충분조건도 된다고 가정하는 논증.

사건의 필요조건이란 그것이 없으면 문제의 사건이 일어날 수 없는 조건이나 조건들의 집합이다. 사건의 충분조건이란 그것이 있다면 문제의 사건이 일어나게 되는 조건이나 조건들의 집합이다. 그러므로 사건의 필요조건은 사건이 일어나기 위해서 반드시 있어야 하는 조건이다. 그러나 대부분의 경우에 필요조건만으로는 그 사건이 일어나는 데 충분하지 않다. 흔히 단지 필요조건이 있다는 것만으로 어떤 사건이 일어날 것이라고 생각하는 사람들이 많다. 하지만 이러한 생각은 필요조건을 충분조건으로 잘못 알고 있는 것이다.

단지 필요조건이 갖춰졌다는 이유에서 어떤 사건이 일어나리라고 추리하는 것은 오류다. 필요조건으로 제시되는 증거가 승인할 수 있고 관련 있는 것이라 할지라도, 그것이 사건에 관한 추리를 하는 데 충분한 근거가 되지는 못한다.

예 1 식물이 건강하게 성장하기 위해서는 물이 필요하다. 그렇다고 식물에 물을 주는 일이 식물의 건강한 성장을 위한 충분조건이라고 생각하는 것은 오류다. 물을 주는 일 이외에도 다른 수많은 조건이 필요하다. 마찬가지로 어떤 책을 이해하기 위해서는 우선 그 책을 읽어야

겠지만 그것만으로 그 책을 이해한다는 보장은 없다. 책을 읽으면 이해할 것이라는 생각은 필요조건을 충분조건으로 혼동하는 것이다.

예 2 "육상팀에 입단하려면, 1km를 4분 안에 달려야 한다고 말했잖습니까? 그래서 나는 1km를 4분 안에 달렸습니다. 그런데 왜 팀에 입단시켜 주지 않습니까?" 논증자는 1km를 4분 안에 달려야 한다는 입단 자격요건이 입단의 충분조건이라고 생각하고 있다. 하지만 그 자격요건은 필요조건일 뿐이다. 육상팀에 입단할 수 있는 충분조건에는 다른 많은 자격요건이 있을 것이다.

예 3 학기초에 교수는 학생들에게 흔히 이런 말을 한다. "학점을 받으려면, 일정 시간 이상을 출석해야 하고, 지정해 주는 책을 모두 읽어야 하고, 토론에 참여해야 하고, 시험을 빠짐없이 치러야 하고, 연구 리포트를 제출해야 합니다." 일부 학생들은 그러한 조건들을 이행했는데도 학점을 받지 못했을 때 깜짝 놀라 당황하곤 한다. 학생들이 학점을 받는 일과 관련된 필요조건과 충분조건의 차이를 이해한다면 그렇게 당황하지 않을 것이다. 문제의 경우에, 교수는 학점을 받는 데 필요한 필요조건을 말한 것이지 충분조건을 말한 것이 아니다.

오류 바로잡기 대개 필요조건과 충분조건이 정확히 무엇인지를 모르기 때문에 양자를 제대로 구별하지 못하는 것이다. 따라서 그러한 혼동이 일어나는 경우에는 필요조건과 충분조건을 명확하게 구별하는 일이 중요하다. 이를 위한 매우 효과적인 방법은 혼동을 일으키지 않을 만한 예를 드는 것이다. 한 젊은 여자가 "나는 15년 동안 매일 두 시간씩 피아노 연습을 해왔으니까 위대한 피아노 연주자가 될 거야"라고 주장한다고 하자. 규칙적인 피아노 연습은 피아노 연주자가 되기 위한 필요조건이지만, 분명히 충분조건은 아니다. 필요조건과 충분조건을 명확하게 구별해 주면, 상대방은 예로 든 논증과 동일한 형식을 지니고 있는 자신의 논증에 문제가 있다는 것을 깨닫게 될 것이다.

33. 지나치게 단순화시킨 인과의 오류

> 문제의 사건이나 사건 집합의 관련 요인들을 지나치게 단순화하는 논증.

인과적 설명을 지나치게 단순화시킨다는 것은 문제의 사건을 설명하기 위하여 그 사건의 요인들을 충분히 고려하지 않거나 그 역할을 지나치게 강조하는 것이다. 인과적 설명에서는 대개 사건을 일으킨 명백한 요인만을 지적하고 그 요인을 원인이라고 보는 경우가 흔하다. 하지만 원인 개념을 주의 깊게 분석해 보면, 대개 사건의 원인 또는 충분조건에는 상당히 많은 요인들이 관련되어 있음을 알 수 있다. 이런 요인들이 합쳐졌을 때만 그 사건이 발생할 수 있다. 하지만 인과적 설명에서 그런 요인들 중의 하나만을 지적하는 것은 지나치게 단순화하는 오류를 범하기 십상이다. 따라서 인과적 설명을 지나치게 단순화시키는 논증은 훌륭한 논증일 수 없다. 결론에 충분한 근거를 제공하지 못하는 논증은 훌륭한 논증의 세번째 조건을 만족시키지 못한다.

예 1 "어린이들은 하루에 평균 5시간 동안 텔레비전을 보는데, 전 같으면 그 시간 동안 독서를 했을 것이다. 바로 이 때문에 학력고사 성적이 떨어지는 것이다." 제시된 사실이 옳다고 할지라도, 그것만으로는 학력고사 성적이 떨어진 것을 설명하는 데 충분하지 않다. 물론 텔레비전 시청 시간이 늘고 독서 시간이 줄었다는 것은 성적이 떨어진 요인들 가운데 하나겠지만 그 요인의 역할만을 중요시하는 것은 인과적으로 복잡한 현상을 지나치게 단순화하는 것이다.

예 2 1968년 미국 대통령 선거운동 기간중에 미국의 정찰 군함 푸에블로호가 북한의 영해에서 북한군 포함에 의해 나포되었다. 이 사건이 일어난 직후에, 닉슨은 다음과 같이 말했다. "3류의 군사력이 공해상에서 미국의 군함을 나포할 수 있을 정도라면, 이제 워싱턴은 바뀌어야 할 때입니다." 닉슨은 그러한 사건이 민주당 정부 때문에 일어났다고 설명하고 있다. 닉슨이 암시하고 있는 것은 민주당 후보가 아닌 자신이 당선되어야 하고, 그러면 푸에블로호 사건과 같은 일이 일어나지 않으리라는 것이다. 닉슨의 설명은 문제의 사건을 적절히 설명하는 데 그 사건의 요인들을 충분히 거론하고 있지 않다. 닉슨은 기껏해야 그 요인들 중 하나의 역할을 지나치게 강조하고 있을 뿐이다.

예 3 라디오 방송에서 한 전도사가 다음과 같이 주장했다. "부부가 함께 매일 성경을 읽고 기도한다면, 원만한 결혼생활에 크게 도움이 될 것입니다. 가족 예배의 비율이 90% 이상, 때로는 거의 100%까지 떨어졌을 때, 이혼할 확률이 높다는 사실은 놀라운 일이 아닙니다." 가족 예배 비율의 하락에 관한 사실이 신뢰할 만한 것인가라는 의문이 생길 수 있다. 하지만 이 점은 논외로 한다 하더라도 이혼율의 상승이 그러한 자료에 의해 충분히 설명될 수 있을 듯하지는 않다. 이혼의 이유들은 언제나 매우 다양하고 복잡하기 때문에, 가족 예배 비율의 하락을 하나의 원리적 요인으로 지나치게 단순화하는 것은 부당하다.

오류 바로잡기 어떤 사건에 대해서 인과적 설명을 할 때, 그 사건의 충분조건을 이루는 수많은 요인들을 모조리 제시하는 경우는 드물다. 그러므로 거의 언제나 다른 인과적 설명을 필요로 하게 된다. 그렇다면 문제는 지나치게 단순화했다는 비난을 피하기 위하여 얼마나 많은 요인들을 제시해야 충분하다고 할 수 있는가다. 물론 논증자가 사건의 요인을 모두 제시할 것을 기대할 수는 없다. 그것은 사실 불가능할 뿐더러 시간과 정력을 낭비하는 일이다. 하지만 부당하게 편협적이거나 충분히 숙고하지 않은 설명을 용납해서는 안 된다. 인과적 설명이 사건을 적절히 설명하지 못하거나, 일부 요인들의 역할을 지나치게 강조하거나 해서 그 인과적 설명이 지나치게 단순해졌다는 생각이 들면, 그러한 설명에 문제가 있다는 것을 지적하든가 그 설명이 적절하다는 이유를 제시할 것을 요구하라. 증명의 책임은 설명하는 사람에게 있다는 것을 기억하라. 또 다른 공격 방법은 그 인과적 설명이 적절한 설명이 되기 위해 필요하다고 생각되는 추가 요인들을 제시하고 나서 상대방에게 그 추가 요인들을 어떻게 생각하느냐고 물어 보는 방법이다.

34. 선후인과의 오류

> 사건 B가 단지 시간적으로 사건 A 다음에 일어났다는 이유에서 사건 A 때문에 사건 B가 일어났다고 생각하는 논증.

어느 사건이 어느 사건보다 시간적으로 앞서 일어났다는 것은 두 사건 사이의 인과관계를 추리하기 위한 충분조건이 아니다. "이 사건 다음에 저 사건이 일어났으므로, 이 사건 때문에 저 사건이 일어났다"라고 생각할 수는 없다. 시간상의 선후관계는 인과관계를 나타내는 것들 중의 하나일 뿐이다. 인과관계를 나타내는 것은 공간적 연관일 수도 있고 규칙화의 한 과정일 수도 있다. 만일 인과관계를 확립하는 데 선후관계만 가지고서도 충분하다면, 앞서 일어난 사건은 어떤 사건이든 나중에 일어난 다른 사건의 원인이라고 생각할 수 있을 것이다. 사실 이러한 생각으로 인해 수많은 미신들이 생겨나기도 했다. 사람들은 종종 불행한 사건이 일어나면 그에 앞서 일어난 사건을 불행의 원인이라고 생각한다. 이는 순전한 '우연의 일치'를 '인과관계'로 잘못 아는 것이다.

선후인과의 오류가 왜 지나치게 단순화한 인과의 오류와 다른가 하는 의문이 생길 수도 있을 것이다. 그러나 선후인과의 오류는 지나치게 단순화한 인과의 오류의 특수한 경우가 아니다. 지나치게 단순화한 인과의 오류는 특정한 요인들만으로는 어떤 사건을 설명하는 데 충분하지 않은데도 그것들을 그 사건의 충분조건이라고 잘못 생각할 때 발생한다. 반면 선후인과의 오류의 경우에는 지나치게 단순화되고 있는 인과적 요인이 없다. 사실 문제는 사건이 도대체 인과적 관계를 갖고 있는가 그렇지 않은가 하는 것이다.

선후인과의 오류를 범하는 논증은 분명히 훌륭한 논증의 기준을 만족시키지 못한다. 가장 주된 결함은 부적절한 근거를 사용해서 결론을 이끌어 낸다는 데 있다. 인과논증을 사칭하는 논증의 전제는 인과적 요인을 뚜렷하게 표현하는 것이 아니라 단지 시간상의 선후관계를 표현하고 있을 뿐이다. 그러나 이 사건이 저 사건보다 시간적으로 먼저 일어났다는 것은 두 사건의 인과관계를 설명하는 데 충분하지 않다.

예 1 "이 문제의 원인이 당신이라고 생각하지 않을 수 없군요. 당신이 이 아파트로 이사 오기 전까지는 난방시설에 아무런 문제도 없었거든요." 아파트 관리인은 난방시설이 고장 난 사건보다 입주자가 새로 이사 와 거주하게 된 사건이 시간적으로 앞선다는 것 외에는 아무런 근거도 진술하지 않았다. 그러면서도 새로운 입주자의 거주가 난방시설의 고장과 인과관계가 있다고 가정하고 있다.

예 2 "교회에 나가지 않고부터 사업이 어려워졌어. 우리가 완전히 파산하는 것을 막으려면, 교회에 다시 나가는 것이 좋을 거야." 여기서도 역시 단지 시간적 선후관계라는 이유에서 어떤 사건이 다른 사건 때문에 일어났다고 주장하고 있다.

예 3 "대법원의 판결이 피고에게 많은 권리를 허용한 뒤로 범죄 발생률이 계속해서 증가했다. 그러므로 범죄 발생률을 증가시킨 원인은 대법원이다." 대법원의 판결에 따라 변하게 된 사법적 상황과 범죄 발생률의 증가 사이에 어느 정도 인과관계가 있다고 생각해 볼 수는 있겠지만, 그 둘 사이에 인과관계가 있다고 주장하려면 대법원의 판결이 시간적으로 먼저 있었다는 것 외에 더 많은 증거가 확보되어야 한다.

오류 바로잡기 A 다음에 B가 일어났다는 이유 하나만 가지고서 A가 B의 원인이라고 결론 내리는 사람이 실제로 있다고 믿기는 어렵다. 대부분의 경우에 인과적 주장의 밑바탕에는 추가 요인들이 있는 법이다. 예를 들어 앞의 예들에서 아파트 관리인은 입주자가 난방시설을 함부로 다루었다고 믿을 만한 이유를 갖고 있을 수도 있고, 사업을 하는 사람은 신이 벌을 내렸다는 강한 믿음을 갖고 있을 수도 있으며, 대법원의 판결을 비판하는 사람은 대법원의 판결이 어떻게 범죄 발생률 증가에 기여했는가를 보여 주는 설득력 있는 논증을 제시할 수도 있을 것이다. 그러나 앞의 예들은 단순히 사건들의 시간적 선후관계만을 주장하고 있다. 다른 요인과 가정들이 설명되거나 언급되지도 않은 주장은 선후인과의 오류를 범하고 있다고 보아야 한다. 그리고 그 주장은 다른 설득력 있는 실질적 증거가 보충되었을 때에만 적절한 인과적 설명으로 간주될 수 있다.

선후인과의 오류를 범하고 있음을 증명하는 불합리한 사례를 찾는 일은 어렵지 않다. 시간상 선후관계에 있는 임의의 두 사건을 선택해서 먼저 일어난 사건이 나중에 일어난 사건의 원인이라고 주장하면 된다. 예를 들어 "청소차가 지나간 바로 다음에 거실에 있는 괘종시계가 멈추었으므로, 청소차가 괘종시계를 멈추게 한 원인임에 틀림없다"라고 주장할 수도 있다. 물론 청소차가 지나간 바로 그 시간에 텔레비전 뉴스도 끝났고, 제트기도 날아갔으며, 개도 짖었을 수 있다. 하지만 시간적 선후관계는 있어도 인과관계는 없다는 것이 명백한 두 사건을 선택하는 것이 가장 좋다. 그 다음, 여러분이 두 사건 사이에 인과관계가 있다고 주장하면 상대방은 쉽게 거부할 것이다. 만일 상대방이 여러분의 인과적 주장에서 시간적 선후관계가 충분한 근거가 될 수 없다는 것을 깨닫게 되면, 상대방은 자신의 논증에서도 시간적 선후관계가 충분한 근거가 되지 못한다는 것을 깨닫게 될 것이다.

35. 인과혼동의 오류

사건의 원인과 결과를 혼동하거나, 문제의 두 사건이 서로 인과관계에 있다는 것을 깨닫지 못하는 논증.

원인과 결과를 혼동하지 않는 것이 언제나 꼭 필요하고 중요한 것은 아니다. 예를 들어 ≪오즈의 마법사≫에서 허수아비가 마법사에게 두뇌를 달라고 간청했을 때, 마법사는 "두뇌를 줄 수는 없지만 캔서스 대학의 학위증명서를 줄 수는 있다"라고 대답했다. 마법사는 '두뇌'와 '두뇌의 결과'를 혼동했지만, 허수아비는 이를 전혀 깨닫지 못했다. 하지만 현실세계에서 그러한 혼동을 하지 않는 것은 매우 중요하다. 왜냐하면 원인과 결과를 혼동해서는 우리의 경험을 정확하게 이해할 수 없을 것이며 미래를 예견할 수 없을 것이기 때문이다.

사건의 원인과 결과를 혼동하고서 인과관계에 관한 결론을 이끌어 내는 논증은 결론에 대해 충분한 근거를 제공하지 못한다. 상호관계는 있을 수 있겠지만 그 정도로는 인과관계의 성격을 부분적으로밖에 설명하지 못한다. 따라서 그러한 증거는 결론을 이끌어 내는 데 충분치 못하다. 예를 들어 '대학의 학위 취득'과 '두뇌 개발' 사이에는 상호 인과관계가 있을 수 있다. 그러나 그것만 가지고 학위 취득이 두뇌를 갖게 되는 원인이라고 결론짓기에는 증거가 불충분하다.

예 1 한 죄수가 다른 죄수에게 말했다. "법무부 장관은 우리 식사가

괜찮은 날을 아나 봐. 우리가 1년에 딱 한 번 쇠고기를 먹는 날에만 여기를 시찰하러 방문하잖아." 하지만 교도소 관리들이 장관의 방문을 미리 알고서 그런 식사를 준비했다는 것은 의심할 바 없다.

예 2 "희준이는 성적이 우수하고 선생님이 부탁하는 일은 무엇이든 하는데, 그것은 당연한 일이야. 희준이는 선생님의 총애를 받고 있거든." 하지만 희준이는 성적이 우수하고 선생님의 일에 협력하기 때문에 선생님의 총애를 받는다고 말하는 편이 더 그럴듯할 것이다. 선생님의 총애와 희준이의 행동 사이에는 상호 인과관계가 있을 수 있다. 선생님의 총애를 받는다는 사실 때문에 희준이는 더욱 좋은 성적을 얻고자 노력하며 선생님의 일에 더욱더 협력하게 되는 것이다.

예 3 해설이 필요 없는 다음의 예는 어느 논리학 교과서에 실려 있는 것이다. 석사학위 취득을 위해 준비하고 있는 어느 젊은 기혼녀는 성생활에 관한 연구서를 읽다가, 지성인은 일반적으로 성행위시 주위가 밝은 편을 좋아하는 반면에, 비지성인은 일반적으로 어두운 편을 좋아한다는 것을 알게 되었다. 석사학위 시험이 임박해 있었기 때문에 그녀는 시험에 합격할 가능성이 커지리라는 희망에서, 침실 등을 켜 둔 채로 잠잘 것을 고집했다.

오류 바로잡기 진리를 가리는 혼동은 무엇이든 피하든가 공격하든가 해야 한다. 그래서 나는 나의 어린 아들이 "봐요, 아빠. 나무가 저렇게 흔들리니까 바람이 불어요"라고 말했을 때에도, 그 말이 재미있다고 생각하기보다는 아들에게 바람의 본성에 대해서 더 정확하게 알려 줄 기회라고 생각했다. 어른이 원인과 결과를 혼동하는 사고를 한다면, 그것은 훨씬 더 위험스럽다. 어른은 다른 사람의 사고에 영향을 줄 수 있는 위치에 있기 때문이다. 따라서 나는 원인과 결과를 혼동하는 인과적 설명은 어떤 종류의 것이든 지적해서 혼동을 제거하고 올바른 설명으로 만들어야 한다고 생각한다.

논증자가 원인과 결과의 혼동에 의거해서 어떤 결론을 이끌어 낼 경우, 그 오류를 밝혀 내는 가장 손쉬운 방법은 불합리한 사례를 드는 것이다. ≪오즈의 마법사≫ 예를 제시했는데도 상대방이 인과혼동의 오류를 범했음을 시인하지 않으면, 다음과 같은 더 교묘한 사례를 들 수 있다. 직업 소개소에서 한 직원이 다른 직원에게 말한다. "이 사람들이 직업을 얻지 못한 것은 당연한 일이야. 자네도 이 사람들이 얼마나 성미가 급한지 봤지?" 원인과 결과를 바꾸면 이 상황의 요인들을 더 인과적으로 이해할 수 있다——실업자가 되었기 때문에 성미가 급해졌다——는 사실을 논증자가 깨닫는다면, 마찬가지로 문제의 인과적 주장이 잘못이라는 것도 인정할 것이다. 물론 어떤 경우에는 왜 원인과 결과를 바꾸는 것이 더 합리적인가를 설명할 필요도 있을 것이다.

36. 공통 원인을 무시하는 오류

인과관계에 있는 것처럼 보이는 두 사건이 인과관계에 있는 것이 아니라 또 다른 공통 원인의 결과라는 것을 깨닫지 못하는 논증.

두 사건이 함께 발견되어 인과관계에 있는 것처럼 보일 때, 흔히 하나는 원인이고 다른 하나는 결과라고 생각하는 경향이 있다. 하지만 이런 식으로 생각하면 두 사건 사이의 관계를 올바로 이해하지 못할 수도 있다. 두 사건이 직접 드러나 있지 않은 또 다른 사건의 결과일 수도 있다는 점을 잊지 않아야 한다. 그러나 대개의 경우 그러한 공통 원인을 발견하기 위해서는 이미 축적되어 있는 일반적 지식에 의존해야 한다. 달리 말하면 그 상황에는 드러나 있지 않은 정보에 의거해서 공통 원인을 찾아야 한다.

명백히 드러나지 않은 제3의 요인이 명백한 두 사건 모두를 일으킨 원인일 수 있다는 점을 고려하지 않고서, 명백한 두 사건만을 인과적으로 연관시키는 논증은 논증의 결론인 인과적 주장에 대하여 적절한 근거가 되지 못한다. 공통 원인이 있을 수 있다는 가능성을 무시하는 것은 논증자가 문제의 사건에 대한 최선의 설명을 제시하지 못했다는 것을 의미한다. 따라서 그 논증은 훌륭한 논증이라고 할 수 없다.

예 1 "국민학교 교사 대부분이 자신의 아이를 갖고 있다는 사실이 밝혀졌다. 그렇다면 아이들을 가르치다 보니 부모가 되고 싶은 생각이

들었든가, 아니면 부모이다 보니 가르치는 일에 종사하고 싶은 생각이 들었든가 둘 중의 하나라고 결론 내릴 수 있을 것이다." 하지만 그 상황을 더 그럴듯하게 설명한다면, '아이에 대한 사랑'이라는 또 다른 요인 때문에 사람들은 부모도 되려 하고 국민학교 선생님도 되려 한다고 설명할 수 있다.

예 2 한 젊은 대학생이 비만증과 우울증을 앓고 있다. 이 상황에 대한 전형적인 설명은 비만증이 우울증의 원인이라고 하거나 아니면 우울증 때문에 과식하는 경향이 생겼다는 것이다. 하지만 이 상황을 더 그럴듯하게 설명한다면, 두 사건 모두의 원인이 되는 '심리적 문제' 또는 '물리적 문제'가 있다고 해야 한다.

예 3 현대의 영화와 텔레비전이 우리나라의 "도덕을 타락시키고 있다"라는 말을 종종 듣는다. 하지만 실제로는 우리의 문화에 영향을 주는 다른 수많은 요인들이 있을 것이고, 이것들이 함께 영향을 주어 오늘날 유행하는 영화의 추세를 만들어 내기도 하고 도덕적 기준을 변화시키기도 하는 것이다. 이런 요인들을 찾아내거나 가려내는 것은 쉬운 일이 아니다. 그러므로 영화 제작자들이나 텔레비전 프로그램 제작자들을 간단히 비난해 버리는 것은 어리석은 짓이다.

오류 바로잡기 공통 원인을 무시하고 있다는 비난을 할 때에는 특히 조심해야 한다. 인과관계에는 대개 문제의 사건에 공통되면서도 상호 작용하고 있는 요인들이 있으므로 그런 요인들을 무시한다고 해서 꼭 오류를 범하는 것은 아니다. 예를 들어 학교 선생님이 되는 것과 부모가 되는 것 사이에 인과관계가 있다고 설명하면서, '성인이 되는 것'이 그 두 가지 결과에 인과적으로 필요하다는 사실을 언급하지 않을 수도 있다. 그렇다고 해서 그것이 공통 원인을 무시하는 오류라고 비난하는 것은 올바르지 못하다. 이 경우의 공통 원인은 설명의 주요 내용과 중요한 관련이 있는 것이 아니다. 그러나 두 요인에 인과적으로 공통되어 있는 추가 요인을 언급하면 더 적절하게 설명할 수 있는 경우에도, 당장 손에 넣을 수 있는 두 요인만을 가지고 인과적 상황을 설명하려고 한다면, 그것은 실제로 공통 원인을 무시하는 오류다. 상대방의 설명에서 사건들의 공통 원인을 무시하는 것이 주요한 문제점이라고 생각되는 경우에는, 그 공통 원인에 의거한 설명이 상대방의 설명보다 더 적절하다는 것을 보여 주어야 한다. 그러면 상대방에게는 여러분의 설명을 검토하고, 가능하다면 여러분의 설명이 왜 자신의 설명보다 더 적절하지 않은가를 밝힐 책임이 있는 것이다.

37. 도미노 오류

> 어떤 행위나 사건을, 특정한 결과로 나아갈 수밖에 없는 단계들 속의 한 단계(대개 첫 단계)라고 가정하는 논증.

'도미노 오류'라는 명칭은 약간씩 간격을 두고 도미노 패들을 늘어세워 놓은 다음 첫번째 도미노 패를 밀어 연쇄 반응을 일으켜 도미노 패들을 모두 넘어뜨리는 어린이들의 놀이에서 유래한 것이다. 도미노 놀이에서는 연쇄 반응이 일어나지만, 모든 사건이 도미노 놀이식으로 정렬되어 있는 것은 아니다. 모든 사건 계열 속의 사건들에 대해서는 각각 독립적인 논증이 제시되어야 한다. 그리고 어떤 경우에서든 연쇄적으로 일어나는 사건들에 포함된 인과적 요인들을 따로따로 탐구하지 않고서, 하나의 사건이 다른 사건이나 사건들의 계열을 일으킨다고 생각해서는 안 된다.

도미노 오류는 흔히 '미끄러운 경사면의 오류'라고 부르기도 한다. 경사면의 가장자리를 특정한 방향으로 한 발 내딛어 일단 미끄러져 내려가기 시작하면, 붙잡을 데도 없어 멈추지 못하고 계속 미끄러져 내려가게 된다. 이러한 비유는 이 오류의 성격을 이해하는 데 도움을 주지만, 사건들 사이의 인과적 관계가 지닌 성격을 오해하도록 만들 수도 있다. 모든 인과적 주장은 각기 다른 논증을 필요로 한다. 따라서 '미끄러짐'이 계속되는 것은 논증자의 어리석은 사고 탓으로 돌릴 수밖에 없다. 왜냐하면 계속 미끄러진다는 것은 논증자가 인과적으로 설명된 하나의 사건으로 다른 사건 또는 사건들의 계열을 설명할 수 있다는 적절한 증거를 마련하지 못한 탓이기 때문이다.

예 1 베트남 전쟁중에 다음과 같은 논증이 널리 퍼져 있었다. "베트남이 공산화되도록 내버려 두면, 다음에는 캄푸치아, 다음에는 태국, 그 다음에는 동남아시아 전체가 공산화될 것이고, 결국 우리도 모르는 사이에 제3차 세계대전에 휘말리게 될 것이다." 하지만 사건들의 계열 속에 있는 각각의 사건들 사이에 인과관계가 있다든가 있으리라는 견해의 증거가 제시된 것은 거의 없다. 설사 공산당의 세계 전략을 환기시켜 그러한 증거를 제시하려 한다고 해도, 베트남의 공산화가 관건이라는 것 또는 '도미노 현상을 야기하는 것'을 공산당의 전략에서 증명해야 하는 문제가 여전히 남는다.

예 2 다음은 학생들을 교과과정 위원회의 구성원으로 참여시키는 것을 반대하는 가설적 논증이다. "만일 학생들을 교과과정 위원회에 참여시키면, 학생들은 그 다음으로 학과의 임원이 되고자 할 것이고, 그 다음에는 아마 학과장도 학생과 공동으로 하자고 주장할 것이다. 결국 학생들은 교수를 채용하고 해고하는 권한도 요구할 것이다." 교과과정 위원회에 학생들을 참여시키자는 제안에 대해서는 훌륭한 이유들이 제시될 수 있다. 하지만 학생들을 학과의 임원으로 선출하는 것이나 학생을 공동 학과장으로 임명하는 것이 현명한 일인가 하는 문제는 각기 다른 논증을 필요로 한다. 왜냐하면 각각의 경우마다 여러 가지 문제들이 관련되어 있기 때문이다. 학생들이 이런 문제들을 구별하지 않으려 한다거나 구별하지 못하리라고 믿을 이유는 거의 없으며, 사건 계열 속의 한 사건이 다른 사건과 논리적 관계나 인과적 관계를 맺고 있다는 것을 인정할 이유도 거의 없다.

예 3 다음은 교수들이 학생들에게 흔히 하는 이야기다. "나는 강의 시간에 질문을 허용하지 않습니다. 한 학생에게 질문을 허용하면 모든 학생들이 잇따라 질문을 할 텐데, 그러면 무엇보다도 내가 강의할 시간이 부족해질 것이기 때문입니다." 이러한 주장을 입증하는 설득력 있는 증거가 제시될 수 있을지는 매우 의심스럽다. 사실 학생들이 품고 있는 질문들은 대개 서로 독립적이다. 적어도 그것들 사이에 인과관계가 있다고 생각할 만한 근거는 거의 없다.

오류 바로잡기 상대방이 도미노 오류를 범하고 있다고 생각되면, 주장 속에 있는 사건들 각각에 대하여 인과적 설명을 따로따로 제시할 것을 요구하라. 또 다른 방법은 인과적 계열에 관한 명백히 불합리한 사례를 제시하는 것이다. 예를 들어 "만일 외상으로 물건을 사기 시작하면, 나는 곧 지불 능력 이상의 물건을 사게 될 것이고, 대금을 지불하지 못하면 은행에서 나의 차를 압류할 것이고, 그러면 나는 회사에 나갈 방법이 없기 때문에 실직할 것이고, 결국 불행해져서 자살하고 말 것이다. 바로 텔레비전을 외상으로 샀기 때문에." 텔레비전을 외상으로 샀다는 하나의 사건이 이와 같은 사건들의 계열을 일으키리라고 믿을 이유가 없다는 것을 상대방에게 명백히 해야 한다. 마찬가지로, 상대방이 제시한 사건 계열 속의 사건들 사이에 어떤 인과관계가 있다고 믿을 이유가 거의 없다는 것도 명백히 해야 한다.

38. 도박꾼의 오류

우연한 사건이 과거에 특정한 흐름으로 일어났기 때문에 앞으로는 그 흐름이 바뀔 가능성이 높다고 논증하는 오류.

이 오류는 노름에서 돈을 잃은 도박꾼이 전형적으로 범하는 오류다. 돈을 잃은 도박꾼은 지금까지 계속해서 도박에서 졌기 때문에 이제는 이길 확률이 아주 높아졌거나 좋아졌다고 생각한다. 돈을 적게 잃은 사람은 "이제부터는 잃을 수 없지. 이제 끗발이 오르기 시작하는데"라고 말하고, 돈을 많이 잃은 사람은 "오늘 저녁 내내 한 판도 이기지 못했으니 이제는 운이 돌아올 때가 됐어. 이번에 승부를 걸겠어"라고 말한다. 이런 사람들은 동전 던지기나 주사위 굴리기와 같은 우연의 사건이 이전에 던지거나 굴린 모든 사건과는 완전히 독립되어 있다는 것을 깨닫지 못하고 있다. 따라서 도박꾼의 오류를 범하는 사람은 우연한 사건의 흐름이 앞서 일어난 비슷한 사건들의 계열에 의해 영향을 받아 바뀔 가능성이 높다고 가정하고, 이 가정을 근거로 추리하는 것이다.

이 오류는 도박꾼들이 흔히 범하는 오류지만, 도박꾼들만 이 오류를 범하는 것은 아니다. 이미 세 아들을 두었고, 그것으로 아주 만족하는 어떤 부모를 생각해 보자. 만족한다고는 하지만 그들은 사실 딸을 갖고 싶을 것이다. 이미 세 아들을 가졌기 때문에 이번에는 딸을 가질 가능성이 높아졌다고 추리하면, 도박꾼의 오류를 범하게 된다. 넷째

아이가 딸일 가능성은 그 이전의 어떤 우연한 사건 또는 사건들의 계열과도 인과적으로 관련되어 있지 않다. 그들이 딸을 가질 확률은 1/2 즉 5 대 5보다 높아지지 않는다.

이 오류는 실제로 누구나 범하기 쉬운 오류지만 훌륭한 논증이 갖추어야 할 기준 중 하나를 위반하고 있다. 과거에 일어난 비슷한 사건들을 근거로 순전히 우연한 하나의 사건이 일어날 확률이 높다고 추리할 수는 없다. 그러한 주장에는 전혀 근거가 없다. 이 오류는 무엇보다도 우연한 사건들의 계열 전체를 바탕으로 한 통계적 확률과, 하나의 우연한 사건에 관한 예측을 혼동하고 있는 것이다.

예 1 연애를 하고 싶어하는 젊은이들이 흔히 범하는 도박꾼의 오류를 생각해 보자. "지금까지 세 번의 미팅이 모두 실패했으니까 다음 번 미팅은 훨씬 성사될 가능성이 높다"라고 주장하는 대학생도 있을 것이고, "지금까지는 동아리에 '진짜 잘생긴 남학생'이 없었으니까 올 봄에는 동아리에서 잘생긴 남학생을 만나게 될 거야"라고 상상하는 여학생도 있을 것이다.

예 2 "우편물을 뜯어 볼 때마다 나는 혹시 어떤 경품 추첨에 당첨되어 많은 돈이나 상을 받을지도 모른다는 생각을 한다. 잡지를 구독하거나 상품을 구입할 때 경품 추첨에 당첨될 기회는 언제나 있다. 나는 내가 당첨되었는지를 알기 위하여 항상 경품권을 반송해 달라고 했다. 나는 아직까지 아무것에도 당첨되지 않았지만 매번 나의 당첨률이 높아지고 있다고 생각한다." 지금까지 한 번도 경품 추첨에 당첨되지 않았다고 해서 당첨될 가능성이 높아지는 것은 아니다.

예 3 "동전을 다섯 번 던졌더니 연달아 앞면이 나왔다. 나는 뒷면에다 내기 돈을 걸었다." 동전을 또 던졌을 때 앞면이 나올 가능성보다 뒷면이 나올 가능성이 높지는 않다. 그럼에도 불구하고 이런 경우 우리는 대개 뒷면이 나올 가능성이 높아진다고 믿는 경향이 있다.

오류 바로잡기 이 오류를 바로잡기란 대단히 어렵다. 순전히 우연한 사건의 경우에 단일한 사건을 올바로 예측할 확률은 1/X보다 높지 않다는 것을 여러분은 상대방에게 반복해서 보여 줄 수도 있다. 그러나 이러한 증명은 별 효과가 없을 것이다. 상대방은 여러분의 비판에 동의하면서도 원래의 주장을 여전히 고집하기 때문이다. 우연한 사건이 반복되고 시간이 달라지면 자신의 승산이 변하리라는 생각이 너무 강한 나머지 전혀 근거가 없다는 것을 밝혀 주어도 쉽게 포기하려 하지 않는다. 여러분은 여러분의 분석이 옳다는 것을 상대방에게 그저 상기시켜 주는 데 만족하고, 상대방이 그러한 사고의 결과로 어리석은 행동을 하려 할 경우에는 그것을 단념하도록 설득할 수 있겠지 하는 희망만을 가질 수 있을 뿐이다.

하지만 도박꾼에게 통할 수 있는 한 가지 전략이 있다. 그러한 사고가 어떻게 모순되는 결론들에 도달하는지를 밝히는 방법이다. 저녁 내내 돈을 잃고 있는 포커 도박꾼의 경우를 보자. 포커에서 돈을 잃으면 잃을수록 "오늘 밤은 나의 밤이 아니야"라는 결론을 내릴 수 있다. 그러나 똑같은 상황에서 "이제 나의 시간이 될 것임에 틀림없어. 나는 곧 돈을 따게 될 거야"라는 결론을 내릴 수도 있다. 두 결론 모두 우연한 사건들의 성격을 오해한 데서 비롯된 것이므로 보증될 수 없는 결론이다. 게다가 모순되는 두 결론 중 어느 결론을 이끌어 내야 한다는 이유도 전혀 없다. 어떤 것을 선택하느냐는 거의 전적으로 자의적이다. 선택은 완전히 기분에 좌우될 것이다.

연습문제

1 다음 예들이 '인과의 오류' 중 어떤 오류를 범했는지 밝혀라.

1. 미국이 베트남전에서 승리할 수 없었던 것은 당연하다. 거의 절반의 병사들이 마약을 복용하고 있었다.

2. 이철순 국회의원은 청와대에서 대통령을 만난 지 1주일 후에 노천채굴 법안에 반대하였다. 대통령이 약간 압력을 넣었음에 틀림없다.

3. 더 많은 친구를 사귀려면 화를 참을 줄 알아야 한다고 네가 내게 말했지. 그래서 나는 6개월 이상 화를 내지 않았어. 그런데 나는 단 한 명의 친구도 사귀지 못했다구.

4. 애야, 술 한 잔이면 알코올중독자의 길로 접어들기 시작하는 것이란다. 대마초도 마찬가지지. 중요한 것은 처음 한 번이야. 만일 네가 대마초를 한 번 피우기 시작하면, 너는 더 원하게 될 것이고, 네가 많이 피우면 피울수록 너는 더욱더 그것에 의존하게 될 거야. 마침내 자제할 수 없는 상황에 이르고, 끝내는 '마약중독자'가 되고 마는 거란다. 내 말은 정말이야. 나는 그런 경우를 여러 차례 보았거든.

5. 우리는 몇 개월 동안 사슴을 한 마리도 잡지 못했다. 그러니까 이번 사냥에서는 많이 잡을 수 있으리라고 확신한다.

6. 성공적인 회사원들은 많은 어휘들을 구사한다는 사실이 최근의 연구 보고서에 의해 밝혀졌어. 그래서 충고하는 건데, 네가 성공적인 회사원이 되고자 원한다면, 가능한 한 많은 어휘를 구사할 수 있어야 할 거야.

7. 나는 개가 오래 짖어 대고 나면 배가 고파진다는 것을 알았다. 실제로 개가 오래 짖고 난 바로 직후에 먹이를 주면 언제나 게걸스럽게 먹어치운다.

8. 운전사가 경관에게 말했다. "법대로 하면 이 도로의 제한속도는 시속 60km인데, 나는 시속 50km로 달렸습니다. 그러므로 당신이 나를 체포할

법적인 이유가 있을 수 없소!"

9. 의료 보고서에 의하면, 알코올중독자는 영양부족에 빠지기 쉽다. 이 자료는 어설픈 식이요법이 알코올중독에 이르게 한다는 것을 강력히 암시하고 있다.

10. 우리가 조사한 자료에 의하면, 마약을 많이 복용하는 젊은이의 80%는 부모와 사이가 좋지 않다. 따라서 마약금지법을 더 엄격하게 강화하면 젊은이들의 가정문제를 상당히 해결할 수 있다고 결론 내릴 수 있다.

2 다음 예들이 지금까지 공부한 오류 중 어떤 오류를 범했는지 밝혀라.

11. 너는 말끝마다 단결, 단결 하는데 대체 단결이 좋을 게 뭐가 있어? 모든 의견이 하나로 단결되어 있으면 자유로운 상상력이 마비된다구. 전쟁터에서 단결해 있다가 적의 포탄이 떨어지면 함께 죽는 것이 낫다는 말이야, 뭐야?

12. 지금까지 고등학교 수준에서 철학을 가르친 적이 없었는데도, 무엇 때문에 이제 와서 새삼스레 철학을 고등학교에서 가르쳐야 한다는 건지 이유를 모르겠다. 만일 철학이 고등학교 교과과정에 적합한 것이었다면, 벌써 오래 전에 도입되었을 것이다.

13. 승현이는 결혼한 지 불과 석 달 만에 마약을 복용하기 시작했어. 필경 그의 마누라 때문일 거야.

14. 드디어 이번 주말에 여행을 떠나기로 했어. 우리는 고기도 잡고 등산도 즐길 거야. 비 때문에 지난 두 주말에는 캠핑을 가지 못했으니 이번 주말은 틀림없이 날씨가 화창할 거라구.

15. 아이들에게 말은 부드럽게 하더라도 엄하게 다스리면 아이들이 거칠고 교양 없이 자라지는 않을 겁니다. 저도 그렇게 제 아이들을 교육하고 있습니다. 제 자랑 같습니다만, 제 아이들은 아주 점잖고 품행도 바릅니다.

16. 인간 신체의 각 부분은 특별한 기능을 하기 때문에, 인간의 신체 자체도 어느 정도 특별한 기능을 할 것임에 틀림없다. 그러나 철학자들과 신학자들은 그 본질적 특성이 무엇인지에 대해서 의견의 일치를 볼 수 없었다.

17. 사실 나는 그 사람들이 정말 훌륭한 부모인지 어떤지 모르겠어. 하지만 그들의 아이들은 동네를 싸돌아다니거나 이웃집에서 아주 많은 시간을 보내더라.

18. 식량배급 정책은 아주 무모한 듯하다. 식량을 배급하고 나면, 그 다음에는 옷을 달라고 할 것이고, 그 다음에는 집을 달라고 할 것이고, 결국에는 아마 1년 수입을 보장해 달라고 할 것이다. 그런 미친 짓은 당장 그만두어야 한다. 나는 식량배급 정책을 당장 폐지해야 한다고 주장하는 바이다.

19. 나는 네가 부자가 아니라는 것을 알고 있어. 그것을 부끄러워할 필요는 없어. 가난이 죄는 아니니까.

20. 나는 내 종교적 신념에 대해서 너와 토론을 벌이고 싶지 않아. 네가 무슨 말을 하든 내 마음을 바꿔 놓을 수는 없을 테니까.

예답 1. 지나치게 단순화시킨 인과의 오류 2. 선후인과의 오류 3. 필요조건과 충분조건을 혼동하는 오류 4. 도미노 오류 5. 도박꾼의 오류 6. 공통 원인을 무시하는 오류 7. 인과혼동의 오류 8. 필요조건과 충분조건을 혼동하는 오류 9. 인과혼동의 오류 10. 공통 원인을 무시하는 오류 11. 애매어의 오류 12. 사실—당위의 오류 13. 선후인과의 오류 14. 도박꾼의 오류 15. 지나치게 단순화시킨 인과의 오류 16. 합성의 오류 17. 비꼬는 논증의 오류 18. 도미노 오류 19. 그른 대안의 오류 20. 옹고집의 오류

7. 무관련의 오류

이 장에서는 결론과 논리적으로 관련이 없는 전제를 제시하는 잘못된 논증 방식을 살펴보자. 결론과 관련이 없는 전제를 제시하는 논증들은 훌륭한 논증의 두번째 기준에 위배된다. 훌륭한 논증의 전제는 결론의 옳음이나 그름과 관련이 있거나 차이를 만들어야 한다. 결론의 옳음과 관련이 없는 전제를 지닌 논증은 결론이 전제에서 나오지 않으므로 흔히 비약적 논증이라 부른다. 일반적인 의미에서 오류논증은 모두 결론이 전제로부터 나오지 않는 논증이다. 하지만 이 장에서 살펴볼 오류들은 아주 독특한 방식의 무관련을 보여 준다.

이 장에서 살펴볼 무관련의 오류 중 세 가지는 매도의 오류인데, 이런 이름이 붙은 이유는 그 오류들이 상대방의 논증이나 관점을 공격하기보다는 상대방의 개인 신상을 공격하기 때문이다. 개인 신상을 공격하는 이유들이 공격받는 사람의 입장과는 거의 관련이 없기 때문에, 이 오류들은 무관련의 오류들이다.

39. 논점에서 벗어나는 오류

증거의 '논점에서 벗어나' 덜 관련된 다른 결론을 입증하는 증거를 사용하여 잘못된 결론을 이끌어 내는 논증.

논점에서 벗어나는 오류는 흔히 '관련 없는 결론의 오류'라고도 부른다. 증거에서 결론이 나오기는 했지만, 그 증거는 진술되어 있는 결론의 옳고 그름과는 관련이 없고, 오히려 그와 연관된 진술되지 않은 결론을 입증하는 경우다. 물론 이런 종류의 논증에 대해서 증거를 잘못 사용한 것이라고 말할 수도 있다. 그러나 여기서 중요한 것은 제시된 증거로부터 결론을 잘못 이끌어 내고 있다는 점이다.

어떤 경우에는 고의로 논점을 벗어나는 추론을 할 수도 있다. 예를 들어 어느 재판에서 검사는 피고가 강간죄를 범했다는 결론을 입증하는 듯하지만, 사실 제시된 증거의 대부분은 진술되지 않은 다른 결론, 즉 강간이 악질 범죄라는 것을 입증할 뿐인 경우가 있다. 물론 그 검사는 배심원이 진술되어 있지 않은 결론의 증거로부터 진술되어 있는 결론을 추리해 주기를 바랄 것이다. 하지만 이런 오류는 흔히 논증에 대한 부주의 또는 무의식적인 미묘한 편견 때문에 발생한다.

논점에서 벗어나는 오류는 관련 없는 전제의 가장 대표적인 사례다. 전제가 결론의 옳고 그름과 관련이 있어야 한다는 것이 훌륭한 논증의 기준이라고 할 때 논점에서 벗어나는 오류를 범하는 논증의 전제는 결론의 옳음과 관련이 없으므로 그러한 논증은 훌륭한 것일 수 없다.

예 1 "공립학교 교사들을 평가하는 현재의 방법은 기껏해야 장학관이 이따금 하는 형식적인 점검이어서 매우 부적절하다. 어떤 교사가 무능하다는 사실이 밝혀지더라도, 현재로서는 그 교사를 해고할 만한 효과적인 방법이 없다. 그러므로 교사들은 임용기간 동안만 고용되었다가, 임용기간이 끝나면 직업시장에 다시 나가도록 하고, 통상적인 선발과정을 거쳐 다시 고용되는 방식이 필요하다." 교사들을 임용기간 동안만 고용해야 한다는 결론을 입증하는 좋은 이유들도 있을 수 있다. 그러나 위의 논증에는 이 결론을 입증하는 증거가 제시되어 있지 않다. 위의 논증에 부합되는 결론은 무능한 교사를 해고할 수 있는 근거를 마련해 줄 체계적인 평가 방법을 찾아야 한다는 것이다.

예 2 "미국인들은 훌륭한 사상을 가지고 위대한 유산을 건설했다. 우리는 모두 이 위대한 유산을 자손들에게 계속해서 전승해야 한다. 바로 이 때문에 미국인들은 교회에 규칙적으로 나가야 하는 것이다." 이 논증에는 '국가적 유산을 전승하는 일'과 '교회에 규칙적으로 나가는 일' 사이에 관련이 있다는 것을 밝히는 증거가 제시되어 있지 않다. 혹시 상상을 통해 그러한 관련을 확립할 수 있을지는 모르겠으나 증거가 제시되어 있지 않으므로 결론과는 무관하다고 판단해야 한다.

예 3 "법정은 신문기자들에게 아주 부당한 판결을 내렸다. 정보의 출처를 밝히지 않았다고 몇몇 신문기자들을 감옥에 집어 넣은 것이다. 기자는 대중에게 정보를 알려야 한다. 대중이 정의로운 일을 실현하려면 정보에 밝아야 한다는 것은 우리 모두가 알고 있는 사실이다. 그 외에도 기자는 관료들을 정직하게 만들어야 한다. 관료들의 주장의 배후에 숨어 있는 사실들을 파헤치고 그들이 진실을 말하지 않거나 의심스러운 일을 할 때 진실을 밝혀야 한다." 이 논증 속의 증거는 신문기자들이 독자들에게 아주 유용하고 중요한 일을 한다는 견해를 입증하고 있다. 그러나 그 증거는 법정이 신문기자들에게 부당한 판결을 내렸다는 결론을 입증해 주지는 못한다. 이 결론은 증거의 논점에서 벗어난 것이다.

오류 바로잡기 논점에서 벗어나는 오류는 주제에서 벗어나기는 했지만 종종 다른 결론(진술되어 있지 않은 결론)을 훌륭하게 입증해 주기 때문에 강한 설득력을 지닐 수 있다. 단지 증거가 진술된 결론을 입증하지 않는다는 사실만을 밝히려면, 증거가 실제로 입증하려는 진술되지 않은 결론이 무엇인가를 지적하면 된다. 그러나 진술되지 않은 결론이 제시된 증거에 의해 적절히 입증되었는지에 대해서 길게 토론하려 해서는 안 된다. 진술되지 않은 결론은 현재의 관심사가 아니므로 문제가 되고 있는 주장에 증거를 제시하는 것이 필요하다는 사실에 관심을 집중시켜야 한다.

상대방은 자신이 증거에서 결론을 잘못 이끌어 냈다는 사실이나 제시된 증거가 자신의 결론을 입증하지 못한다는 사실에 쉽게 동의하지 않을 것이다. 그러므로 인내심을 가지고서 상대방이 올바른 증거에 의해 올바른 결론을 입증하도록 도와 주어야 한다. 만일 논증자가 그 결론에 강한 집착을 가지고 있다면, 논증자는 그 문제와 관련된 거의 모든 것을 자신의 주장과 관련 있는 것이라고 간주하기 쉽다. 예를 들어 여성이 이 사회에서 얼마나 부당한 대우를 받았는가에 대해 논증자가 관심을 갖고 있다면, 논증자는 남녀차별 사례 모두를 증거로 삼아서 남녀동등권이라는 특정한 법률 조항이 통과되어야 한다고 주장할 것이다. 그러나 그 증거는 우리의 문화가 성차별 문화라는 주장을 입증해 줄 뿐, 특정한 법률 조항이 통과되어야 한다는 주장이나 어떤 헌법 조항이 비준되어야 한다는 주장을 입증해 주지는 않는다.

40. 발생적 오류

> 어떤 것을 이전의 맥락(발견의 맥락)에서 평가한 다음 그 평가를 현재의 맥락(정당화의 맥락)에 적용하는 논증.

발생적 오류는 어떤 생각, 사람, 관습, 제도의 의의를 단지 그것의 기원(발생)에 대한 설명이나 이전의 형식으로 환원시키고, 현재 상황에서 그것들이 발전 또는 퇴보했다는 점, 이전과는 달라졌다는 점을 간과하는 오류다. 이 오류를 범하는 사람은 어떤 것의 원래 맥락이나 이전의 형식에 대해서 내렸던 긍정적 또는 부정적 평가를 현재 상태에 적용한다.

발생적 오류는 훌륭한 논증의 두번째 기준——전제는 결론의 옳음이나 그름과 관련이 있어야 한다——을 만족시키지 못한다. 어떤 것의 기원은 그것의 장단점과는 거의 관련이 없다. 그러므로 어떤 것에 관한 주장을 승인하거나 거부하기 위해서 기원에 관한 전제를 제시하는 논증은 결함이 있는 논증이라고 생각해야 한다.

예 1 "너는 결혼반지를 끼려 하지 않는구나? 결혼반지는 원래 남편에게서 도망가지 못하도록 여성의 발목에 채웠던 쇠사슬을 상징하는 거야. 나는 네가 그러한 성차별 관습에 동조하리라고 생각하지 않아." 결혼반지를 끼고 싶어하지 않는 이유는 있을 수 있다. 그러나 결혼반지의 기원이 성차별적인 데 있다는 단 한 가지 근거에서 결혼반지를

교환하는 관습을 거부한다면, 논리적으로 올바르지 못하다.

예 2 어떤 관습의 기원이라고 생각되는 것을 근거로 그 관습을 금지하는 정통파 기독교의 목사나 성직자는 때로 발생적 오류를 범한다. 이런 주장이 있었다. "춤은 원래 이교도의 비밀의식에서 이교도의 신을 숭배하는 방식으로 사용되었던 것이기 때문에, '훌륭한 기독교인'은 춤을 추어서는 안 된다." 어떤 형식의 춤에 대해서 반대 주장을 하는 이유는 있을 수 있다. 하지만 춤의 기원이 춤을 반대하는 이유가 될 수는 없다.

예 3 "나는 어떤 일이 있어도 김대삼에게는 투표하지 않을 것입니다. 당신도 아시다시피, 나는 그와 함께 자랐습니다. 우리는 국민학교를 함께 다녔기 때문에 나는 그를 잘 알고 있습니다. 그는 책임을 회피하는 사람이었습니다. 당신은 절대로 그를 믿어서는 안 됩니다. 나는 그가 내 나라의 통치자가 된다는 생각만 해도 몸이 오싹합니다." 논증자는 국민학교 다닐 때의 김대삼과 현재의 김대삼이 동일한 사람이라고 생각하고 있다. 논증자는 현재의 김대삼이 국민학교 때의 김대삼과는 완전히 다르게 성숙했거나 변했을 가능성을 생각하지 않고 있다.

오류 바로잡기 논증자로 하여금 어떤 생각이나 사물의 기원 또는 원래의 맥락을 무시하도록 만들기는 쉽지 않다. 그런 기원들과 강하게 연관되어 있는 정서적 태도를 버리기가 어렵기 때문이다. 예를 들어 여러분의 아내가 처녀 때에 입었던 옷들에 애착을 가지는 것을 객관적으로 평가하기가 얼마나 어려운가를 생각해 보라. 어떤 것의 기원은 그것을 평가하는 방식에 상당히 강한 영향을 끼치기 마련이다. 그렇지만 어떤 것의 가치를 평가할 때는 그러한 요인을 제거해야 한다. 상대방이 그러한 요인을 제거하지 못할 때는 어떤 것의 가치를 평가할 만한 요소가 그것 자체에 있는지 상대방에게 물어 볼 수 있다.

어떤 것의 가치와 그것의 기원은 서로 분리되어야 한다. 그 점을 증명하기 위하여, 배우자에 대한 사랑과 같은 정서적 문제를 예로 들어 보자. 만일 배우자와의 첫 만남이 실제로는 상대방이 정교하게 꾸며낸 장난이었다는 사실을 오늘에야 알게 되었다면, 자신의 배우자에 대해서 어떤 느낌을 가질 것인지 상대방에게 질문해 보라. 상대방은 시작이 그랬다 해도 그것은 현재 두 사람 사이의 관계를 평가하는 일과는 무관하다고 말할 것이다. 그렇게 상대방이 기원과 가치평가를 제대로 분리할 수 있으면, 그는 다른 문제에 대해서도 그런 분리를 할 수 있어야 한다.

41. 관련 없는 기능이나 목표를 부여하는 오류

계획이나 정책이 애초에 설정하지도 않은 목표를 달성하지 못하리라는 이유에서 그 계획이나 정책을 비판하는 논증.

계획, 정책, 법조항은 거의 대부분 그것을 만든 사람이 인정하는 제한 내에서의 기능과 목표를 갖고 있다. 그리고 계획들은 그대로 실행했다고 해도 이상적인 결과를 얻기도 힘들 뿐더러 그렇게 기대하는 경우도 거의 드물다. 그러므로 이상적인 결과가 성취되지 않았다고 해서, 그 계획을 포기해야 한다는 주장은 옳지 못하다. 더욱이 그 계획이 중요한 목표나 기능을 위해 효과가 있거나 다른 방법으로는 그런 목표 달성이 이루어질 수 없다면 그런 주장은 더욱 옳지 못하다.

이상적인 또는 계획하지 않은 기능을 수행하지 못한다는 근거에서 어떤 계획을 포기해야 한다는 논증에 대해서는 그러한 근거가 결론과 관련이 없음을 지적해야 한다. 그러한 목표의 달성은 계획의 일부도 아니고 이상의 근본도 아니므로, 목표가 달성되지 않았다는 사실은 그 계획의 가치를 평가하는 것에 아무런 영향을 주지 못한다.

예 1 다음의 대화는 대학에서 철학을 전공하는 학생들과 철학을 비판하는 학생들 사이에 자주 등장하는 대화를 요약한 것이다.

수지 너는 진정 철학이 언젠가는 인간의 모든 문제를 해결해 줄 것이라고 생각하니?

현철 아니, 그럴 수 없을 거야.

수지 그렇다면 너는 왜 철학을 공부하느라고 시간을 낭비하니?

철학을 비판하는 학생은 철학이 인간의 모든 문제를 해결할 수 있다고 주장한 철학자는 없었다는 사실을 깨닫지 못하고 있다. 철학자는 철학적 탐구가 인간의 많은 문제를 해결하는 데 효과적인 도움을 줄 수 있다고 주장할 뿐이다.

예 2 총기사용 통제법을 비판하는 많은 사람들은 이렇게 주장한다. "그 법으로 범죄자가 총을 사용하는 것을 막을 수는 없을 것이기 때문에 그 법을 통과시켜야 할 이유가 없다." 총기사용 통제법을 옹호하는 사람들은 그 법이 범죄를 줄이는 제한된 효과밖에 없을 것임을 알고 있다. 사실 악독한 범죄자는 총기의 제한된 판매와 등록으로 별다른 영향을 받지는 않을 것이다. 그러나 그 법은 매우 중요한 다른 기능을 수행할 수 있다. 예컨대 가정의 불화를 해결하는 수단으로 총기를 쉽게 이용하지 못하도록 할 수 있으며, 수많은 우발적 살인을 줄이는 효과가 있다. 따라서 효과가 제한되어 있음에도 불구하고, 총기사용 통제법을 옹호하는 사람들은 여전히 그 법이 통과되어야 할 훌륭한 이유가 있다고 생각한다.

예 3 "나는 식량배급 정책이 완전히 실패했다고 생각합니다. 우리나라에는 굶주리는 사람들이 여전히 많습니다." 정부의 식량배급 정책은 '가난에서 벗어나려는 몸부림'의 일환이지만, 식량배급 정책을 지지하는 사람들 어느 누구도 그 정책이 기아문제를 모두 해결하리라고 믿지는 않는다.

오류 바로잡기 상대방이 여러분의 계획이나 제안에 대해서 관련 없는 목표를 부여하는 오류를 범하지 않도록 하는 한 가지 방법이 있다. 그것은 여러분의 계획이 달성하려 하는 제한된 목표를 상세히 설명해 주는 것이다. 목표가 제한되어 있다는 사실을 여러분 자신도 알고 있다는 것을 가능한 한 자주 상대방에게 상기시켜 주는 것도 도움이 될 것이다. 그렇게 하면 계획에 관련 없는 기능들을 부여함으로써 그 계획을 좀더 공격하기 쉽게 만들고자 하는 비판자를 쉽게 무장 해제시킬 수 있다. 그래도 비판자가 기어이 공격하면, 비판자가 아무도 말하고 있지 않은 주장을 공격하고 있다는 점을 분명히 지적하면 된다.

42. 합리화의 오류

근거 없는 입장을 정당화하기 위해서, 그럴듯하게 보이지만 실은 잘못된 이유들을 제시하는 논증.

합리화는 전제가 결론과 관련이 없으므로 훌륭한 논증의 두번째 기준을 위반하는 것으로 볼 수 있다. 진술된 전제들은 결론을 이끌어 내기 위한 진짜 이유들이 아니기 때문에 결론과 거의 관련이 없다. 진짜 이유들은 진술되어 있지 않거나 숨어 있다.

또한 이 오류는 훌륭한 논증의 첫번째 기준을 위반하는 것이라 볼 수도 있다. 전제들은 어떤 행위를 옹호하기 위해서, 또는 다른 근거에 의해 얻어진 신념을 지지하기 위해 '조립'된 것일 뿐이므로 승인할 수 없다.

합리화는 일반적으로 어떤 생각이나 신념의 옳고 그름을 결정하려 하기보다는 변호하려 한다. 그렇다면 합리화는 훌륭한 논증 대신에 제시되는 일종의 부정직한 대체물이다. 훌륭한 논증에서는 신념이나 결론이 증거로부터 나온다. 반면에 합리화에서는 신념이 이미 승인된 후에 '증거'가 나온다. 합리화하는 사람은 자신의 의심스러운 입장을 더 훌륭한 것으로 보이도록 하기 위해 전제를 사용하는 것이다.

예 1 하영이는 남자 친구를 다른 여자에게 빼앗긴 후 이렇게 말했다. "잘됐지 뭐야, 그러잖아도 떼어 버리려던 참이었는데. 실은 그가 옆에

있는 게 귀찮아졌거든. 오래 전에 떠나 보내야 했어. 그러지 못했던 것이 오히려 그에게 미안한 일이라구." 하영이는 그 남자와의 관계가 끝났다는 사실을 시인해야 한다. 그 이별에 자기 기분이 상하지 않도록 하기 위해, 하영이는 자기 말을 들어 주는 사람에게 그 이별을 정당화하는 이유들을 만들어 내고 있는 것이다.

예 2 철학과 졸업반 학생인 진경이는 강 교수에게 말했다. "저는 대학원 입학시험을 잘 보지 못했습니다. 말하자면, 저는 이번 시험에 아주 운이 나빴습니다. 그러니까 저는 시험에서 실력을 제대로 발휘하지 못했을 뿐입니다. 더구나 시험 보기 바로 전날, 저는 집에서 나쁜 소식을 들었습니다." 진경이는 대학원 입학시험 답안을 잘 쓰지 못한 것에 대해서 그럴듯해 보이는 이유들을 제시하며 합리화를 하고 있다. 그러나 그가 중요시하는 이유들은 중요한 것일 수 없다. 그는 단지 자신의 난처함을 감추려 하고 있을 뿐이며, 나쁜 시험 결과를 자신의 개인적인 사정으로 상쇄하려 하고 있다.

예 3 "나는 직장 상사의 아들 결혼식에 가봐야 한다고 생각하지만, 실제로는 신랑을 잘 알지도 못한다. 그저 신부를 한 번 만난 적이 있을 뿐이다. 하지만 신부는 아마 나를 기억하지도 못할 것이다. 더구나 나는 축의금을 낼 여유도 별로 없다. 어차피 결혼식장에는 사람들이 많이 모일 테니까 아무도 내가 참석하지 않았다는 것을 모를 것이다." 결혼식에 가고 싶지 않는 진짜 이유는 별다른 것이 없을 것이다. 이 사람은 아마 축의금으로 돈을 허비하고 싶지 않거나, 외출하고 싶지 않거나, 텔레비전에서 중계하는 야구 경기를 구경하고 싶기 때문일 것이다. 그렇다면 진술된 이유들은 결혼식에 가지 않겠다는 결단과는 전혀 관련이 없다.

오류 바로잡기 우선 합리화를 하고 있는 상대방에게 그가 진짜 논증을 제시하지 않았다는 것을 지적해야 한다. 상대방에게 그의 행동이나 신념의 진짜 이유를 제시하라고 요구할 수 있다. 그러나 합리화를 하는 사람은 일종의 체면 세우기를 하고 있는 것이다. 그것이 바로 합리화의 목적이기도 하다. 그러므로 여러분은 직선적으로 말하기가 쉽지 않을 것이다. 합리화를 하는 사람은 체면을 지키려 하고 있는데, 행동이나 신념의 진짜 이유를 밝히면 그 체면이 위태로워진다. 따라서 여러분은 진술된 논증에만 집중하여 공격해야 한다.

이 오류를 바로잡는 한 가지 전략은, 진술된 전제들이 그르거나 관련이 없다고 판명되더라도 논증자가 여전히 자신의 신념이나 행동을 고수할 것인지를 논증자에게 묻는 것이다. 만일 논증자가 그렇다고 대답한다면, 그는 자기 논증의 전제와 결론이 서로 무관하며, 따라서 잘못된 논증이라는 것을 스스로 인정하는 셈이다. 만일 논증자가 그렇지 않다고 대답한다면, 여러분은 전제와 결론이 서로 무관하다는 것을 증명하는 방법을 찾아야 한다. 전제와 결론이 무관하다는 것이 밝혀지면, 합리화하는 사람의 허세가 즉시 드러나게 된다. 공격이 성공적이라면, 최선의 결과는 논증자가 신념을 포기하든가 행동을 수정하는 것이다. 합리화했다고 밝혀진 사람은 적어도 옹호될 수 없는 신념을 주장했거나 의심스러운 행동을 한 데 따르는 곤혹감을 감수해야 할 것이다.

43. 인신공격의 오류

상대방의 입장이나 논증을 무시하거나 불신하는 수단으로 상대방의 개인 신상을 공격하는 논증.

인신공격 논증이란 상대방의 성격, 행동, 신념 등의 특징은 그 사람의 논증이나 주장의 가치와 아무 관련도 없음에도 불구하고 '사람 자신을 대상으로' 공격하는 논증이다. 욕설을 퍼붓는 것만이 인신공격은 아니다. 욕설을 퍼붓는 것은 오히려 오류가 아니다. 인신공격의 오류는 다른 사람의 논증의 힘을 무시하거나 불신하거나 약화시키는 수단으로 개인 신상을 공격할 때 범하게 된다.

인신공격은 흔히 상대방의 개인적 성격이 좋지 않다는 데 초점을 맞추는 형식을 취한다. 그것이 상황마다 어떤 모습을 취하는가 하는 것은 논증자가 어떤 것을 비난거리로 삼느냐에 달려 있다. 더러운 놈, 털북숭이, 뚱보, 이방인, 낙오자, 우유부단한 사람, 제국주의자, 무신론자, 맑스주의자, 여성해방론자, KKK 단원, 자유주의자, 동성연애자, 보수주의자, 못생긴 놈, 병신 등 수많은 것들이 욕설이 될 수 있다. 듣는 사람의 반응을 교묘하게 조종하기 위해서 논쟁 상대방에게 그러한 욕설들을 사용하는 사람들도 더러 있을 것이다. 하지만 인신공격 논증을 펴는 사람들은 대개 그러한 욕설에 해당하는 특성을 가진 사람의 논증을 무시하거나 불신하는 데 그 욕설들이 실제로 훌륭한 이유가 된다고 믿는다. 물론 이런 욕설들 중의 어느 것이 상대방에게 부합하는 것일 수도 있다. 그러나 논리적으로 보면, 설사 상대방의 성격 자체와 관련된 것일지라도 그 사실은 상대방의 생각이나 논증의 가치와는 아무런 관련도 없다.

논증과 증언을 구별하는 일은 매우 중요하다. 예를 들어 거짓말쟁이나 정신병자가 증언을 하거나 의견을 제시하는 경우가 있다. 증언자가 거짓말쟁이거나 정신병자라는 사실은 그 증언이나 의견의 신뢰성과 실제로 관련이 있다. 하지만 거짓말쟁이나 정신병자가 논증을 구성하여 제시하는 경우도 있을 수 있다. 이 경우 논증은 그것을 제시한 사람과는 독립적으로 평가될 수 있고 또 그렇게 평가되어야 한다. 논증을 제시한 사람이 정신착란자이든 유죄선고를 받은 흉악범이든 나치든 그 논증을 평가하는 데 그런 사실은 아무런 영향도 주지 못한다. 논증은 그런 사실과 독립적일 수 있고, 또 독립적이어야 하는 것이다. 요컨대 가장 비열한 사람조차도 훌륭한 논증을 구성할 수 있다.

인신공격은 분명히 훌륭한 논증의 두번째 기준——전제가 결론의 옳음이나 그름과 관련이 있어야 한다——을 만족시키지 못한다. 상대방의 생각을 무시하거나 거부하기 위한 수단으로 상대방이 개인적으로 싫어하는 욕설을 사용하는 논증은 모두 관련이 없는 전제를 사용하는 오류를 범하고 있다.

예 1 하영 김 교수가 어젯밤에 조각품의 창조과정에 관해 아주 훌륭한 강의를 했어. 너도 그 강의를 들었어야 하는 건데!

희준 나는 김 교수의 의견에는 조금도 관심이 없어. 나는 그 교수의 조각 작품이 하나라도 미술관에 '진열된' 적이 있는지 의심스러워. 너는 그 교수의 고철덩어리 작품을 본 적이 있니?

김 교수가 특별히 훌륭한 조각가가 아닐 수 있다는 사실은 김 교수가 창조과정에 관하여 학문적으로 통찰한 것이 옳다는 판단과는 별로 관련이 없다.

예 2 "네가 문란한 성관계가 좋다고 생각하는 것도 당연해. 너는 여성과 진정으로 좋은 관계를 가져본 적이 없었지. 그러니 네가 쾌락적 성관계에 빠지는 건 당연한 일이야." 문란한 성관계의 도덕적 올바름에 관한 판단은 그 사람 자신의 성행위나 성경험에 대한 고찰과는 별개로 평가해야 한다.

예 3 경숙 송 교수가 그러는데, 우리가 21세기까지 생존하려면 환경을 깨끗이 하는 일을 최우선으로 생각해야 된대.

동환 그 교수가 뭘 알아? 그는 자기 옷도 빨아 입지 않잖아. 그는 지난 2주 동안 줄곧 더러운 옷을 입고 다니고 있다구.

동환이는 깨끗한 환경을 만드는 일이 최우선 문제라는 송 교수의 주장에 대해서 대답하고 있는 것이 아니라, 송 교수 주장의 가치와는 관련이 없는 송 교수의 개인 습관에 대해서 이야기하고 있다. 설령 행동과 주장 사이에 일관성이 없다 할지라도, 그것은 주장을 평가하는 것과는 관련이 없다.

오류 바로잡기 인신공격 논증에 대처하려면 우선 화를 내지 않거나 적어도 화를 겉으로 나타내지 않아야 한다. 대개 욕설을 들었을 때에는, 같은 방식으로 욕설을 퍼붓고 싶은 유혹을 크게 느낀다. 그 유혹에 넘어가 서로 욕설을 하면 구경꾼들은 재미있어할지 모르지만, 원래의 문제에 관한 토론을 진전시키는 데 도움이 되지는 못할 것이다. 그러한 전술은 토론을 상당히 지연시킬 수도 있다. 욕설을 들으면 일단 기분이 나쁘겠지만 그래도 가장 건설적인 방법은 상대방이 인신공격을 하고 있다는 사실을 지적한 다음, 제시된 논증에 대해서 답변해 달라고 품위 있게 요구하는 것이다.

사람에 대한 혐오감과 그 사람의 생각이나 논증의 가치를 주의 깊게 평가할 줄 아는 능력은 서로 다른 것이라는 점을 상대방에게 알려 줄 방법을 찾아보라. 누구나 한평생을 살다 보면 도저히 함께 어울릴 수 없는 사람들도 많이 만날 텐데, 그들 중에는 훌륭한 생각을 갖고 있는 사람도 많을 것이다. 사람과 그 사람의 생각을 구별하지 못하면, 여러분은 자신이 싫어하는 사람들이 갖고 있는 수많은 훌륭한 생각을 자신에게 이롭게 이용하지 못할 것이다. 되도록이면 화를 내지 말고 인신공격자의 생각이 지닌 장단점을 평가해야 하며, 적어도 인신공격자에게가 아니라 인신공격자의 생각에 응답해야 한다. 그렇게 하면 상대방도 그와 비슷한 행동을 하게 될 것이다.

44. 우물에 독약을 뿌리는 오류

어떤 사람이 특수한 상황에 처해 있거나 온당치 못한 동기를 갖고 있다는 이유에서 그 사람의 논증을 거부하는 논증.

이 오류는 일고의 가치도 없다는 식으로 논증이나 관점의 출처를 불신하기 때문에 '우물에 독약을 뿌리는 오류'라고 부른다. 또는 특정한 출처에서 나온 것은 모두 진지하게 검토할 가치가 없다고 거부한다는 점에서 '저주받은 출처의 오류'라고 부르기도 한다.

우물에 독약을 뿌리는 오류는 '의심스러운 권위에 호소하는 오류'와 비슷하다는 점에서 설득력을 갖고 있다. 그러나 이 오류의 문제는 특수한 상황이나 동기를 가진 사람의 증언이 의심스럽다는 근거를 그릇된 출처라고 본다는 데 있는 것이 아니다. 논증자의 증언은 아무 상관이 없다. 문제는 의심스러운 출처에서 나온 논증에 대해서는 검토하지도 않아야 하는가다. 예를 들어 공산당 의장이 핵무기 철폐에 관한 논증을 말했다고 해서 그 논증이 검토할 가치도 없다고 보아야 하는가?

성별, 나이, 종교, 직업, 경제 상태, 정치 신조 등에서 특수한 상황에 있는 사람이 신뢰할 만한 증언자가 될 수 없는 경우도 있다. 그러나 논쟁중에 있는 문제에 관한 그 사람의 논증마저 검토할 가치가 없다고 생각해서는 안 된다. 예를 들어 어린이가 노인 문제에 관한 새로운 정책에 대하여 논증을 제시한다고 하자. 비록 그 어린이가 노인의 경험에 관하여 신뢰할 만한 증언자가 될 수 있는 상황에 있지는 않지만, 그 어린이의 논증에 대해서는 기꺼이 검토해 보아야 할 것이다.

앞에서 특수한 상황에 대해서 언급한 사항은 온당치 못한 동기에 대해서도 그대로 적용된다. 어떤 사람의 동기가 의심스럽다면, 그 사람은 신뢰할 만한 증언자가 될 수 없을 것이다. 그러나 그 사람의 논증이 지닌 가치에 대해서도 진지하게 검토할 필요가 없다고 생각해서는 안 된다. 예를 들어 특정 토지 소유자의 소유지를 통과해서 고속도로가 새로 건설된다면, 그로 인해 그 토지 소유자는 경제적 이득을 볼 것이다. 그렇다고 그 새로운 고속도로 건설 계획을 지지하는 그 토지 소유자의 논증을 검토할 가치도 없다고 말해서는 안 된다.

특정한 사람의 논증은 들어 볼 가치도 없고 평가할 가치도 없다고 주장하는 논증은 훌륭한 것일 수 없다. 논증의 출처가 의심스럽다는 이유로 그 논증을 무시하거나 거부하는 것은 훌륭한 논증의 두번째 기준——전제는 결론의 옳음이나 그름과 관련이 있어야 한다——에 위배된다.

예 1 "여러분은 송 선생이 교사의 봉급인상 문제에 관해 뭐라고 주장하든 믿을 수 없을 것입니다. 왜냐하면 송 선생 자신이 교사이므로 그는 교사의 봉급을 인상하자는 편에 설 것이 당연하기 때문입니다." 송 선생이 봉급을 인상하자는 편에 선다는 것은 우리의 관심사가 아니다. 문제는 송 선생이 자기의 주장을 입증하는 훌륭한 논증을 제시하는가다.

예 2 "당신은 여성이 아닙니다. 그러므로 당신이 임신중절에 관해 말하는 것은 무엇이든 아무런 의미도 없습니다." 여성이 아니라는 특수한 상황에 있는 남성이 임신중절 문제에 관하여 어떤 논증을 제시했다고 해서, 그 논증을 진지하게 검토할 가치도 없다고 배제해서는 안 된다.

예 3 워터게이트 사건 당시에, ≪워싱턴 포스트≫지에 실린 〈우드워드 번스타인의 워터게이트 보고서〉에 관해서 다음과 같은 논평이 있있다. "닉슨 대통령에 대해 반대하는 증거로 제시된 것을 진지하게 받아들여서는 안 된다. 왜냐하면 그 보고서는 두 기자가 명성을 얻기 위하여 공동으로 작성한 것이기 때문이다." 어떤 기자든 명성을 얻고 싶어한다는 것은 의심할 바 없다. 그렇다고 그러한 동기를 가진 기자들이 특정한 주장을 입증하기 위하여 찾아낸 증거도 그런 욕심으로 오염되어 있는 것만은 아니다.

오류 바로잡기 우물에 독약을 뿌리는 오류를 바로잡는 것은 매우 어렵다. 특히 독약이 뿌려진 곳이 여러분의 우물이라면 더욱 그러하다. 왜냐하면 그 오류에 대한 여러분의 공격조차도 오염된 우물에서 나온 것이라고 간주될 것이기 때문이다. 앞에 나온 임신중절의 예에서는, 여러분이 남성인 한 여러분의 공격도 어떤 것이든 의심스럽다고 간주될 수 있다. 이러한 경우에 가장 건설적인 방법은 그 문제에 직접 부딪치는 것이다. "좋습니다. 당신이 내 우물에 독약을 뿌려 놓았습니다. 그래서 내가 말하는 것은 무엇이든 의심스러운 겁니다. 아주 효과적인 전술이었습니다. 내가 그 문제에 관해서 말할 수 있는 것은 하나도 없습니다. 그러나 나는 그렇게 쉽게 침묵하고 싶지 않습니다. 당신이 나를 침묵시키고 싶어하는 한 가지 이유는 내가 말하는 것이 당신의 입장에 심각한 해를 끼친다고 생각하기 때문입니다. 내게는 지금 중요한 할 말이 있는데 그에 대한 당신의 반응이 궁금하군요." 물론 이렇게 강력한 대응이 필요치 않을 수도 있다. 말하는 사람이 한 사람뿐이라면 토론이 이루어질 수 없다는 사실을 상대방에게 일깨워 줄 방법을 찾을 수도 있다.

45. 피장파장의 오류

> 자신을 비판하는 사람도 자기와 똑같이 옹호하기 어려운 생각이나 행동을 하고 있다고 비난하는 방식으로 자신의 생각이나 행동에 대한 공격에 응수하는 논증.

일상에서 우리들이 흔히 오류라고 생각하지 못하고 범하는 오류가 피장파장의 오류다. 어린이들은 대개 자신을 꾸짖는 어머니에게 "엄마도 어렸을 땐 그랬잖아요"라고 응수할 수 있는 경우라면 나쁜 행동도 정당화될 수 있다고 생각한다. 어른들도 대개 비판자에 대해서 "당신도 마찬가지야!"라고 말할 수 있는 경우라면 자기들의 죄가 상쇄된다고 생각하는 경향이 있다. 우리는 대개 "두 개의 잘못이 하나의 올바른 것을 만들 수 없다"라는 말에는 동의하지만, 우리 자신의 행동이 문제되었을 때는 거의 언제나, 다른 사람도 마찬가지로 행동하고 있다는 것을 지적하면 한결 기분이 좋아진다. 그러나 다른 사람의 잘못이 똑같은 잘못을 범한 우리 자신의 죄를 상쇄한다는 논리는 있을 수 없다. 또한 우리가 다른 사람과 비슷한 방식으로 행동하고 있다고 해서, 그 행동이 논리적으로 정당화되지는 않는다. 물론 피장파장 논증을 사용하는 사람들은 자신의 의심스러운 행동에 다른 사람이 주목하지 않도록 하기 위한 전술로 피장파장 논증을 사용하기도 한다.

누구나 비판자의 말과 행동 사이에 일관성이 없다는 것을 지적하고 싶어한다. 달리 말해서 우리는 흔히 다른 사람에게 '언행일치'를 기대한다. 하지만 어떤 사람의 언행불일치는 그 사람이 주장하는 논증의 가치와는 아무런 관련이 없다. 논증은 독립적으로 제시되어야 한다. 훌륭한 논증은 논증자의 행동과는 상관없이 승인할 수 있어야 한다.

두 개의 잘못을 하나의 올바른 것으로 만드는 피장파장의 오류는 의심스러운 행위나 신념을 입증하기 위해서 관련 없는 전제를 제시한다. 피장파장 논증은 어느 정도 설득력을 지니고는 있지만 훌륭한 논증의 두번째 기준을 만족시키지 못한다.

예 1 아버지 애야, 나는 네가 술을 마시지 않기를 진정으로 바란다. 알코올은 감각을 둔화시키고, 신체적 통제력을 감퇴시키며, 심리적 중독증을 일으키는 경향이 있단다.

아들 지금 소주잔을 손에 들고 계신 걸 보니 아버지의 논증에 별로 믿음이 가지 않는군요.

아들은 아버지의 언행불일치를 지적하고 싶을 것이다. 하지만 올바른 방식은 아버지의 논증이 지닌 가치에 대해서 말하는 것이다. 이 경우에 아들은 술을 마신 결과에 관한 아버지의 주장을 관련 있는 증거를 가지고서 논박할 수도 있다. 또는 아버지의 주장이 증거에 의해 입증되었다면 그 주장을 받아들이고 그에 따라서 그의 행동을 조정할 수도 있다.

예 2 이동수 김민수 씨, 당신 나이에 그렇게 힘든 일을 해서는 안 됩니다. 그렇게 일하다가는 완전히 탈진해서 결국은 병원 신세를 지고 말 겁니다.

김민수 당신은 나보다 나이가 조금 적은데, 나만큼 힘든 일을 하고 있지 않소.

김민수 씨는 계속해서 그렇게 힘들게 일한다면 신체적으로 심한 병이 생길 것이라는 이동수 씨의 주장에 대해서 응답하고 있는 것이 아니다. 대신에 김민수 씨는 주의를 다른 데로 돌리기 위한 수단으로 피장파장 논증을 펴고 있는 것이다.

예 3 골프를 처음 배우는데, 어느 골프 선수가 유능한 골프 선수가 되려면 가장 중요한 일은 "고개를 숙이고 눈을 볼에 고정시키는 것"이라고 말했다. 하지만 그 골프 선수가 경기를 할 때 항상 고개를 숙이지는 않는다고 해서, 여러분이 그에게서 올바른 조언을 받지 못했다고 결론 내린다면 오류다.

오류 바로잡기 피장파장 논증에 대처하는 가장 좋은 방법은 여러분 자신이 그런 논증을 펴고 싶은 강한 유혹에 빠지지 않는 것이다. 설사 논증자가 여러분의 입장을 반대할 때에 특정한 원칙을 옹호하다가 자신의 입장을 말하는 논증에서는 그 원칙을 부정한다 할지라도, 여러분은 그가 오류를 범하고 있다고 비난할 수는 없다. 논증에 대한 평가는 그 논증만을 가지고서 이루어져야 한다.

여러분이 언행불일치라는 공격을 받았을 경우에는 그러한 공격에 위축되거나 침묵당하면 안 된다. 그 공격이 옳다는 것을 솔직히 인정하고, 여러분의 논증으로 되돌아가서 상대방에게 그 논증의 가치를 평가해 보라고 요구하라. 상대방이 여러분의 주장에서 일관성이 결여되어 있다고 지적할 경우에는, 여러분은 가능한 한 빨리 그 문제를 해결해서 상대방이 현재 논의중인 논증의 장단점을 평가하는 일에서 주의를 다른 데로 돌리게 하지 말아야 한다.

피장파장 논증을 가지고 공격하는 논증자는 피장파장 논증이 오류라는 것을 알고 있을 것이다. "두 개의 잘못이 하나의 올바른 것을 만든다"나 "한 사람의 올바르지 못한 행동이 다른 사람의 비슷한 행동에 의해 정화된다"라는 견해를 원칙으로 옹호하는 사람은 많지 않다. 하지만 피장파장 논증은 논리적인 것이라기보다는 감정적인 것이므로 다른 사람의 주의를 받기까지는 깨닫지 못하는 경우가 흔하다.

연습문제

1 다음 예들이 '무관련의 오류' 중 어떤 오류를 범했는지 밝혀라.

1. 갑 단식을 해보았는데 전혀 효과가 없었어.
   을 그렇지 않아. 효과를 봤어. 너는 벌써 10kg 가량 체중을 줄였잖니?
   갑 그래, 체중은 줄었지. 그렇지만 나의 사회생활은 조금도 개선되지 않았다구!

2. 나는 왜 우리 과의 교수직에 박사학위를 가진 사람을 채용해야 하는지 도대체 이유를 모르겠다. 박사학위가 없는데도 박사학위를 가진 사람보다 훨씬 잘 가르치는 사람도 많잖아. 박사학위 취득이 더 훌륭한 선생님을 만드는 건 아니거든.

3. 얘야, 나는 너의 논증을 진지하게 받아들일 수 없구나. 열여섯이라는 나이는 인생의 모든 것을 충분히 알 만큼 오래 산 것이 아니잖니?

4. 나는 스키 초대를 받지 않았지만, 초대받았다고 하더라도 가지 않았을 거야. 속물들과 시간을 허비하고 싶은 생각이 조금도 없거든. 게다가 나는 이번 겨울에 이미 두 번이나 스키를 타러 갔다 왔어.

5. 갑 대마초를 피우지 않아야 하는 가장 실제적인 이유는 그것이 불법이기 때문이야.
   을 법 준수에 관해서라면 너는 나한테 말할 자격이 없어! 너는 법정 제한속도를 지키면서 운전한 적이 거의 없을 뿐만 아니라 운전할 때 언제나 법정 제한 알코올 농도 수치를 초과하잖아.

6. 나에게 아동 교육법을 말하려 들지 마! 네가 아동 심리학을 얼마나 연구했는지 몰라도 네가 아이를 갖고 있지 않다면, 너는 아동을 이해할 수 없어.

7. 박 교수 학생들에게 특별 학술상과 우등상을 주는 제도는 수동적 자

아를 형성시킬 뿐이에요. 그 제도는 학생들이 학문적으로 발전하는 데 도움이 되지 않아요. 내가 아는 한, 그 제도는 긍정적인 기능이 전혀 없어요.

최 교수 그런데 박 교수는 우수 대학생상을 거절하지 않았군요. 뒤에 있는 벽에 그 상장을 본인이 직접 걸어 놓았네요. 심지어 상장이 잘 보이도록 검정 테를 씌워 놓기까지 했네요.

8. 성적을 봐서는 학생에 관한 정보를 별로 알 수 없습니다. 학생들을 채용하려는 고용주나 대학원이 학생의 성적표를 본다 해도, 그 학생이 공부하면서 무엇을 얻었는지 내용적인 면에 대해서는 거의 알 수 없을 것입니다. 따라서 나는 단순히 '합격—불합격 제도'를 실시해야 한다고 생각합니다.

9. 후보 갑 나의 정적인 하원의원 을 씨는 긴 재직기간중에 하원의원회의에 단 한 번도 불참한 적이 없다고 말하는데, 그것은 거짓말입니다. 국회의사록에 의하면, 그는 첫 임기중 23%를 불참했습니다.

하원의원 을 갑 씨, 나의 첫 임기중에 당신은 정신병원 환자였는데, 병원에서 당신에게 읽도록 허용한 유일한 독서자료가 국회의사록이었습니까?

10. 당신은 사랑하는 사람을 잃어 본 적이 없습니다. 그러므로 당신이 죽음에 관해서 무엇을 말할 수 있겠습니까?

[2] 다음 예들이 지금까지 공부한 오류 중 어떤 오류를 범했는지 밝혀라.

11. 갑 제발 나에게 고함치지 마! 우린 지금까지 어떤 문제든 앉아서 조용히 이야기를 통해 해결해 왔잖아. 내게 소리지르는 것은 아무런 도움도 안 돼!

을 너나 고함치지 마! 너는 내내 소리지르고 있잖아! 소리를 지르면 뭐가 나아지는 게 있어?

12. 당신은 현재 공산당원입니까, 아니면 지금까지 공산당원이었습니까?

13. 나도 이 곡선 도로의 안전 속도가 시속 40km라는 것을 알려 주는 표지판을 보았어. 하지만 시속 40km가 안전하다면, 시속 50km로 달려도

문제될 건 없어. 시속 40km와 시속 50km 사이의 차이는 별로 크지 않으니까.

14. 최근에 제정된 경찰청의 '가택 수색법'은 폐지되어야 한다. 왜냐하면 그 정책은 대도시에서 저질러지는 범죄의 수를 전혀 감소시키지 못했기 때문이다.

15. 라디오 목사 "우리는 이 문제를 성경이 말하는 것에 의거해 판단해야 합니다. 우리들이나 학자들이 생각해서 말하는 것에 의거해 판단해서는 안 됩니다."

16. 영국의 왕 제임스 1세가 공화주의에 반대하는 논증을 다음과 같은 방식으로 제시했다. "만일 머리를 자른다면, 다른 기관이 기능할 수 없어서 신체는 죽고 말 겁니다. 마찬가지로, 만일 여러분이 나라의 머리(왕)를 자른다면, 나라는 비틀거리다가 결국에는 망하고 말 것입니다."

17. 내가 술을 많이 마시기 시작할 무렵부터 내 성적은 떨어지기 시작했다. 따라서 나는 과음과 좋은 성적은 결코 양립하지 않는다고 생각한다.

18. 나는 내 아이들을 보이스카우트에 입단시키고 싶지 않습니다. 보이스카우트가 준군사단체로 조직되었다는 것을 당신도 알지 않습니까? 보이스카우트에서는 군사 정찰활동 소책자에 따라서 어린 소년들을 훈련시키기도 합니다. '보이스카우트'라는 말 속의 '스카우트'라는 말은 문자 그대로 군사 정찰활동을 뜻합니다. 나는 결코 내 아이들을 그런 단체에 입단시키지 않을 작정입니다.

19. 어느 대통령 후보가 텔레비전 회견에서 이렇게 말했다. "우리는 이번 선거에서 승리할 것입니다. 우리는 결의와 확신을 갖고 있습니다. 무엇보다도 가장 중요한 것은 우리가 스스로를 믿는다는 사실입니다."

20. 나는 마음만 먹으면 언제든지 담배를 끊을 수 있어. 하지만 너도 알다시피 담배를 끊으면 체중이 불기 시작할 텐데, 비만은 흡연만큼 건강에 해롭거든. 그래서 나는 담배를 안 끊는 거야.

해답 1. 관련 없는 기능이나 목표를 부여하는 오류 2. 논점에서 벗어나는 오류 3. 우물에 독약을 뿌리는 오류 4. 합리화의 오류 5. 피장파장의 오류 6. 우물에 독약을 뿌리는 오류 7. 피장파장의 오류 8. 논점에서 벗어나는 오류 9. 인신공격의 오류 10. 우물에 독약을 뿌리는 오류 11. 피장파장의 오류 12. 복합질문의 오류 13. 연속의 오류 14. 관련 없는 기능이나 목표를 부여하는 오류 15. 차이 없는 구별의 오류 16. 그릇된 유비의 오류 17. 공통 원인을 무시하는 오류 18. 발생적 오류 19. 소망—실현 사고의 오류 20. 합리화의 오류

8. 관련 없는 것에 호소하는 오류

이 장에서는 관련 없는 것에 호소하는 논증이 범하는 오류들을 살펴보자. 관련 없는 것에 호소하는 논증은 훌륭한 논증의 두번째 기준(R) —— 전제는 결론의 옳음이나 그름과 관련이 있어야 한다 —— 에 위배된다.

관련 없는 것에 호소하는 오류들 중에는 인간의 감정에 호소하는 것이 있다. 감정에 호소하는 오류는 감정을 증거 대신에 사용해서 빈약한 증거에 다른 사람들의 주의가 집중되는 것을 분산시키고자 한다. 또한 관련 없는 것에 호소하는 오류들 중에는 권위에 호소하는 논증을 잘못 사용하는 오류도 있다. 이는 어떤 주장을 입증하기 위해서 관련이 없거나 적어도 매우 의심스러운 '권위'를 이용한다.

46. 동정심에 호소하는 오류

증거를 제시하는 대신 동정심에 호소해서 다른 사람을 어떤 관점으로 설득하고자 하는 논증.

어떤 주장이나 제안을 했는데 기대했던 반응을 얻지 못한다면, 그 주장을 한 사람은 실망할 것이다. 하지만 그 사람이 실망할지도 모른다는 생각은 그 주장이나 제안의 장단점을 평가하기 위해 고려해야 할 사항이 아니다. 동정심에 호소하는 사람은 사실 문제의 주장이 옳거나 가치 있다고 설득하려는 것이 아니라 상대방으로 하여금 '어쩔 수 없이' 문제의 주장을 승인하도록 하려는 것이다. 다시 말해서 동정심에 호소하는 사람은 믿을 만한 증거를 제시하기보다는 감정적 감수성을 이용한다.

물론 어떤 제안을 승인하거나 거부할 때에는 그 제안자의 감정을 해칠지도 모른다는 가능성을 고려해야 한다. 하지만 그런 상황일지라도 다른 사람의 감정을 해칠 가능성이 왜 고려해야 할 관련 있는 사항인지를 분명히 해야 한다. 만일 중요한 관련이 밝혀지지 않는다면, 다른 사람의 감정을 해칠 가능성이 그 제안을 승인하거나 거부하는 데 중요한 역할을 해서는 안 된다.

동정심에 호소하는 논증은 대부분 암암리에 도덕 원리에 호소하는 도덕적 논증이다. 그러므로 그 경우 동정적 상황에 대한 이야기는 상대방의 도덕심에 주의를 환기시키기 위해서 이용되는 장치에 불과하다

(논증에서 거론되는 사람이 여러분 자신의 도덕 원리를 공유한다고 생각해서는 안 된다. 도덕 원리를 공유하는 경우조차도, 그 도덕 원리가 문제의 내용과 실질적 관련이 없을 수 있다). 예를 들어 어떤 근로자가 경비절감 계획 때문에 해고당했다고 하자. 그 근로자가 퇴직금을 받을 수 있는 자격이 갖추어지는 6개월 후까지 있게 해달라고 고용주에게 부탁한다면, 그는 도덕 원리에 호소하고 있는 것이다. 그 경우 근로자가 감정에 호소하는 것을 오류라고 생각할 사람은 없을 것이다. 그런 호소는 도덕적 논증이라고 생각할 수 있기 때문이다. 하지만 도덕적 전제가 명백하지 않은 맥락에서, 다른 사람에 대한 관대함이나 관심이라는 모호한 감정에 호소하는 것은 오류다. 이런 오류를 범하지 않으려면 관련이 있는 도덕 원리나 당면문제가 명료하게 제시되어야 한다.

증거가 아니라 동정심을 근거로 어떤 신념을 가지게 되는 경우만을 동정심에 호소하는 오류라고 주장하는 사람들도 있다. 이들은 동정심의 호소가 행동의 결단을 요구하는 경우는 오류가 아니라고 생각한다. 그러한 결단은 도덕적인 고려 사항이라고 볼 수 있기 때문이라는 것이다. 하지만 나는 단지 동정심만을 근거로 어떤 신념이 옳다고 믿는 사람은 거의 없다고 생각한다. 동정심에 호소하는 오류를 범하고 있는 전형적인 경우는 도덕 원리를 전혀 언급하지 않고 특정한 행위를 하도록 사람들을 설득하는 경우다.

동정심에 호소하는 논증은 결론의 옳음과 관련 없는 동정심을 증거 대신 이용하는 논증이므로 훌륭한 논증의 두번째 기준에 위배된다. 동정심에 호소해서 문제를 해결할 수는 없다. 왜냐하면 동정심에 의거해서 어떤 주장이 옳다고 하는 것은 실제로 그 주장의 옳고 그름과 아무런 관련이 없기 때문이다. 행동이 문제가 되는 경우, 특히 그 배후에 도덕 원리가 숨어 있을 경우에는 관련 있는 것과 관련 없는 것을 가름

하는 선이 분명치 않을 때가 흔히 있다. 때로 동정심이 우리의 행동에 영향을 준다는 것은 틀림없는 사실이지만 동정심이 행동에 관한 우리의 판단을 흐리게 하지 않도록 주의해야 한다. 동정심에 호소하는 논증이 효과적이라고 해서, 동정심을 관련 있는 증거라고 오해해서는 안 된다.

예 1 "영철아, 나는 네가 다음주 금요일에 열리는 5월 무도회에 민지를 데려가야 한다고 생각해. 민지는 1년 내내 데이트 한 번 못 했거든. 어떤 무도회에도 초대받은 적이 없어. 입장을 바꾸어 생각해 봐라. 대학 교내에서 무도회가 열렸는데 네 친구들은 모두 즐겁게 지내는 동안 너는 혼자서 방안에 처박혀 있어야 한다고 상상해 봐." 영철이는 민지를 진정으로 딱하게 생각할 수 있다. 그러나 문제는 영철이가 민지를 무도회에 초대할 것인지를 결정하는 데 그 딱한 감정이 중요한 역할을 해야 하는가다. 일반적으로 말해서 데이트란 매력을 느끼는 사람과 즐거운 시간을 보낼 목적으로 만나는 것이다. 그러므로 영철이가 민지와 데이트해야 한다는 제안은 데이트의 원래 목적에 어긋나는 행동을 하라는 말이다. 민지와의 데이트에 관한 논증이 동정심에 호소하는 오류를 범하지 않으려면, 민지와 저녁시간을 보내는 것이 유쾌하고 즐거운 경험이 될 수 있다는 증거가 제시되어야 한다. 만일 영철이가 민지를 딱하게 생각해서 민지와 데이트한다면, 그는 잘못된 이유에서 데이트하는 것이다.

예 2 어떤 사람이 신체장애자라는 사실에서 동정심이 나올 수 있겠지만 그 동정심이 그 사람을 채용할 것인가를 결정하는 데 주요한 역할을 해서는 안 된다. 신체장애로 인해 그 사람이 직업을 얻기가 대단히 어렵다는 사실은 동정심을 불러일으킬 수 있다. 하지만 그것 역시 채용을 위한 훌륭한 이유가 되지는 못한다. 어떤 사람을 채용할 때 고려

해야 할 가장 관련 있는 사항은 그 사람이 그 위치에서 일을 잘할 수 있는가다. 만일 그 사람의 신체장애가 맡겨진 일을 할 수 없을 정도라면, 동정심이 채용을 결정하는 데 역할을 해서는 안 된다.

예 3 여러분이 아파트를 하나 소유하고 있는데 그 아파트에 세든 사람이 석 달째 집세를 내지 않는다면, 여러분은 그 세입자에게 이사 가라고 요구할 것이다. 그런데 세입자가 실직 상태이고 직업을 구할 전망도 없으며 이사 갈 곳도 없노라고 말한다면, 그러면 여러분의 마음속에 어느 정도 동정심이 일 것이다. 그러나 그것이 세입자를 내보낼 것인가를 결정하는 데 중대한 요인이 되어서는 안 된다. 아파트 임대의 일차적 목적은 약간의 투자 수익을 얻는 것이다. 임대료를 지불하지 않는 것은 그 일차적 목적에 맞지 않는다.

오류 바로잡기 여러분이 감정에 호소하는 힘을 극복하지 못하면, 감정에 호소하는 사람이 오류를 범하는 것과 마찬가지로 여러분 자신도 오류를 범한다는 것을 명심해야 한다. 동정적 상황에 대한 이야기는 대부분 결코 증거가 되지 못하는데도 불구하고 흔히 증거라고 간주된다. 그 경우 여러분은 감정이 없는 비정한 사람으로 보이는 것을 피하기 위하여 먼저 여러분의 마음속에 생겨난 동정심을 솔직하게 이야기해 준 다음, 옹호할 만한 판단에 도달하려면 감정이 개입되어서는 안 된다는 것을 구체적으로 이야기하는 것이 좋다. 동정심이 주요한 이유로 작용해서 어떤 제안을 승인하는 것은 대부분 잘못된 추론이라는 것을 명심해야 한다.

관련 없는 전제들로 이루어진 논증은 관련 있는 전제들로 재구성할 수 있으므로 논증자에게 논증을 수정해 달라고 요구하라. 그래도 논증자가 동정심에 호소하지 않고는 논증할 수 없다면, 그 논증에 대하여 여러분이 원래 내린 평가가 정확했을 뿐만 아니라, 논증자의 제안 자체가 승인할 수 없는 것임이 명백해질 것이다.

47. 대중 감정에 호소하는 오류

증거를 제시하는 대신에 대중의 감정이나 정서에 호소함으로써 다른 사람들을 어떤 관점으로 설득하려 하는 논증.

대중의 감정에 호소한다고 할 때, '대중'이란 쉽사리 감정이 조작될 수 있으며 쉽게 동요하는 분별력이 없는 사람들을 가리킨다. 따라서 이 오류는 '군중에 호소하는 오류'나 '격정이나 인기 감정에 호소하는 오류'라고 부를 수도 있다. 자주 이용되는 부정적 감정으로는 공포심, 인종차별, 사회적 우월감, 탐욕, 수치심 등이 있다. 가족의 관심사, 애국심, 국가안보, 충성심, 군사적 우월성 등의 긍정적 감정도 흔히 등장한다. 그뿐 아니라 노동조합, 종교단체나 정치단체, 동성연애자들, 여성 해방론자들과 같은 집단에 대해서 반대하는 대중 감정 역시 설득의 수단으로 자주 이용된다. 논증자가 어떤 감정을 이용할 것인가를 선택하는 일은 대중의 구성원이 어떤 사람들이냐에 따라 달라진다.

대중 감정에 호소하는 오류는 몇 가지 유형으로 나눠 볼 수 있다. 첫째 유형은 다른 사람들을 설득하는 데 탁월한 효과를 발휘하는 아부를 사용하는 것이다. 예를 들어 여러분은 다음과 같은 말을 들어 본 적이 있을 것이다. "여러분은 고등교육을 받은 전문가들이며 또한 신중한 사람들이기 때문에, 나는 여러분이 나의 제안이 지닌 장점을 명확하게 파악할 수 있을 것이라고 확신합니다." 물론 과도한 칭찬 그 자체는 오류가 되지 않는다. 과도한 칭찬이 증거를 대신할 경우에만 오류다. 둘째 유형은 수치심에 호소하는 것이다. 이는 비대중적인 의견을 주장하거나 유별난 방식으로 행동하는 사람에게 죄의식을 심어주려는 것이다. 하지만 왜 죄의식을 가져야 하는가는 명확하게 밝히지 않는다. 셋째 유형은 좋지 않은 평판을 가진 집단이 반대 견해를 주장했다는 점을 지적함으로써 부정적 감정에 호소하는 것이다. 이렇게 부정적 감정에 호소하면, 상대방은 부정적 평가를 받고 있는 사람들과 괜히 연루되고 싶지 않을 것이므로 논증자의 입장을 승인하게 된다. 넷째 유형은 집단 애착심에 호소하는 것이다. 먼저 상대방을 특정한 사회 집단의 한 구성원으로 만든 다음, 그 집단이 논증자의 관점을 승인하고 있으므로 상대방도 그래야 한다고 설득한다. 하지만 그러한 애착심이 어떤 주장의 옳음을 결정하거나 행위과정을 선택하는 데 고려할 사항인가는 대단히 의심스럽다.

대중 감정에 호소하는 오류는 흔히 강한 편견을 드러내는 언어와 극적인 태도를 사용한다. 하지만 대중 감정에 대한 호소는 결론과 아무런 관련이 없다. 아부, 수치심, 부정적 감정, 집단 애착심에 대한 호소는 특정한 결론이나 어떤 행동을 승인받기 위해 관련 없는 고려 사항들을 이용하는 방식에 불과하다. 그러한 호소들은 훌륭한 논증이 될 수 없다. 왜냐하면 훌륭한 논증의 기준에 따르면, 전제는 결론의 옳음과 관련이 있어야 하기 때문이다.

예 1 내 강의를 받는 어느 학생이 얼마 전에 나에게 해준 이야기가 있다. 그 학생의 이웃에 할머니가 한 분 사시는데, 항상 이렇게 말씀하신다는 것이다. "나는 노인네야. 그러니까 너는 내가 직접 내 집 마당의 잔디를 깎는 걸 수치스럽게 생각해야 한단다." 물론 그 학생은 '할머니의 말과는 상관없이' 그 할머니 집 마당의 잔디를 깎아 주기로 마음먹을 수도 있다. 그러나 잔디 깎는 일을 할머니가 하도록 놔둔다고 해서 학생이 수치심을 느껴야 할 이유는 없다. 제시된 이유가 단지 그 할머니가 '노인'이라는 것뿐이라면 더욱 그렇다.

예 2 "당신들은 정말 좋은 이웃이었고 저희가 어려운 때는 언제나 친절히 대해 주셨기 때문에, 이런 일을 부탁하기는 참으로 싫습니다. 그러나 저희가 다음주에 해변에 가 있는 동안, 저희 집 개에게 먹이를 좀 주실 수 있을는지 모르겠군요. 사실 저는 오늘 아침에도 사촌에게 전화해서 모든 사람이 당신들만 같다면 이 세상에는 아무런 문제도 없을 거라고 말했답니다." 이런 아부는 이웃 사람이 개에게 먹이를 주도록 하는 데 효과적일 수는 있겠으나, 아부와 부탁한 일 사이에는 관련이 별로 없다.

예 3 김중삼 국회의원이 국회에서 기조연설을 할 때 대중 감정에 호소하는 오류를 범했다. "우리는 북한 공산집단에 쌀을 수출하는 것을 단호히 중단해야 합니다. 그들에게 우리 쌀을 판매하면, 우리는 공산독재정권을 지지하는 셈이 되며, 우리의 가장 나쁜 적을 원조해 주는 셈이 될 것입니다. 우리는 잃기만 할 뿐 얻을 것이 없습니다. 결국 우리와는 모든 면에서 반대되는 적들만을 성장시켜 주며, 우리의 안보에 위협이 되는 세력을 키워 주게 될 것입니다." 김중삼 국회의원이 이렇게 반공 감정에 호소하는 것은 실질적인 문제와 아무 관련이 없다. 보다 건전한 논증이 되려면, 쌀 수출이 일반 국민의 경제를 어렵게 한다거나 수출입 균형에 불행한 결과를 초래한다거나 국가 경제에 좋지 않은 영향을 끼친다는 등의 증거가 제시되어야 할 것이다.

예 4 다음의 대화에서 장 교수가 박 교수의 부정적 감정을 어떻게 조종하는가를 잘 보라.

장 교수 당신은 다음주 교수회의에서 이 문제에 관해 우리 편을 들어 주시겠죠?

박 교수 아뇨, 그건 별로 좋은 생각이 아니예요.

장 교수 정말이오? 하긴 김 교수와 강 교수도 그렇게 생각하더군요. 그들도 역시 우리 편을 들지 않을 겁니다.

만일 김 교수와 강 교수가 박 교수와 언제나 의견일치를 보지 못하는 사람들이거나 적대 입장에 있는 사람들이라면, 장 교수의 말로 박 교수는 생각을 바꿀 기분이 들 수도 있다. 바로 이것이 장 교수가 바라는 일이다. 하지만 고려해야 할 관련 있는 증거가 전혀 제시되지 않았으므로 박 교수가 장 교수의 입장에 동조할 관련 있는 증거는 없다.

오류 바로잡기 대중 감정에 대한 호소는 획일적이거나 무비판적인 사람을 대할 때 특히 효과적이다. 그러나 비판력이 뛰어난 사람들을 상대할 경우에도 그들이 지닌 미묘한 편견, 애착심, 생활방식에 호소하면 영향을 줄 수 있다. 여러분도 아마 그런 불합리한 감정을 가지고 있다고 솔직하게 시인할 것이다. 하지만 어떤 문제에 관하여 주의 깊은 판단을 하는 과정에 그런 감정들이 끼어들지 않도록 매우 주의해야 한다.

여러분은 우선 감정에 강하게 호소하는 것에 동요되지 않도록 주의해야 하는 것은 물론, 대중 감정에 호소하는 오류를 범하는 사람들이 어떤 주장을 입증하기 위해서 관련 있는 증거를 제시했다고 생각해서도 안 된다. 이렇게 할 수 있는 몇 가지 방법이 있다. 첫째, 논증자의 주장을 입증하는 관련 있는 증거가 제시되지 않는 한, 논증자의 주장에 대해서 적절히 평가하거나 대답할 수 없다고 말할 수 있다. 둘째, 만일 여러분 자신의 감정이 논증자에 의해 표현된 것과 일치한다면, 여러분은 그 사실을 솔직하게 인정할 수 있다. 그것은 논증자를 무장해제시키는 결과를 가져올 수 있다. 그리고 여러분은 그러한 여러분의 감정이 당면문제를 주의 깊게 검토하는 데 장애가 되지 않도록 하겠다는 의지를 논증자에게 곧바로 알려 주어야 한다. 달리 말해서 여러분은 아직 확신하지 않았으므로 관련 있는 증거를 근거로 확신하기를 기다리고 있다는 것을 논증자에게 알려 주어야 한다. 셋째, 여러분의 공격을 강화시키기 위해서 한두 가지 예를 들 수도 있다. 예컨대 누구나 자기 고장 축구팀에 애정을 가질 수는 있지만, 그 감정 때문에 경쟁팀의 능력이 더 우월하다는 것을 인식하지 못해서는 안 된다. 마찬가지로, 자기 나라의 전통과 문화에 대해 애착심을 가지고 있다고 해서 그 감정 때문에 다른 나라의 전통이나 문화가 우리나라에 비해 보잘것없는 것이라고 무시해서는 안 된다.

48. 힘이나 위협에 호소하는 오류

증거를 제시하는 대신 바람직하지 않은 결말을 초래하게 되리라고 위협함으로써 다른 사람들을 자신의 관점으로 설득하려 하는 논증.

믿을 만한 논증이 없는 경우에는 좋지 않은 일이지만 흔히 위협에 의해 어떤 결론을 승인하는 일이 있을 수 있다. 물론 어떤 행위의 결말을 이야기하는 것은 잘못이 아니다. 오히려 어떤 결말이 어떤 행위의 자연스러운 결과라면, 그 결말에 주의를 환기시켜 준 데 대해서 고맙게 생각해야 할 것이다. 또한 행위의 결말을 알 수 있다면, 그로 인해 그 행위를 변경할 수도 있을 것이다. 하지만 만일 논증자가 주장과 행위의 올바름을 승인하도록 하기 위해서 바람직하지 않은 결말을 초래하게 되리라고 위협하여 승인을 강요한다면, 논증자는 관련 없는 것에 호소하는 오류를 범하게 된다.

이 오류의 한 가지 특수한 형태는 흔히 권위주의라고 부르는 것이다. 권위주의란 어떤 사람이 어떤 분야에서의 능력, 지식, 전문기술 때문이 아니라 논증 상대방에게 힘이나 영향력을 미치기 때문에 권위를 지니는 경우를 말한다. 이 경우에 그 권위에 대한 맹목적인 복종을 요구하면 그 요구가 관련 있는 증거나 훌륭한 증거의 자리를 대신하는 것이다.

힘에 호소하는 오류는 대부분 다른 사람에게 특정한 신념이 아니라 특정한 행동을 요구하려는 의도를 지닌다. 예를 들어 원외 운동원 박

씨가 어느 국회의원에게 10만 유권자를 대표한다는 사실을 상기시킨다면, 그는 그 국회의원에게 어떤 신념이 아니라 행동을 요구하고 있는 것이다. 마찬가지로 지방의 여성 사업가인 홍 여사가, 지방신문에 많은 광고비를 지불하고 있다는 사실을 그 신문의 편집장에게 상기시켜 주면서 자기가 음주 운전 때문에 체포된 기사가 신문에 실리지 않기를 바란다고 말한다면, 홍 여사는 신념이 아니라 행동을 요구하고 있는 것이다. 두 경우에 제시된 이유들은 모두 요구되는 행동의 올바름과는 관련이 없다. 물론 그러한 암묵적인 위협은 원하는 행동을 하도록 만들겠지만, 제시된 논증이 훌륭한 논증이기 때문에 그런 결과가 나오는 것은 아니다. 그러한 논증은 전제가 결론의 옳음과 관련이 없기 때문에 훌륭한 논증이 될 수 없다.

예 1 여러분은 성폭행을 당한 경우들을 흔히 들었을 것이다. 공장 감독들은 말을 듣지 않으면 해고하겠다는 구실로 위협하면서 자기가 통제하고 있는 여성 근로자들에게 성행위를 요구하는 수가 있다. 그러나 감독은 성행위를 강요당한 희생자——해고되지 않으려면 협력하는 길밖에 없다고 위협당한 사람——에게 그 행위가 올바르다는 것을 설득하지는 못한다. 위협은 훌륭하지 못한 논증이지만 효과적일 수는 있다.

예 2 다음의 대화는 익히 알고 있는 권위주의의 실례를 보여 준다.

아들 아빠, 왜 나는 일요일마다 교회에 가야만 해요?

아버지 내가 네 아빠이기 때문이야. 내가 그래야 한다고 말하면 그것이 바로 이유다.

아들은 교회에 나가야 하는 훌륭한 이유가 무엇인가를 묻고 있는데 아버지는 그의 의지에 맹목적인 복종을 요구하는 대답을 하고 있다. 이 경우에 아버지는 아들에 대해 지니고 있는 힘을 이용하여 아들의

복종을 강요하고 있는 것이다. 아버지의 논증은 아들이 교회에 나가야 한다는 사실과 관련이 있는 이유를 제시하고 있지 않기 때문에 오류다.

예 3 기독교 신자들이 비기독교인들을 기독교인으로 전도하고자 할 때 가장 효과적으로 이용하는 것들 가운데 하나는 영원한 저주라는 위협이다. "지옥의 불 속에 떨어진다"라는 말은 기독교 신앙이 옳다고 승인하는 것과 관련이 있는 이유가 아니다. 이러한 공포 때문에 기독교의 신념이 옳다고 승인하는 사람도 많을 것이다. 그러나 특정한 종교적 관점을 거부한 결과로 어떤 개인이 비참해질 가능성은 그 관점의 옳음과는 관련이 없다.

오류 바로잡기 흔히 겪는 일이지만 여러분을 좋지 않은 상황으로 몰아넣을 수 있는 힘을 가진 사람에게서 위협을 받았을 때, 그 위협의 압력에 저항하기 어려운 때가 종종 있다. 사실 그러한 위협이나 압력을 거부할 수 있는 여러분의 능력이나 의지는 신변 안전이나 경제적 안정, 직업 확보의 가능성 등 여러분의 처지에 달려 있을 수 있다. 그렇기는 하지만 힘이나 위협에 호소하는 사람이 오류를 범하고 있다는 것만은 분명히 밝혀야 한다. 오류임을 밝히는 한 가지 방법으로 그 오류를 범하는 사람에게 이렇게 말할 수도 있겠다. "내가 당신의 입장을 받아들이지 않으면, 당신이 내게 어떻게 할 것인가를 알고 있습니다. 그러나 그 입장이 옳다고 믿을 만한 훌륭한 이유가 있습니까?"

49. 전통에 호소하는 오류

적절한 증거를 제시하는 것이 아니라 자기의 관점을 지지해 주는 전통에 대한 존중심에 호소함으로써 다른 사람들을 자신의 관점으로 설득하려 하는 논증.

우리는 모두 과거에 대한 정서적 애착을 가지고 있다. 이 애착은 누구나 가지는 즐거운 경험이다. 그래서 전통적 방식으로 행동하거나 사고하면 편안한 느낌이 든다. 이것은 우리가 전통을 존중하는 한 가지 이유겠지만, 그런 편안한 느낌을 준다고 해서 전통이 어떤 일을 하는 옳은 방식이거나 최선의 방식이라고 생각할 수는 없다. 사실 영국 철학자 존 스튜어트 밀은 "관습이라는 독재자는 어디에서나 인류의 진보를 가로막는 장애물이다"라고 주장했다. 편안한 느낌은 훌륭한 증거나 이유를 대신할 수 있는 적절한 대용물이 아니다. 대부분의 전통들은 원래 훌륭한 이유들을 갖고 있었겠지만, 그런 이유들은 현재는 더 이상 적합하지 않을 수 있다.

전통에 호소해서 설득하려는 논증은 관련 없는 전제를 제시하고 있으므로 훌륭한 논증의 두번째 기준에 위배된다. 행위의 올바름이나 주장의 옳음은 그것이 전통의 일부라는 사실로 입증되는 것은 아니다.

예 1 결혼해서 시부모를 모시지 않겠다는 딸을 어머니가 달래고 있다. "인영아, 남편을 진정 사랑한다면 기꺼이 시댁 살림을 할 수 있어야 한단다. 예부터 여자가 시집을 가면 시부모를 모시고 사는 것을 언제나 당연히 여기고 있었단다. 누구나 그렇게 했어. 네가 결혼한 다음에 시부모를 모시지 않겠다면 너는 풍부한 역사적 의의를 지닌 오랜 전통을 무시하는 거야." 이 논증에는 여자가 시집 가면 시부모를 모시고 살아야 한다는 것에 대해 전통 이외에는 아무런 이유도 제시되어 있지 않다. 만일 결혼한 후에도 그 전통을 계속 지켜야 할 훌륭한 이유가 있다면 논증자는 그 이유를 제시했어야 한다. 증거로서 제시된 것은 전통뿐인데, 이는 논증자의 결론과 아무 관련도 없다.

예 2 "성실아, 우리 가족은 지금도 그렇지만 항상 침례교도였단다. 너의 할아버지는 침례교 목사이셨고, 너의 두 삼촌도 역시 침례교의 목사란다. 또 너의 외가 역시 침례교도였고 지금도 그렇단다. 나는 네가 어떻게 감리교도가 될 생각을 할 수 있는지 도대체 이해할 수가 없구나." 성실이의 아버지는 성실이에게 가족 전통을 상기시키기 위하여 몇 가지 사실을 지적하지만 그 가운데 교회의 입장이나 신학적 고려 사항 등은 전혀 없다. 단지 가족 전통에 대한 존중심만이 제시되어 있을 뿐이다.

예 3 "내가 국민학교에 다닐 때는 월요일 아침 조회에서 언제나 국기에 대한 경례를 하고 국기에 대한 맹세를 했다. 내게는 그 시간이 매우 의미 있는 것이었다. 그런데 그런 훌륭한 전통이 왜 사라졌는지 이해할 수 없다." 국민학교 어린이들에게까지 국가에 대한 군사적 충성심을 강요하는 것은 군사통치적 이념의 소산일 수도 있다는 반대논증은 앞의 논증에서 전혀 언급되어 있지 않다. 논증자는 시대가 바뀐 사실도 고려하지 않은 채 다만 과거의 전통을 따르는 것이 좋다고만 말하고 있을 뿐이다.

오류 바로잡기 우선 상대방에게 전통적인 방식으로 어떤 일을 한다고 해서 본질적으로 잘못된 것은 없다고 안심시키는 것이 필요하다. 사실 여러분 역시 전통적 방식으로 일하면 편안한 경우가 많이 있다고 시인할 수도 있다. 하지만 과거의 행동양식이나 사고방식을 바꾸거나 특정한 관습을 버려야 할 훌륭한 이유가 여러분에게 있다면, 전통에 대한 존중은 어떤 일을 할 것인가를 결정하는 과정과는 관련 없는 고려 사항이라는 것을 주지시켜야 한다.

50. 개인적 상황에 호소하는 오류

오로지 상대방의 개인적 상황이나 이기심에 호소함으로써 상대방에게 특정한 입장을 승인하도록 강요하는 논증.

개인적 상황에 호소하는 논증은 우물에 독약을 뿌리는 오류와 반대되는 것이라고 볼 수 있다. 우물에 독약을 뿌리는 오류는 주장자의 특수 상황이나 온당치 못한 동기 때문에 그의 논증이나 주장을 거부하는 것이지만, 개인적 상황에 호소하는 오류는 다른 사람의 특수한 상황이나 동기를 이용하여 그에게서 어떤 주장이나 제안에 대한 특정한 반응을 이끌어 내는 것이다. 그러나 어떤 사람의 개인적 상황이 주장이나 제안의 옳고 그름과 관련 있거나 그 자체로 충분한 이유가 되는 경우는 극히 드물다.

상대방이 특정한 주장이나 제안을 승인하거나 거부하도록 하기 위해서 그 사람의 개인적 상황이나 이기심에 호소하는 논증은 당면문제와는 관련이 없는 전제를 제시하고 있다. 그러한 논증은 때로 효과적일 수는 있겠지만, 훌륭한 논증은 아니다.

예 1 "나는 당신이 어떻게 '무과실 자동차 보험제도' (사고가 나면 보험 계약자가 보험금 결정 전에 보상금의 일부를 신속히 받을 수 있는 보험제도)에 찬성할 수 있는지 도대체 이해할 수 없소. 당신네 법률회사 업무는 대부분 자동차 사고와 관련된 소송들이잖소. 물론 우리 변호사들이 자동차 사고와 관련된 소송으로 먹고 사는 것만 아니라면 그리 놀랄 일도 아니겠지만 말이오." 여기서는 어느 변호사가 다른 사람의 이기심에 호소하고 있다. 무과실 보험제도의 가치에 대해서 고려해야 할 사항은 전혀 제시되어 있지 않다.

예 2 "은숙아, 나는 네가 이 대학의 차별철폐 조치를 적극적으로 지지하리라고 생각했어. 너는 여성이야. 그러므로 너는 전통적으로 남성들이 주도해 왔던 분야의 일에 여성들이 많이 고용되도록 온갖 조치를 취해야 한다는 것을 잘 알잖아." 은숙이가 여성이라는 특수한 상황은 그녀가 차별철폐 조치를 지지하기 위한 충분한 이유가 아니다. 그녀가 차별철폐 조치를 적극적으로 지지하지 않는 이유가 무엇이든, 여성이라는 사실은 그녀의 결정과 관련 있는 고려 사항이 아니다.

예 3 어느 교수가 중요한 교과과정을 결정하는 데서 다른 사람의 지지를 얻고자 개인적 상황에 호소하는 논증을 폈다. "김 교수, 외국어 과목이 필수과목에서 제외된다면, 학생들은 외국어를 거의 수강하지 않을 게 아닙니까? 그리고 학생들이 당신의 라틴어 강좌를 수강하지 않는다면, 대학에서는 당신을 계속 고용할 이유가 없습니다." 외국어가 모든 학생들에게 필요한가의 문제는 필수과목과 관련 있는 요인들을 근거로 해서 결정되어야 한다. 그 과목이 김 교수에게 직장을 제공한다는 사실은 당면문제와는 관련이 없다.

오류 바로잡기 묘한 일이지만, 이기심에 호소하는 논증을 제시하는 사람은 다른 사람이 이기심을 근거로 논증하면 비양심적이라고 생각한다. 그러므로 이기심에 호소하는 논증을 펴는 사람은, 조금만 더 깊이 생각한다면 개인적 상황을 이유로 해서 어떤 주장을 승인하거나 거부하는 것은 옳지 못하다는 점을 깨달을 수 있을 것이다.

상대방이 여러분에게 개인적인 수준에서 호소할 경우, 그에게 여러분의 개인적 이익과 관련 없는 다른 논증을 제시해 달라고 요구하면 토론을 긍정적인 방향으로 끌고 나갈 수 있다. 문제가 되는 입장이 여러분에게 이익이 되는지에는 관심이 없고 다만 그것의 옳음에만 관심이 있다는 점을 분명히 하라. 그리고 문제의 입장에 대해서 훌륭한 논증이 만들어질 수 있다면, 그것이 여러분에게 개인적으로 이롭지 않을지라도 주저하지 말고 그 결론을 승인하라.

51. 관련 없거나 의심스러운 권위에 호소하는 오류

해당 분야의 권위자가 아닌 사람의 판단, 확인되지 않은 권위자의 판단, 편향되기 쉬운 권위자의 판단을 인용하여 논증을 입증하려 하는 논증.

해당 분야의 권위자는 논증자가 주장하는 내용의 옳고 그름을 증명할 수 있는 사람이다. 따라서 권위자는 사실로부터 적절한 추리를 하는 능력을 갖추고 있어야 하고, 건전한 판단을 내리거나 진실한 대화를 하는 데 방해가 될 만한 편견을 가져서는 안 된다. 권위자의 판단이 사실에 근거를 두고 있으며 그 사실이 판단을 정당화하기에 적합한 경우에는 권위자의 판단에 호소하여 주장을 입증해도 전혀 상관없다. 하지만 위의 조건에 비추어 권위자라고 할 수 없는 사람의 판단에 의존하고 있는 논증은 오류다.

이 오류의 가장 빈번한 형태는 권위자의 능력을 해당 분야가 아닌 다른 분야에까지 연장하는 것이다. 예를 들어 연예인이나 운동선수가 화장품이나 자동차에 관한 권위자로 등장한다든가, 핵물리학자가 종교적 주장을 입증하는 데 거명된다든가, 정치가가 결혼문제와 가정문제에 관한 전문가로 취급된다든가 하는 경우다. 사실 유명인이나 존경받는 사람의 판단은 토론 주제와 상관없이 무분별하게 남용되는 경향이 있다. 예를 들어 소크라테스나 예수나 링컨의 판단이 주제와는 상관없이 진지하게 거론되는 경우가 얼마나 흔한가!

확인되지 않은 권위자는 진정 해당 분야의 권위자인지 알 수 없기 때문에 의심스럽다. 또 다른 유형의 부적합한 권위자로는 편향된 사람이 있다. 특정 분야에서 훈련, 능력, 지위에 의해 권위자로서의 자격을 갖춘 사람이라 하더라도, 그가 논증자의 결론에 치명적인 영향을 받거나 그의 이익이 논증자의 결론과 관련되어 있다면, 그의 증언은 의심할 만한 충분한 이유가 있다.

논증자가 관련 없거나 확인되지 않았거나 편향된 권위를 사용해서 특정한 논제를 입증하려 한다면, 그는 결론과 관련이 없는 전제를 제시하고 있는 것이다. 왜냐하면 관련 없거나 편향된 권위자의 증언은 결론의 옳고 그름에 영향을 주지 못하기 때문이다. 확인되지 않은 권위자의 증언이 결론의 옳음에 영향을 줄 수 있다 하더라도, 확인되지 않았기 때문에 적합한 권위자인지 아닌지는 알 수 없다. 그 권위자는 관련 없거나 편향된 권위자라고 판명될 수도 있는 것이다.

예 1 "정부가 환경오염에 전혀 책임이 없다는 것은 사실이 아니다. 나는 지방 하수오염의 50% 이상이 정부의 책임이라는 이야기를 어디선가 읽은 적이 있다." 하수오염의 50% 이상이 정부의 책임이라는 말은 사실일 수도 있겠지만, 누가 그런 주장을 했는지가 아직 확인되지 않았기 때문에 그 주장을 믿을 이유가 없다. 물론 논증자의 기억이 잘못이지, 논증자의 정직성이 문제가 되는 것이 아니다. 위의 논증을 들은 사람이 그 논증의 권위를 평가할 수 없기 때문에, 위의 논증은 오류다.

예 2 "나는 왜 당신이 방위비 예산을 한푼이라도 더 삭감하려 하는지 모르겠소. 김주환 목사님에 따르면, 모든 국제적 군사 동향과 정치적 사건의 조짐으로 미루어 가까운 장래에 북한과 전면적인 군사 대결이 예상된답니다." 하지만 김주환 목사라는 사람은 국제정치 전문가나 군사 전문가가 아니므로 위의 사실을 확증해 줄 위치에 있는 사람이라고 할 수 없다. 설사 김주환 목사가 사실 자체는 확증해 줄 수는 있다고 하더라도, 그 사실에서 올바른 추리를 할 수 있는 능력이 있거나 그런 훈련이 되어 있는 사람은 아닐 것이다.

예 3 "의원 여러분, 정보부가 권한 외의 불법 활동을 했다고 생각한다면, 왜 정보부장과 참모들을 여기 청문회에 소환하여 이 일의 진상을 규명하지 않습니까? 정보부의 활동에 관해서 정보부장과 정보국장들보다 더 잘 증언해 줄 사람이 누가 있겠습니까?" 정보부의 활동에 관한 조사는 대부분 정보부장이나 참모들의 증언을 들을 수밖에 없을 것이다. 하지만 그러한 증언은 의심스러울 수 있다. 만일 정보부장 자신이 어떤 방식으로 연루되었을 가능성이 있는 정보부 내의 비행에 관한 주장을 평가하기 위하여 청문회가 열린 것이라면, 정보부장의 증언은 의심스러운 것일 수 있다.

오류 바로잡기 확인되지 않은 권위에 호소하는 논증에 접했을 때, 그 논증을 바로잡는 첫번째 단계는 그 권위가 확인될 수 있는가를 묻는 것이다. 논증자가 확인되지 않은 권위를 확인해 줄 수 없다면, 여러분은 그 권위가 신뢰할 만한 권위인가를 평가해야 한다. 권위가 편향된 것인지 여부를 결정할 때에는 성급히 그 권위가 편향적이라고 주장해서 권위자를 불신하지 않도록 주의해야 한다. 그렇게 하면 여러분 자신이 오류——우물에 독약을 뿌리는 오류——를 범할 수도 있기 때문이다. 권위자의 판단이 약간이라도 편향적이라고 말할 수 있는 이유를 찾아내거나 꾸며 내는 일은 어렵지 않다. 하지만 그 편향이 아주 명백하거나 진실을 발견하는 데 심각한 방해가 될 때에만 그 권위가 편향적이라는 비난을 해야 한다. 달리 말해서 눈에 금세 띄는 편향적 상황이 만연해 있을 때에만 편향된 권위에 호소하는 오류를 범했다고 말해야 한다.

무엇보다도 중요한 일은 주장들을 입증하는 데 위대한 사람이나 존경받는 전문가들의 이름이 거명되었을 때 그것에 위축당하지 않는 것이다. 윌리엄 셰익스피어, 마크 트웨인, 에이브러햄 링컨, 빌 로저스(미국의 배우 · 유머 작가, 1879~1935), 드와이트 아이젠하워, 칼 샌드버그(미국의 시인 · 전기 작가, 1878~1967) 그리고 기타 '유명' 인사들을 설령 전문가라고 친다 해도 극히 제한된 주제의 전문가일 뿐이다.

52. 공통 의견에 호소하는 오류

대부분의 사람들이 어떤 입장을 승인한다고 상대방에게 그 입장을 승인하도록 강요하는 논증. 반대로 극히 소수의 사람들만이 어떤 입장을 승인한다고 상대방에게 그 입장을 거부하도록 강요하는 논증.

이 오류는 흔히 다른 두 가지 명칭으로 부르기도 한다. 하나는 '시류에 편승하는 오류'고, 다른 하나는 '여론에 호소하는 오류'다. '시류 편승'이라는 개념은 어떤 생각이나 행위가 '누구나' 승인하는 것이기 때문에 옳다는 것, 또는 누구나 그렇게 행동하니까 나도 그렇게 한다는 것을 뜻한다. '여론에 호소하는 오류'는 대다수의 사람들이 승인하는 주장이나 생각은 옳다는 것을 뜻한다. 하지만 어떤 생각의 옳음은 그것을 지지하는 사람들의 수에 의해 결정되는 것이 아니다. 흔히 영화를 보려고 기다리고 있는 사람들의 줄이 길면, 그 영화가 훌륭한 영화이리라고 추리한다. 또는 음식점 밖에 세워져 있는 차의 수가 많으면, 그 음식점의 음식이 훌륭하리라고 추리한다. 하지만 군중의 판단이 항상 옳은 것은 아니다. 또한 긴 줄이나 많은 차는 다른 요인들로 설명될 수 있는 경우도 있다.

어떤 결론의 옳고 그름을 결정하기 위해 그 결론을 승인하거나 거부하는 사람들의 수를 이용하는 논증은 관련 없는 전제를 사용하고 있다. 이러한 관련 없는 전제를 주된 전제로 사용하는 논증은 훌륭한 논증이라고 할 수 없다. 왜냐하면 그러한 논증은 전제가 결론의 옳고 그름과 관련이 있어야 한다는 훌륭한 논증의 두번째 기준에 위배되기 때

문이다.

예 1 "나는 이문열의 새 소설을 한 권 살 작정이야. 그 책은 틀림없이 좋은 소설일 거야. 10주 동안이나 베스트셀러 1위에 있었거든." 베스트셀러 목록에 올라 있다고 해서 반드시 좋은 책이라고 할 수는 없다. 베스트셀러의 목록에 올라 있다는 사실은 다른 요인들로 설명될 수도 있을 것이다. 예를 들어 유명한 독서클럽이 선정한 책일 수도 있고, 출판사가 공공 도서관과 효과적으로 교섭한 결과일 수도 있다. 실은 문학적으로는 졸작인데도 불구하고 저자의 인기가 폭넓기 때문일 수도 있고 아예 그냥 우연히 독자들이 많이 보는 책일 수도 있다. 요점은 책을 사는 사람들의 수가 많다는 사실로부터는 책의 질에 관한 어떤 것도 추리할 수 없다는 것이다.

예 2 "대마초를 피우는 것은 결코 잘못일 수 없다. 어제 발간된 ≪월스트리트≫지에 실린 최근의 갤럽 조사에 따르면, 대학생들의 70% 이상이 대마초를 피우는 것은 잘못이 아니라고 생각한다고 한다." 대마초를 피우는 것이 올바른가 잘못인가는 여론조사가 결정할 수 있는 것이 아니다. 여론조사는 사람들이 생각하고 있는 것, 행하고 있는 것, 행할 예정인 것을 알려 줄 수는 있지만, 그것에서 어떤 생각이나 주장의 옳음이나 행동의 올바름을 추리할 수는 없다.

예 3 "노태우 전 대통령은 전두환 전 대통령이 재임중에 범했을 수 있는 죄를 용서할 수 있는지에 관해서 전두환 전 대통령이 물러나기 전에는 아무 합의나 양해가 없었다고 주장했다. 그러나 그 사실을 누가 믿겠는가!" 하지만 노태우 씨와 전두환 씨 사이에 사전 합의가 있었는지에 관한 진실은 대다수 사람의 믿음에 의해 결정될 문제가 아니다. 사람들이 진실이라고 생각한다는 것은 사실이 그렇다는 것과는 관련이 없다.

오류 바로잡기 논쟁 상대방은 공공의 의견이 진리를 표현하고 있다고 생각하고 있으므로 상대방에게 공공의 의견이 다른 것으로 바뀐다면 '옳은' 주장도 그른 주장으로 바뀌는지 물어 보라. 어느 누구도 이 질문에 그렇다고 대답하지는 않을 것이다. 만일 그렇게 생각한다면 사람들의 의견이 달라질 때마다 같은 주장이 옳기도 하고 그르기도 하다는 불합리한 결론을 초래할 수 있기 때문이다.

그래도 상대방이 확신하지 못하면, 한때는 수많은 사람들이 옳다고 믿었지만 이후에는 그르다고 판명된 주장, 또는 한때는 아무도 옳다고 믿지 않았지만 이후에는 옳다고 판명된 주장의 실례를 들면 된다. 과학과 역사에서 좋은 실례들을 찾아낼 수도 있지만, 상대방이 직접 경험한 실례를 드는 것이 가장 좋다. 예컨대 수많은 사람들이 옳다고 믿었던 주장임에도 불구하고, 논증자가 최근에 그르다고 판정한 어떤 주장을 예로 들 수 있다.

연습문제

[1] **다음 예들이 '관련 없는 것에 호소하는 오류' 중 어떤 오류를 범했는지 밝혀라.**

1. 민석아, 네가 두 후보에 관해 이야기한 것에 나도 동의하지만, 나는 그 사람에게 투표할 수 없어. 우리 집 사람들은 항상 민주당원이었기 때문이야. 내가 공화당 후보에게 투표하면, 아마 돌아가신 아버지가 무덤에서 벌떡 일어나실 거다.

2. 한 하청업자가 제안했다. "거래만 끝나면 우선 좋은 곳에 가서 술도 질탕하게 대접하고, 손님 가족에게 하와이 1주 무료 여행권과 항공권도 제공하고, 조그만 아파트도 한 채 사드릴 텐데, 그래도 그 조그만 계약을 체결하지 않으시겠다는 겁니까?"

3. 닉슨과 포드 두 대통령 아래서 국무장관을 지낸 바 있는 헨리 키신저는 어느 신문기자와의 회견에서 이렇게 말했다. "후세의 사가들은 닉슨 대통령과 포드 대통령을 매우 강력하고 적극적이며 훌륭한 외교정책을 개발한 사람이라고 기술할 것입니다."

4. 당신은 이 새로운 교육정책에 반대하는 겁니까? 아시다시피 대통령과 장관이 둘 다 그 교육정책을 상당히 강력하게 추진하고 있습니다. 당신 목이 아직 붙어 있는 것을 다행으로 생각하시오!

5. 만일 당신이 나와 결혼해 주지 않으면, 우리의 불쌍한 아이는 자기 아버지가 누구인지도 모른 채, 정상적인 가족 생활도 하지 못하고 살아가게 될 거예요. 민수 씨, 이 아이한테는 아버지가 필요해요! 제발 아이의 아버지가 돼 주세요.

6. 근친상간은 잘못임에 틀림없다. 왜냐하면 실제로 현재 사회에서 여러 가지 형식으로 금기시하기 때문이다.

7. 대학 졸업반 학생이 주임 교수에게 말했다. "제가 교수님의 과목을 열심히 수강하지 않았다는 것은 저도 압니다. 그러나 만일 교수님이 추천

서를 좋게 써 주시지 않으면, 저는 대학원에 입학할 수 없습니다. 교수님, 저는 대학원에 꼭 입학해야 합니다. 대학원에 가서는 열심히 공부하겠습니다. 그리고 교수님께서는 제가 정말로 어려울 때 도와 주신 것을 후회하지 않으실 겁니다."

8. 올해에는 당신이 연합 자선 모금회에 꽤 큰돈을 기부해 주실 것으로 믿습니다. 당신은 작년에 10만 원 이하를 기부한 유일한 경영인입니다.

9. 교수가 학생에게 말했다. "너는 내 미학 과목을 수강해야 할 거야. 만일 네가 그 과목을 수강하지 않는다면, 나는 네가 대학원에 지원할 때 추천서를 좋게 써 주는 것을 진지하게 고려할 참이다."

10. 해군사관학교에 가겠다는 너의 계획을 다시 생각해 봐야 해! 우리 가족은 항상 육군이었어. 너의 형, 너의 아버지, 너의 삼촌, 너의 할아버지까지도 모두 육군사관학교를 나왔단다.

2 다음 예들이 지금까지 공부한 오류 중 어떤 오류를 범했는지 밝혀라.

11. 갑 저쪽 구석에 있는 사람은 누구지?
을 아마 이번 학기에 우리 대학에서 강의하는 러시아 역사학자일걸.

12. 하지만 경찰관님, 이곳에서 나에게 주차위반 딱지를 떼서는 안 됩니다. 사람들은 언제나 이곳에 주차하지만 주차위반 딱지를 뗀 적이 없어요. 나도 이곳에 몇 달 동안 주차를 해 왔습니다만 한 번도 주차위반 딱지를 떼인 적이 없지요. 아무도 이 작은 도로에 있는 '주차금지' 표지에 주목하지 않는다구요.

13. 갑 나는 "한 번 구원은 영원한 구원"이라고 생각해. 한 번 구원받거나 구제받은 사람은 신의 은총을 잃을 수 없거든. 다시 말해서 신앙을 버릴 수는 없어. 그래서 우리 침례교도들이 너희네 감리교도들과 다른 거야.
을 하지만 전에는 교회에 다녔다가 이제는 다니지 않는 사람을 몇 아는데, 그들은 교회에 대해서 불평만 할 뿐 아니라 구원을 받았다거나 기독교인이라고 생각하기 어려운 삶을 살고 있어. 그래도 그들은 어린 시절에 구원을 경험한 적이 있었다더라. 너는 그런 사람들도 신앙을 버리지 않았다고 말하고 있는 거냐?

갑 물론, 그 사람들이 네가 말한 그대로라면, 그들은 실제로는 구원받은 적이 없었음에 틀림없어.

14. 매사추세츠주의 투표자들은 그 주에서의 총기사용 통제법안을 압도적으로 부결시켰다. 이는 총기 통제가 결국 허튼 생각이었다는 것을 증명해 준다.

15. 내 남편은 이 지역에서 가장 좋은 병원에서 치료받고 있어. 왜냐하면 그 병원은 최신의 기술을 모두 동원해 치료하고 있거든.

16. 나는 육군 소령인 강무길 씨가 이 계획을 효과적으로 추진할 수 있는 사람이 아니라고 생각합니다. 왜냐하면 육군은 무능하다고 소문나 있거든요.

17. 나는 당신이 왜 교구 부설학교들에 대한 연방정부의 원조를 반대하는지 도대체 이해가 안 됩니다. 우리는 둘 다 교구 부설학교 개념에 찬동한 천주교도입니다. 그리고 우리 학교들이 얼마나 재정난에 허덕이고 있는지 당신도 알잖습니까? 만일 교구 부설학교 재정 원조에 관한 이 법안이 국회에서 통과되지 않으면, 우리 학교들은 대부분 문을 닫아야 할 것입니다.

18. 교구민이 신부에게 말했다. "당신은 결혼해 본 적이 없습니다. 그렇다면 우리 부부간의 문제에 관하여 왜 당신의 충고를 들어야 합니까? 당신은 당신의 충고가 옳다는 것을 어떻게 알 수 있습니까?"

19. 법인단체의 독점 사업에 약간의 통제를 가하는 법적 조처는 분명히 공공의 이익을 위한 것이다. 왜냐하면 특정한 봉사나 상품의 생산과 분배를 단일한 법인단체가 완전히 통제하는 것을 막는 법적 수단을 마련할 수 있다면 사회의 이익이 크게 개선될 것이기 때문이다.

20. 국가는 기계와 같다. 기계는 운전하는 사람이 누구인가와는 상관없이 늘 같은 방식으로 작동한다. 마찬가지로 누가 대통령으로 선출되든 실제로는 아무런 차이가 없을 것이다.

예답 1. 전통에 호소하는 오류 2. 대중 감정에 호소하는 오류 3. 관련 없거나 의심스러운 권위에 호소하는 오류 4. 힘이나 위협에 호소하는 오류 5. 동정심에 호소하는 오류 6. 공통 의견에 호소하는 오류 7. 동정심에 호소하는 오류 8. 대중 감정에 호소하는 오류 9. 힘이나 위협에 호소하는 오류 10. 전통에 호소하는 오류 11. 다의어의 오류 12. 사실—당위의 오류 13. 결론의 옳음을 가정하는 정의의 오류 14. 공통 의견에 호소하는 오류 15. 새로운 것의 오류 16. 분할의 오류 17. 개인적 상황에 호소하는 오류 18. 우물에 독약을 뿌리는 오류 19. 순환논증의 오류 20. 그릇된 유비의 오류

9. 논점 전환의 오류

이 장에서는 논증을 구성할 때 실제적인 논점에서 주의를 다른 데로 돌리게 하는 책략을 사용하여 좀더 유리한 입장이나 덜 난처한 입장이 되고자 시도하는 오류들에 대해서 살펴보자. 논증을 구성할 때 사용되는 논점 전환 술책은 대단히 많다. 하지만 여기서는 상대의 입장을 공격하는 데 흔히 사용되는 네 가지 유형의 전환논증——입장을 왜곡하는 논증, 입장의 약한 증거나 중요치 않은 점들만을 공격하는 논증, 사소한 문제로 주의를 돌리게 하는 논증, 입장을 조롱하는 논증——만 살펴보겠다.

이런 논증들은 검토중에 있는 입장을 부정하기 위한 근거로서 적어도 하나의 관련 없는 전제를 사용한다. 훌륭한 논증의 기준에 따르면, 결론을 입증하기 위해 사용된 전제는 결론의 옳고 그름과 관련이 있어야 한다(R). 그러나 전환논증의 전제는 그러한 관련이 없으므로 전환논증은 훌륭한 논증의 기준을 만족시키지 못한다.

53. 허수아비 논증의 오류

상대방의 관점이나 논증을 공격하기 쉽게 만들기 위해 허위로 진술하는 논증.

상대방의 논증이나 입장을 허위로 진술하는 방식에는 몇 가지가 있다. 첫째, 상대방 논증의 일부만을 이용하거나, 상대방의 논증을 주의 깊게 선택된 낱말들로 바꿔 진술하거나, 또는 상대방의 논증에 대한 자신의 평가나 논평을 교묘하게 포함시킴으로써 왜곡된 형태로 진술하는 방법이 있다. 둘째, 상대방의 논증을 단순화시키는 방법이 있다. 상대방의 복합적인 논증에서 중요한 제한조건이나 미묘한 구별을 누락시켜 단순한 형태로 진술하면 불합리한 논증처럼 보이게 된다. 셋째, 논증의 원래 범위를 확장시켜서 명백히 보증되지 않았거나 의도되지 않은 추론을 그 논증에서 이끌어 내는 것이다.

상대방의 원래 논증을 살아 있는 인간이라고 한다면, '허수아비'는 그 논증 대신에 제시된 논증을 풍자적으로 표현하는 은유다. 진짜 논증 대신 제시된 가짜 논증이 취약한 것으로 밝혀지면, 진짜 논증도 무너졌다는 인상을 주게 된다. 하지만 허수아비 논증의 핵심 전제는 원래 논증의 허위 진술이므로 허수아비 논증은 분명히 승인할 수도 없고 관련도 없는 전제를 사용하고 있는 것이다. 문제의 입장을 논증자 자신이 잘못 해석한 상태에서 발견한 취약점은 실제 입장의 가치와는 관련이 없으므로 허수아비 논증은 결함이 있는 논증이다.

호의의 원리에 따르면, 다른 사람의 논증을 공정하게 진술해야 한다고 되어 있다. 즉 다른 사람의 논증은 가능한 한 최선으로 해석해 주어야 한다. 다른 사람의 논증에 대한 허위 진술은 다른 사람의 논증을 공정하게 취급하고 있다고 볼 수 없으므로 허수아비 논증은 호의의 원리를 위반하고 있다고 볼 수 있다.

예 1 허위 진술이나 고의적인 왜곡은 교활한 정치가들의 전형적인 술책이다. 어느 대통령 후보가 예산을 낭비하지 않고 운영을 잘한다면 수십억 원을 절약할 수 있다고 주장하면서 국가방위비예산을 삭감하자는 논증을 폈다. 이에 대해 그의 정치적 상대 후보는 다음과 같이 응수했다. "그 후보는 방위비를 삭감함으로써 우리의 방위 태세를 약화시키려 합니다. 방위비 삭감은 군사력의 약화를 의미하며, 나아가 국제 정치무대에서 우리나라가 지니는 역할이 축소된다는 뜻입니다. 더욱이 북한과 대적하고 있는 상황에서 그럴 수는 없습니다. 나는 우리나라가 군사력에서 북한에 대해 우위를 지켜야 한다고 생각하며, 외국과 체결한 방위조약도 계속 지켜야 한다고 주장하는 바입니다." 이 예는 어떤 입장이 얼마나 허위로 진술될 수 있는가를 보여 주며, 그 입장이 보증되지 않은 추리에 의해 얼마나 왜곡될 수 있는가를 보여 준다. 방위비 지출에서 낭비를 줄이자는 것은 반드시 군사력의 약화를 뜻하지 않을 뿐만 아니라 군사력이 처지는 것을 의미하는 것도 아니다.

예 2 다음 사례는 보증되지 않은 추리를 함으로써 원래의 논증을 왜곡하는 명료한 사례다. 부근에 원자력 발전소가 건설된다는 계획에 대해서 찬성자와 반대자가 대화하고 있다.

찬성자 이 지역에 원자력 발전소를 10년 안에 건설하지 않는 한, 우리는 급증하는 전력 수요를 충족시키지 못할 것입니다.

반대자 당신은 이 지역이 핵 방사능에 노출되면 생태계와 인간생

활에 어떤 일이 일어날지는 걱정하지 않고 있습니다.

반대자는 찬성자의 논증에서 명확하게 보증되지 않은 것을 추리하고 있다. 찬성자의 논증만 가지고는 그가 원자력 발전소 건설로 인해 생길 수 있는 환경 피해에 무관심하다는 것을 결론으로 추리해 낼 수 없다. 사실 생태계와 인간생활에 그러한 피해가 발생하지 않도록 갖가지 예방책이 강구될 수도 있는 것이다.

예 3 경숙 요컨대, 이 문제를 주의 깊게 생각한 후에 말하는 건데, 나는 성차별이 논리적으로, 도덕적으로, 법적으로 정당화될 수 없다고 결론 내릴 수밖에 없어. 그러니까 나는 우리나라 헌법의 동등권 조항을 전폭적으로 지지해.

경수 남자와 여자가 화장실을 같이 써도 괜찮다고 생각한다면 당장 가서 그것을 지지하렴. 내 생각에는 너희 여자들이 가사 일을 하고 싶어하지 않는 것 같아.

경숙이의 논증에 대한 경수의 진술은 확실히 왜곡된 것이다. 경수는 경숙이의 논증에서 보증되지 않은 추리를 하고 있을 뿐만 아니라, 경숙이의 원래 논증을 알아볼 수 없을 정도로 지나치게 단순화하고 있다.

오류 바로잡기 상대방이 여러분의 논증을 고의로 왜곡했는지, 단순히 이해하지 못했는지, 또는 일부러 특정한 방식으로 해석했는지를 항상 알 수 있는 것은 아니다. 어떤 경우이든, 여러분은 논증의 기본 윤곽을 되풀이해서 말할 수도 있겠고, 또는 상대방에게 여러분의 논증을 요약해 보라고 요구할 수 있다면 더욱 좋겠다. 만일 상대방이 기꺼이 그렇게 한다면, 여러분은 상대방의 잘못된 해석이나 진술을 수정해 주고 빠뜨린 것을 보충해 줄 입장에 설 수 있게 될 것이다. 만일 그렇게 되었다면, 여러분은 각자의 이야기를 서로 성심성의껏 이해하려 하지 않을 경우 건설적인 토론이 불가능하다는 점을 지적해야 한다. 만일 상대방이 여러분의 입장을 계속해서 허위 진술하려 고집하면, 그 사실에 대해서 주의를 주고 왜곡된 부분을 수정해 주어야 한다. 여러분은 절대로 왜곡자가 사용한 용어들을 문제 삼아 토론해서는 안 된다. 다시 말해서 여러분은 상대방이 여러분의 논증에 대해서 허위로 진술한 것을 옹호하려 해서는 안 된다.

54. 사소한 반박의 오류

> 논증의 주요 논지나 기본 주장이 아닌 중요하지 않은 것에 비판적 주의력을 집중시킴으로써 상대방의 입장을 공격하는 논증.

사소한 반박의 오류는 상대방의 기본논증을 공격하기가 쉽지 않을 때 흔히 나타난다. 따라서 상대방이 여러분의 논증에서 사소한 것을 가지고 반박하려 한다면 그것은 곧 여러분의 논증이 제대로 된 논증임을 보여 주는 신호라고 여겨도 좋다.

어떤 논증에 대해서 사소한 반박을 퍼부을 수 있는 방식은 여러 가지다. 논증 전체로 보면 별로 비중이 크지 않은 사소한 전제의 취약한 부분에 대한 공격이 있을 수 있다. 이에 대해서는 논증 전체는 별다른 해를 입지 않고서도 그 반박을 무너뜨릴 수 있다. 또 논증의 주요 논지나 기본 논지와 중요한 관계에 있지 않은 지엽적 사항에 대한 공격이 있을 수 있다. 또 사용된 예에 대한 비판도 있을 수 있다. 그러나 그러한 경우 원래 논증은 본래 그대로 남아 있을 수 있다. 왜냐하면 설사 그 반박이 정당하다고 할지라도 워낙 사소한 것이어서 원래 논증은 아무런 손상도 입지 않기 때문이다.

사소한 반박의 오류는 허수아비 논증과는 다르다. 사소한 반박은 상대방의 논증에 대한 허위 진술이나 약한 해석에 대한 공격이 아니라 단지 논증 속에 있는 중요하지 않은 결함에 대한 공격일 뿐이다. 그러나 사소한 반박의 오류를 범하는 사람은 이 중요하지 않은 결함을 마치 중요한 결함인 것처럼 생각한다. 이들은 논증에서 발견된 어떤 결함이든 그 논증을 논파하기에 충분하다고 생각하는 것이다.

그러나 사소한 반박 논증은 전제가 결론의 옳음과 관련이 없기 때문에 결함이 있는 논증이다. 따라서 훌륭한 논증의 두번째 기준에 위배된다. 어느 논증의 결론이 그르다는 것을 입증하기 위해 사소한 반박을 증거로 삼는 전제는 결론의 옳음에 찬성하거나 반대하는 증거가 될 수 없기 때문에 결론과 관련이 없는 전제가 된다.

예 1 "그렇습니다. 나는 기독교 신앙의 진상을 조사해 보았지만 그래도 그 신앙을 인정할 수 없습니다. 나는 물 위를 걷는다거나 물을 포도주로 바꾸는 따위의 이야기를 그대로 받아들일 수 없습니다. 당신도 그런 일이 경험적으로 불가능하다는 것을 알지 않습니까?" 논증자는 적어도 성경 구절들을 문자 그대로 해석하지 않는 기독교도의 시각에서 볼 때 전혀 중요치 않은 점들을 꼬집어 공격하고 있다. 사실 논증자가 말한 것들은 기독교 신앙의 약한 증거라고 보기조차 어렵다. 이렇게 사소한 점들을 공격한다면 그 공격이 성공한다 해도 기독교 신앙을 찬성하는 논증에 전혀 부정적 효과를 일으키지 못할 것이다.

예 2 의사 걷는 것이 당신이 할 수 있는 가장 좋은 운동입니다. 가능하면 차를 타지 말고 항상 걸어야 합니다. 예를 들어 저 너머 식당으로 점심을 먹으러 갈 때에도 차를 타고 가는 것보다는 걸어 가는 것이 당신 건강에 훨씬 이로울 것입니다.

환자 그러나 의사 선생님, 저는 그 식당에서 식사하지 않는데요.

이 대화에서 환자는 의사가 이해를 도우려고 든 예를 공격하고 있다. 그 예가 이 환자의 경우에 적합하지 않다는 사실은 걷는 것이 이롭다는 논증의 기본 주장과는 관련이 없다.

예 3 학생 교수님, 교수님께서 저에게 왜 낙제 점수를 주셨는지 이해가 안 됩니다.

교수 잘 설명해 주지. 자네도 알다시피, 자네는 내가 낸 첫번째 시험에 실패했고, 마지막 시험에서는 부정행위를 하다가 걸렸고, 내가 부과한 과제도 소홀히 했네. 그 외에도 나는 자네가 학과 토론 시간에 아무것도 기여한 게 없다고 생각하네.

학생 그러나 교수님, 의사가 저에게 될 수 있는 한 말을 하지 말라고 엄명했는걸요. 저는 초가을에 목에 종양이 있다는 것을 알았습니다. 담당 의사는 몇 달 동안 목을 사용하지 않아야만 괜찮아질 거라고 말했습니다.

교수 그래, 나는 그런 줄 몰랐네. 자네가 강의 시간에 왜 아무 말도 하지 않았는지 이제야 알겠구먼. 그런 상황에서 말을 하라고 할 수는 없지. 목은 이제 괜찮은가?

학생 괜찮습니다. 중요한 것은 교수님의 과목에서 제가 받은 성적이 교수님의 그릇된 이해에서 비롯된 것이라는 것을 교수님께서 인정하셨다는 것입니다. 그러므로 저는 그 과목에서 낙제 점수를 받지 않았어야 합니다, 그렇지요?

하지만 그렇지 않다! 학생은 교수의 논증(학생에게 낙제 점수를 준 이유를 밝히는 논증)에서 가장 약한 증거——학급 토론에 학생이 기여한 것이 없다는 점——만을 성공적으로 공격했을 뿐이다.

오류 바로잡기 비판자가 어떤 논증을 어느 정도 성공적으로 논파하려면, 그는 그 논증의 가장 강한 증거를 공격해야 한다. 상대방을 효과적으로 무력화하는 한 가지 방법은 여러분의 주장에서 가장 강한 증거가 무엇이고 가장 약한 증거가 무엇인가를 명확히 하는 일이다. 그렇게 했는데도 논증자가 약한 증거들을 공격한다면, 그는 그것이 약한 증거이므로 그것에 손상을 입힌다고 하더라도 여러분의 논증 전체의 질에 중대한 영향을 끼치지 않는다는 사실을 알아야 한다.

비판자가 여러분의 논증 속에 있는 사소한 결함을 논파하거나 거부하면, 여러분은 우선 그 점을 인정해야 할 것이다. 그러나 여러분의 기본 논증은 여전히 건재하므로, 여러분은 서슴지 말고 그 기본 논증에 대한 응답을 듣고 싶다고 말하라. 만일 비판자가 자신은 사소한 것을 반박하지 않았고 기본 논증에 손상을 입혔다고 고집한다면, 그 반박이 해당 주장의 옳고 그름과 정확히 어떻게 관련되어 있는지를 증명해 달라고 요구하라.

55. 주의 돌리기 오류

진짜 문제에서 지엽적인 문제로 주의를 돌리게 함으로써 자기 입장의 약점을 숨기려 하는 논증.

이 오류의 원래 명칭은 '붉은 청어(red herring)'인데, 이 용어는 여우 사냥개를 훈련시키는 과정에서 나온 말이다. 청어를 갈색을 띤 붉은 색깔로 요리해서 여우가 다니는 길에 놓아, 사냥개가 잠시 여우의 냄새를 맡지 못하게 함으로써 사냥개의 후각을 단련시키는 데 사용한다. 주의 돌리기의 오류를 범하는 논증은 의식적이든 무의식적이든 토론의 방향을 어떤 문제에서 약간의 관련을 가진 다른 문제로 바꾸게 하는 형태를 취한다. 그렇게 해서 방향 전환된 다른 문제가 당면문제와 밀접한 관련이 있는 것처럼 보이게 만든다.

주의 돌리기 오류의 흔한 형태는 '공허한 위안'인데, 이는 사태가 더욱 나빠질 수도 있거나 다른 사람들의 경우는 더욱 나빴다는 이유만으로, 바람직하지 못한 상황에서 그 정도 불평은 당연하다고 주장함으로써 불평이나 비난으로부터 주의를 돌리려 하는 것이다. 어떤 사태가 현재보다 더 나빠질 수도 있다는 것은 거의 언제나 사실이다. 하지만 문제는 그런 사실에 있는 것이 아니라 그러한 사실에 주의를 돌려 애초의 비판이나 불평을 피하려는 데 있다.

논점에서 벗어난 주장의 옳고 그름을 근거로 결론을 확립하려 하는 논증은 관련 없는 전제를 사용하고 있다. 더욱이 주의가 돌려진 문제에 대해서 토론하는 것은 당면문제를 해결하는 데 혼란을 야기한다.

예 1 여러분은 대부분 저임금이나 부당한 임금에 대해서 불평해 본 적이 있을 것이다. 이런 불평을 할 때면 여러분의 부모님은 대개 이렇게 말한다. "얘야, 내가 네 나이였을 때는 한 달 월급이 10만 원도 안 되었단다." 이러한 '위안'은 사실과는 아무런 관련이 없는 것임에도 불구하고 여러분의 불평을 슬쩍 돌려 버리는 효과를 지닌다.

예 2 국회의원 갑 왜 당신은 임신중절 반대 조항을 지지하지 않으려는 겁니까? 당신은 아직 태어나지도 않은 생명을 무분별하게 죽이는 행위에 대해서 아무런 감정도 못 느낍니까?

국회의원 을 나는 임신중절로 죽어 가는 생명에 대해서는 그토록 열을 올리는 당신 같은 사람들이 어째서 무분별한 총기사용으로 매년 죽어 가는 수천의 생명에 대해서는 그런 감정을 느끼지 못하는지 도대체 모르겠습니다. 인간 생명의 신성함에 관한 문제는 두 경우 모두 마찬가지 아닙니까? 왜 당신은 총기사용 통제법을 통과시키려는 우리의 노력을 지지하지 않습니까?

여기서 국회의원 을의 관심사가 매우 중요한 것이라는 점은 의심할 바 없다. 그러나 그 관심사는 어떤 방식으로도 임신중절 문제와는 관련을 가질 수 없으며, 적어도 국회의원 갑이 왜 임신중절 반대 조항을 지지하지 않는가 하는 질문과는 아무 관련도 없다. 이 맥락에서 총기사용 통제에 관한 문제는 당면문제에서 부적절하게 주의가 돌려진 문제다.

오류 바로잡기 사실 열띠게 벌어지고 있는 논쟁이나 토론을 도중에 고삐를 잡아채기란 쉬운 일이 아니다. 주의 돌리기는 거의 모든 반대논증에 교묘하게 끼어든다. 논쟁의 초점이 주요한 문제에서 지엽적인 문제로 교묘하게 바뀔 때를 간파하려면 부단한 감시가 필요하다. 더욱이 여러분이 "그건 현재의 문제가 아니다"라고 주의를 줄 때마다 상대방이 언제나 그렇다고 인정하는 것은 아니다. 그러므로 여러분은 문제가 어떻게 곁길로 빗나갔는가 또는 그것이 왜 주의가 돌려진 문제라고 할 수 있는가를 설명해야 한다.

주의 돌리기는 흔히 무의식중에, 또는 적어도 의식하지는 않은 상태에서 토론에 끼어들어 오기 마련이므로 상대방이 오류를 범하고 있다고 비난할 때는 조심해야 한다. 관련 없는 것이 토론에 끼어들어 왔다 해도 그것이 해롭지 않은 것이라면, 여러분은 그것을 그냥 관련 없는 것으로 취급해야지 주의 돌리기의 오류로 취급해서는 안 될 것이다. 하지만 관련 없는 것을 고의적으로 주의를 돌리는 방법으로 이용하는 사람들이나 원래의 문제로 되돌아오기를 거부하는 사람들에 대해서는 당연히 주의 돌리기 오류를 범했다고 비난해야 한다.

56. 농담이나 조롱을 이용하는 오류

> 상대방의 입장에 적절히 대응할 능력이 없거나 대응하기 싫을 때 이를 감추기 위해 논증에 농담이나 조롱을 끌어들여서 그것을 관련 있는 증거 대신 이용하는 논증.

농담은 가장 효과적인 전환 전술 중의 하나다. 왜냐하면 재치 있는 농담 한마디는 그 농담을 듣는 사람의 마음속에서 상대방의 논증이 가지는 힘을 즉각 무력화할 수 있기 때문이다. 게다가 논리적 정당화를 하지 않았는데도, 즉석에서 청중을 자기 편으로 만들 수도 있다.

농담을 이용하는 책략에는 여러 가지가 있을 수 있다. 상대방의 제안이나 논증에 들어 있는 말을 이용해서 익살을 만들어 낸다든가, 진지한 주장이나 질문에 대해서 전혀 진지하지 않게 응답한다든가, 우스운 일화를 이야기한다든가, 상대방의 입장이나 말을 조롱한다든가 하는 것들이 그에 포함된다. 물론 상대방에 대한 조롱은 지나치게 잔인하지 않아야만 효과적이다. 다시 말해서 조롱은 자발적인 웃음을 유발해 내기에 충분할 만큼 좋은 농담이어야 한다. 조롱이 너무 신랄하면, 조롱 대상에 대한 청중의 동정심을 유발해서 오히려 조롱하는 사람의 입장을 약화시킬 수도 있다.

이런 책략을 쓰는 논증자는 대부분 그 책략이 논증과 관련 없는 것임을 잘 알고 있다. 그들은 이런 책략을 사용함으로써 실은 공격하는 입장을 거부하는 '전제' 대신으로 농담, 익살, 조롱을 이용하는 것이다. 그러나 어떤 입장이나 사람에게서 우스갯거리를 발견할 수 있다는 사실이 그 입장의 옳고 그름과 관련을 가지는 것은 전혀 아니다.

예 1 1984년 미국 대통령 선거운동중에, 레이건 후보의 나이는 많은 사람의 관심거리였다. 레이건이 그보다 나이가 적은 전 부통령 월터 먼데일과 텔레비전 토론을 하고 있던 중에, 한 기자가 레이건에게 핵 전쟁을 치르기에는 너무 연로한 것이 아니냐고 질문했다. 레이건은 이렇게 대답했다. "전혀 그렇지 않습니다. 이번 선거운동에서 나이를 문제 삼지 않았으면 좋겠군요. 나도 내 상대 후보가 어리고 경험이 적다는 것을 문제 삼지 않을 테니까요." 그 말에 기자석에서는 폭소가 터져 나왔다. 그 농담은 텔레비전 시청자로 하여금 '나이'에 대해서 더 이상 문제 삼지 않게 하기에 충분했다.

예 2 한 철학과 학생이 오류에 관한 이 책을 방금 읽고, 교수들과 동료 학생들의 논증에 더 세심한 주의를 기울이기 시작했다고 가정해 보자. 그 학생은 김 교수가 정치학 강의중에 '반사실적 가설의 오류'를 끊임없이 범하고 있다는 것을 발견했다. 특정 문제에 관하여 토론하던 중에, 학생은 이 사실을 교수에게 지적했다. 하지만 김 교수는 반사실적 가설의 오류를 범하고 있다는 학생의 비판이 정당화될 수 있는지 검토해 보는 것이 아니라, 다음과 같이 말하면서 비판의 힘을 무력화하는 것이었다. "여러분, 우리가 모르는 사이에, 이 강의실에 소크라테스가 몰래 들어왔던 모양입니다. 내가 무슨 잘못을 했다고요? 무슨 오류라고 했죠? 반사실적 가설의 오류? 철학자들이 사실에 관심이 있다는 것은 몰랐네요." 만일 이런 술책이 그 교수가 강의하는 학생들에게 통했다면, 그는 자신의 추론에 대한 공격과 정면으로 부딪치는 것을 피할 수도 있을 것이다.

예 3 어느 기자 회견에서, 사회당 공천을 받은 대통령 후보와 한 젊은 기자 사이에 다음과 같은 대화가 벌어졌다.

기자 내가 보기에, 선생께서 대통령에 당선되면, 선생과 함께 일하게 될 국회가 선생에게 협조하지 않을 것 같은데요. 선생의 정책을 거의 모두 반대하는 국회와 함께 어떻게 개혁을 추진할 수 있겠습니까? 어떻게 개혁에 도움이 되는 법률을 제정할 수 있겠습니까?

사회당 후보 만일 내가 당선된다면, 국회의원의 절반 가량은 심장마비로 급사할 테니까 문제의 절반 가량은 그 즉시 해결될 것입니다.

사회당 후보가 기자의 질문에 진지하게 대답하고 있는 것처럼 보이지만, 실은 그 질문을 교묘하게 피하고 있는 것이다.

오류 바로잡기 농담이 순전히 재치에서 나온 것이라면, 여러분은 그것이 재미있다고 솔직히 인정해 줄 수 있다. 정당한 논증이라고 해서 꼭 재미없는 것일 필요는 없기 때문이다. 논쟁상의 유리한 위치를 차지하거나 여러분의 원래 위치를 회복하기 위하여, 상대방의 농담을 받아들이는 태도가 오히려 상대방에 대한 효과적인 대항 수단일 수도 있다. 하지만 적절한 순간에, 여러분은 문제의 기본 주장을 반복하고 진지한 답변을 요구해야 한다.

연습문제

1 다음 예들이 '논점 전환의 오류' 중 어떤 오류를 범했는지 밝혀라.

1. 학생 교과과정을 변경하거나 행사계획을 결정하는 데 학생들의 의견은 완전히 무시되어 왔습니다. 학생들은 대학 행정에서 훨씬 큰 목소리를 가져야 합니다. 우리는 학교에 커다란 관심을 가지고 있으므로 학교 일에 적극적으로 참여해야 한다고 생각합니다.

   교수 큰 목소리가 필요한 사람은 오히려 교수들이오. 교수들은 아무런 해명도 없이 해고될 수도 있고, 재직기간을 연장하거나 결정하는 사람을 통제할 권한이 없소. 예산 편성에 관한 교수들의 의견은 완전히 무시됩니다. 학생 여러분들은 왜 교수들이 당하는 부당한 처사에는 관심을 갖지 않습니까?

2. 아내 여보, 나는 매일 집에서 설거지하고, 청소하고, 아이들을 돌보고, 음식을 만들고 하는 일에 진저리가 나요. 이런 생활과는 다른 일을 하고 싶어요. 나도 내가 의미 있는 일을 하고 있다고 느끼고 싶다구요. 지금은 내가 가치 없는 일을 하고 있다는 기분이에요. 당신이라면 날이면 날마다 집에서 내가 하는 일을 하고 싶겠어요?

   남편 여보, 모든 아내들에게 고통을 조금씩 나눠 주구려.

3. 갑 이제 대학에서 특정 직업을 위한 교육은 더 이상 별 의미가 없어. 기술의 시대에는 모든 것이 너무나 급속도로 변화하기 때문에, 직업교육은 10년 지나면 쓸모 없어진다구. 그러니까 나는 직업교육이 아니라 교양과목이 유지되어야 한다고 생각해. 그래야 우리 학생들이 수많은 다양한 직업에 대비할 수 있을 테니까 말이야.

을 너는 정말로 직업기술교육이 정확하게 10년 내에 쓸모 없어진다는 것을 증명할 수 있니?

4. 불평하지 마! 우리 학교의 기숙사에서는 여학생의 외출을 밤 1시까지 허용하고 있어. 너는 운이 좋은 거야. 다른 학교 기숙사에서는 여학생의 외출을 밤 10까지밖에 허용하지 않아.

5. 갑 월부 구입은 유리한 점이 있어. 현금으로 산다면 사지 못할 물건을 웬만한 수입을 가지고서도 살 수 있잖아. 그래서 경제를 발전시키고 수백만 명의 생활수준을 향상시킬 수도 있어. 더구나 월부 거래의 기록을 담당하는 수많은 사람들에게 일자리를 주기도 한다구.

을 그래? '마피아'도 괜찮은 일자리를 주잖아. 그렇다고 '마피아'가 훌륭한 조직이라는 말이야?

6. 딸 두 사람이 정말로 서로 사랑하고 의지하는데 왜 함께 살아서는 안 되는지 그 이유를 모르겠군요. 희성 씨와 저는 진심으로 서로 사랑하고 있어요, 어머니. 우리는 언젠가는 결혼하겠지만 지금 당장은 함께 있기를 원할 뿐이에요.

어머니 내 생각에는, 그건 너희들이 함께 동침하려는 것에 대한 변명에 불과해. 이 일에 관한 너의 모든 태도는 성을 값싼 것으로 만들고 있어!

7. 두 국회의원 후보가 공공 장소에서 토론을 벌이고 있다.

후보 갑 만일 내가 선출된다면, 우리의 아내들이 밤에 거리를 활보할 수 있을 정도로 거리의 안전을 위하여 내가 할 수 있는 모든 일을 다하겠다고 약속합니다.

후보 을 당신은 우리의 아내를 창녀로 만들겠다는 겁니까?

8. 부모 갑 아이들에게 텔레비전을 덜 보고 운동을 많이 하라고 권하는 것은 좋은 생각입니다.

부모 을 그럼 당신은 내가 아이들을 게으르고, 건강하지 못하고, 텔레비전에만 열중하는 놈들로 만들었다고 생각하십니까?

9. 갑 나는 대학 당국이 박 교수를 해고한 일이 완전히 정당하다고 생각해. 그는 강의 준비를 한 적이 없어. 여학생들에게 수작이나

걸고, 성적도 제멋대로 주고, 학생들에게 친절하지도 않다구.

을 내 생각은 그렇지 않아. 그는 나를 보면 언제나 "안녕하시오" 하고 인사하는데?

10. 나는 당신이 왜 그렇게 알코올중독 문제에 관심을 갖는지 모르겠어요. 그에 못지 않게 마약중독 문제도 중요한 국가적 문제인데요.

2 다음 예들이 지금까지 공부한 오류 중 어떤 오류를 범했는지 밝혀라.

11. 정대준 씨가 지방의원에 선출되면, 아마 그는 재산세율을 내릴 겁니다. 그의 상대 후보인 송영상 씨는 지방 공공사업의 수를 늘리려 하는데, 그런 일은 엄청나게 많은 경비가 들 겁니다. 당신처럼 많은 재산을 가진 사람이 누구에게 투표해야 하는가는 생각해 볼 필요도 없어요.

12. 등록한 학생들의 전체 수가 점차 줄고 있습니다. 학생들은 이 학교에 만족하지 못해서 상당수가 다른 대학으로 옮겨 가려고 생각하고 있습니다. 더 늦기 전에 우리 학교의 교과과정을 개정해야 한다고 생각합니다.

13. 나는 왜 늘 몸이 아픈지 모르겠다. 나는 하루 세 번 골고루 갖춰진 직당량의 식사를 하지만 여전히 몸이 좋지 않다.

14. 갑 너는 왜 예배 볼 때 찬송가 부르는 것을 반대하니?

을 너는 찬송가들이 대개 예전에는 선술집에서 권주가로 사용되었다는 것도 모르니?

15. 갑 너의 아버지가 약국에 앉아 어떤 종류의 잡지를 보고 계시는지 너는 모를 거야.

을 어떤 건데?

갑 음…… 말 안 하는 게 좋겠다.

16. 나는 이번에 새로 제안된 교과과정안을 받아들여야 한다고 생각합니다. 무엇보다도 그 안은 대학 이사회에서 만장일치로 통과되었습니다. 대학의 운영을 맡고 있는 사람들은 학교를 위한 최선의 교과과정을 결정하려 할 때 이사들이 하는 말을 잘 들어야 합니다.

17. 이 대학의 교수들과 임직원들이 내가 국회의원에 재선되는 것을 선뜻 지지하지 않는다면, 여러분이 원하고 있는, 도심에서 대학교까지 이어지는 새로운 도로가 건설되려면 오랜 세월이 걸릴 것입니다. 그뿐 아니라

여러분의 학교는 작년에 정부로부터 얼마나 많은 재정지원을 받았습니까?

18. 딸 아빠, 여성의 권리에 관한 저의 입장을 이해하지 못하시는군요. 제가 말하는 것은 여성이 어떤 방식으로든 차별 대우를 받아서는 안 된다는 거예요. 남성에게 열려 있는 모든 기회가 여성에게도 열려 있어야 해요.

아버지 오라, 이제 알겠다! 너는 남자들처럼 여자들도 아무하고나 잠자리를 같이하는 것이 사회적으로 용납되어야 한다고 주장하는구나.

19. 그런데, 희숙아. 너는 교회에서 결혼해야 해. 우리 가족 누구도 교회에서 결혼하지 않은 사람이 없어. 너의 아버지와 나, 할머니와 할아버지, 너의 오빠들과 언니들 모두 교회에서 결혼했단다.

20. 갑 너는 왜 라틴어 강의에 결석하지?

을 내가 잘하는 거라고 할 수는 없겠지. 그러나 진짜 이유는 내가 중간고사를 보지 못했기 때문이야. 나는 시험 보는 날 학교에 가다가 큰 교통사고를 당했거든. 다치지는 않았지만, 상대편은 아주 엉망이었어.

갑 재시험을 치를 수는 없었니?

을 그래, 라틴어 담당 교수님의 방침은 학생이 병이 난 경우가 아니면 재시험을 치를 수 없다는 것이었어.

갑 혹시 네 경우라면 재시험을 허용하지 않겠니? 왜 그 교수님에게 여쭤 보지 않았니?

을 무슨 소용이 있겠어? 그 교수님은 학생이 병이 난 경우만 재시험이 허용된다고 말했고, 나는 아프지 않았는데!

해답 1. 주의 돌리기 오류 2. 농담이나 조롱을 이용하는 오류 3. 사소한 반박의 오류 4. 주의 돌리기 오류 5. 사소한 반박의 오류 6. 허수아비 논증의 오류 7. 농담이나 조롱을 이용하는 오류 8. 허수아비 논증의 오류 9. 사소한 반박의 오류 10. 주의 돌리기 오류 11. 개인적 상황에 호소하는 오류 12. 논점에서 벗어나는 오류 13. 필요조건과 충분조건을 혼동하는 오류 14. 발생적 오류 15. 비꼬는 논증의 오류 16. 관련 없거나 의심스러운 권위에 호소하는 오류 17. 힘이나 위협에 호소하는 오류 18. 허수아비 논증의 오류 19. 전통에 호소하는 오류 20. 원칙 오용의 오류

10. 연역추리의 오류

이 장에서는 흔히 '형식적 오류'라고 말하는 오류에 대해서 살펴보자. 어떤 논증이 연역논리의 규칙을 어기는 형식이나 구조를 지니고 있다면, 그 논증은 형식적 오류를 범한 것이다. 훌륭한 연역논증은 전제로부터 결론이 논리적 필연성이나 확실성을 가지고서 도출되는 논증이다. 연역논증이 전제로부터 결론이 도출되지 않는 구조적 결함을 지니는 경우는 오류다. 그러므로 전제는 결론과 관련이 없으며, 전제가 결론과 관련이 없는 논증은 훌륭한 논증의 두번째 기준 (R)을 만족시키지 못한다.

여기에서는 연역추리의 오류가 위반하는 형식적 규칙들만을 간단히 살펴보기로 하고, 형식논리학의 복잡한 문제들은 다루지 않겠다. 그리고 가장 빈번히 접하는 연역적 오류들만을 다루기로 한다.

조건논증

가장 흔히 범하는 형식적 오류들 중 두 가지가 조건논증 또는 가언논증에서 발견된다. 이 오류들은 조건진술이 사용된 논증이 지녀야 하는 타당한 형식을 지니고 있지 않다. 조건논증의 한 가지 타당한 형식은 전건긍정논법(affirming the antecedent)이라 부른다. 이 논증형식은 다음과 같다.

만일 A라면 B다.
A다.

그러므로 B다.

만일 첫째 전제, 즉 조건 전제가 옳다면, 전건 A가 옳은 경우에는 언제나 후건 B도 옳아야 한다. 달리 말해서 조건 전제가 옳다면, 전건을 긍정하면 후건도 긍정해야 한다.

조건논증의 또 하나의 타당한 형식은 후건부정논법(denying the consequent)이라 부른다. 이 논증형식은 다음과 같다.

만일 A라면 B다.
B가 아니다.

그러므로 A가 아니다.

만일 첫째 전제, 즉 조건 전제가 옳다면, 후건 B가 그른 경우에는 언제나 전건 A도 역시 그른 것이어야 한다. 달리 말해서 조건 전제가 옳을 경우, 후건을 부정하면 전건도 부정해야 한다.

조건논증의 부당한 형식에는 두 가지가 있다. 하나는 전건부정의 오류고, 다른 하나는 후건긍정의 오류다. 이것들 각각은 타당한 형식과 혼동되는 경우가 종종 있다. 이 부당한 형식들을 기억하는 데 도움이 될 수 있는 암기 수단은 전부후긍인데, 이것은 두 부당한 형식의 이름의 첫자와 가운데 자를 따서 만들어진 것이다.

57. 전건부정의 오류

조건진술의 전건을 부정한 다음 후건의 부정을 추리하는 논증.

이 논증 방식은 조건논증의 두 가지 타당한 형식 중 어느 것도 따르지 않는다. 이 부당한 형식은 다음과 같은 방식으로 기호화될 수 있다.

만일 A라면 B다.
A가 아니다.

그러므로 B가 아니다.

하지만 전건의 부정으로부터는 어떤 결론도 정당하게 추리될 수 없다.

예 1 "만일 사형제도가 실제로 사형죄를 범하는 것을 억제한다면, 사형제도는 정당화될 것이다. 그러나 사형제도는 그런 억제 효과를 갖지 못하므로, 정당화될 수 있는 제도가 아니다." 억제 효과가 아니더라도 사형제도를 정당화하기에 충분한 다른 요인들이 있을 수 있다. 따라서 전건을 부정한다고 해서 반드시 후건이 부정되는 것은 아니다.

예 2 "김 교수가 우리에게 말하기를, 만일 그가 칠판 위에 써놓은 오류의 예가 어떤 오류인지 우리가 정확하게 알아맞힌다면 논리학 과목의 학점을 받게 될 것이라고 했다. 나는 그것을 알아맞힐 수가 없었다. 그래서 나는 논리학 과목의 학점을 받지 못할 것이라고 생각한다." 전건이 옳지 않다는 것, 즉 학생이 칠판에 적힌 오류의 예가 어떤 오류인지 알아맞히지 못한다는 것은 그 학생이 학점을 받지 못한다거나 받을 수 없다는 것을 함의하지 않는다. 김 교수는 학생이 오류를 알아맞히지 못하면 학점을 받지 못할 것이라고 말하지는 않았다.

오류 바로잡기 불합리한 사례를 통해 전건을 부정하는 논증이 오류를 범했다는 것을 명확하게 증명할 수 있다.

> 만일 고양이가 개라면(A), 고양이는 동물이다(B).
> 고양이는 개가 아니다(not — A).
> ___
> 그러므로 고양이는 동물이 아니다(not — B).

그른 결론이 옳은 전제들로부터 추리되었다. 이는 논증형식이 타당하다면 불가능하다.

58. 후건긍정의 오류

조건진술의 후건을 긍정한 다음 전건의 긍정을 추리하는 논증.

이 추론 방식은 조건논증의 두 가지 타당한 형식 중 어느 것도 따르지 않는다. 이 부당한 형식은 다음과 같은 방식으로 기호화될 수 있다.

만일 A라면 B다.
B이다.

그러므로 A다.

하지만 후건의 긍정으로부터는 어떤 결론도 정당하게 추리될 수 없다.

예 1 "만일 어떤 연역논증이 정당한 논증이라면, 그 논증의 형식은 타당해야 한다. 한솔이의 논증형식이 타당하다는 것은 의심할 바 없다. 그러므로 한솔이의 논증은 정당한 논증임에 틀림없다." 반드시 그렇지는 않다. 타당성은 정당성의 필요조건이다. 그러나 연역논증이 정당하기 위해서 갖춰야 할 충분조건은 타당한 형식과 옳은 전제 둘 다다.

예 2 "만일 전구에 불이 켜지면, 그 전구는 상태가 양호한 것임에 틀림없다. 아침에 확인해 보니 전구의 상태는 양호하다. 그러므로 전구에 불이 켜질 것이다." 전구의 상태가 양호하다는 것은 전구에 불이 켜지기 위한 필요조건일 뿐이지 충분조건은 아니다. 전구에 불이 켜지기 위해서는 다른 많은 조건이 필요할 수 있다.

오류 바로잡기 불합리한 사례의 방법은 오류논증임을 밝혀 내는 훌륭한 방법이다. 이에 대해서는 여러 차례 반복해서 말해 왔다. 여러분은 후건긍정의 오류와 대결하기 위하여 다음과 같은 예를 들 수 있다.

> 만일 당신이 이 책을 읽으면(A), 당신은 오류논증을 접했을 때 그것을 간파하고 성공적으로 공격할 수 있게 될 것이다(B).
>
> 당신은 오류논증을 접했을 때 그것을 간파하고 성공적으로 공격할 수 있다(B).
>
> ---
>
> 그러므로 당신은 이 책을 읽었음에 틀림없다(A).

여러분은 실제로 그 책을 읽었을 수도 있지만, 여러분이 오류 추론을 간파하고 성공적으로 공격할 수 있다는 사실은 결코 여러분이 그 책을 읽었음에 틀림없다는 것을 함의하지는 않는다.

연습문제

1 다음 예들이 '연역추리의 오류' 중 어떤 오류를 범했는지 밝혀라.

1. 피카소의 〈게르니카〉는 대부분의 사람들이 그 진가를 인정할 경우에만 예술적 가치를 지니는 작품인데, 사실 대부분의 사람들이 진가를 인정하고 있다. 그러므로 나는 그 작품이 예술적 가치를 지닌 작품이라고 결론 내릴 수 있다고 생각한다.

2. 만일 국회가 강력하고 단호한 지도력을 가졌다면, 노천채굴법안에 관한 대통령의 거부권을 무효화시킬 수 있을 것이다. 하지만 국회가 아무런 지도력도 발휘하지 못했기 때문에, 대통령의 의지가 우세할 것이다.

3. 갑 내가 이 미성년자 관람불가 영화를 보러 영화관에 들어가는 것을 우리 어머니가 보셨다면 나는 무척 당황할 거야.

 을 너의 어머니는 네가 영화관에 들어가는 것을 보지 못하셨을 거야. 주말에 너의 어머니께서 여행 가셨다고 네가 말했잖아. 그러니 네가 당황할 이유는 없지.

4. 하영이는 틀림없이 집에 없어. 왜냐하면 하영이는 자기 방에 불이 켜져 있으면 자기가 안전하게 집에 도착한 거라고 믿어도 좋다고 말했거든. 그런데 집에 불이 켜져 있지 않잖아.

2 다음 예들이 지금까지 공부한 오류 중 어떤 오류를 범했는지 밝혀라.

5. 지혜는 철학 학점을 받지 못하면 학교를 중퇴하겠다고 나에게 말했다. 그녀가 학교를 그만두었으므로 나는 그녀가 철학 학점을 받지 못했다고 생각한다.

6. 슈퍼마켓에서 남편이 아내에게 말했다. "왜 당신은 이렇게 작은 상자의 가루 비누를 사려고 해? '절약형 대형 비누'라는 상표가 붙어 있는 이 물건을 사면, 원하는 만큼 비누를 쓸 수 있으면서도 많은 돈을 절약할

수 있잖소."

7. 갑 우리가 모든 동물에 대해서 조금이라도 도덕적 의무감을 갖고 있다고 말하는 것은 말도 안 돼. 예를 들어 나는 분명히 곤충, 쥐, 뱀 등을 죽일 때에는 어떤 죄책감도 느끼지 않거든.

을 만일 어떤 사람이 고양이 새끼를 물 속에 집어넣으려 하거나, 강아지한테 휘발유를 붓고 불을 질러서 고통스러워 깽깽거리며 도망가는 것을 구경한다면, 너는 그 사람이 도덕적으로 비난할 만하다고 생각하지 않는다는 뜻이니?

8. 강력한 군대를 보유하고 있다면, 우리는 큰 전쟁에 휘말려드는 것을 피할 수 있다. 우리는 30년 동안 큰 전쟁에 휘말려들지 않았다. 따라서 우리는 강력한 군대를 보유하고 있음에 틀림없다.

9. 나는 모든 인간사를 선행조건의 불가피한 결과라고 보는 견해를 받아들이기 어렵다. 그러나 나는 또한 인간사가 선행조건과는 별개로 일어날 수 있다는 견해도 받아들이기 어렵다. 양극단 어디엔가에 분명히 누구나 찬성할 수 있는 견해가 있다.

10. 미국에서 저질러진 주요한 범죄의 수에 관한 FBI의 보고서는 최소한 한 가지 부분 즉 강간 범죄의 수에서는 매우 불충실하다. 왜냐하면 강간당한 사람의 70%가 그러한 범죄를 당국에 신고하지 않았기 때문이다.

11. 네 질문에 내가 답변하면, 네 질문의 품격이 높아지리라고 생각하는 모양이지? 네 질문은 너에 관한 내 생각을 확증해 줄 뿐이야. 네 생각은 천박하고 조잡할 뿐만 아니라 획일적이야. 너 때문에 나도 괜히 시간 낭비만 한다구.

해답 1. 후건긍정의 오류 2. 전건부정의 오류 3. 전건부정의 오류 4. 전건부정의 오류 5. 후건긍정의 오류 6. 명칭을 근거로 추리하는 오류 7. 동정심에 호소하는 오류 8. 후건긍정의 오류 9. 온건의 오류 10. 정확성을 가장하는 오류 11. 인신공격의 오류